계열 합격 끝판왕
교육계열

계열 합격 끝판왕
교육계열

저자 박상철 백광일 김형준 이범석 최희원
김홍겸 김재형 장희재 기획 정동완

머릿말

시중에 진로·진학 관련 책이 많이 있다. A 저자의 'OOO 끝판왕', B 저자의 '△△끝판왕' 등 많은 진학 관련 책이 판매되고 있다. 매우 훌륭한 책들이며 입시준비 및 진학하는 데 실질적으로 많은 도움을 주고 있다.

그런데 학생과 학부모는 책의 비용보다 훨씬 비싼 사설 기관에 의지하며 컨설팅을 받는 게 현실이다. 사설 기관은 생활기록부 컨설팅, 학생부 컨설팅 등 다양한 말로 대면 혹은 인터넷을 이용한 비대면 형태로 진행한다. 주로 학생부종합전형에 대한 서류 평가 내용이다. 해당 컨설팅을 받은 뒤에 고액의 비용을 사용자가 지불한다.

저자인 나는 궁금했다.
'좋은 책이 많은 데, 왜 학생과 학부모는 비싼 비용을 지불하면서 사설 기관에 갈까?'

저 생각이 지금 '계열 끝판왕' 시리즈를 만들게 된 동력이 되었다. 저자인 나는 3가지 이유를 생각했다.

1. 학생부종합전형을 정확히 모르기 때문에 다른 곳에 위탁한다.
2. 학생부종합전형을 알지만, 너무 정보가 산재 되어있어서 보기 힘들어서 위탁한다.
3. 시판되는 책이 모집 요강 요약 및 단순 입시 사례집 식의 내용이며, 실제 내가 참고할 것이 없어서 위탁한다.

나는 '계열 끝판왕' 시리즈를 통해서 위에 3가지 이유를 없애고 싶었다.
알기 쉽게 설명하고, 꼭 필요한 정보를 적재적소에 배치하여 읽기 쉽게 하며, 단순 안내가 아니라 실제 내용을 제시해야겠다는 다짐을 하였다.

'계열 끝판왕' 시리즈는 학생의 희망하는 계열별로 선택하여 전체 내용을 진행한다.
학생 자신이 선택한 계열과 실제 자신의 성향이 맞는지 확인하는 방법을 잘 소개하고 계열에 대한 안내를 자세히 하고 있다. 이를 통해 자신의 계열을 한 번 더 확인할 수 있다.

그리고 학생부종합전형에 대한 자세한 내용을 알기 쉽게 정리하였다. 이후 진로진학 도우미를 곁에 둔 것처럼 고등학교 생활의 시작부터 마무리까지 친절한 설명으로 하나하나 알려주는 학생부 로드맵을 만들었다.

2015개정교육과정을 시작으로 고교학점제가 현실화함에 따라 매우 중요해진 것이 교과선택 영역이다. 이를 공감하여 교과선택을 한 단원으로 분리하여 계열 및 학과에 적합한 교과란 무엇인지를 설명하였다.

학생부종합전형에서 평가요소 중 학업역량 및 전공적합성(진로역량)의 비중이 대부분 대학에서는 높다. 이를 잘 드러내는 방법으로 탐구보고서가 적합하다. 따라서 탐구보고서를 어떻게 시작하고 완성까지 하는지 안내하였다.

앞선 내용을 다 해왔다면 학생의 생활기록부가 알차게 채워졌을 것이다. 그런데 과연 어떤 생활기록부가 잘 쓰여진 것인지, 나의 생활기록부는 좋은 것인지 고민이 많다. 학교 현장의 교사도 어떻게 하면 학생의 모습을 잘 드러낼지 고민이 많다. 이를 해결하기 위해 합격 학생부 세부능력 및 특기사항 단원을 만들었다. 또한 해당 학생부를 통해 작성한 자기소개서도 제시하였다. 해당 자기소개서를 분석 및 평가를 제공하면서 어떤 자기소개서가 의미 있는 것인지를 나타내었다. 이를 통해 자기소개서는 어떻게 작성해야 하며, 해당 자기소개서를 참고하여, 나는 어떻게 작성 또는 학교 활동을 해야 할지도 제시하였다.

대학별 고사에서 많이 시행하는 것이 면접이다. 면접은 학생부를 기반한 서류면접평가가 대부분이다. 시중의 면접 책 또는 면접 컨설팅에서는 면접 요강 및 단순 사례만을 안내한다. 면접이 있으려면 학생부가 있어야 해당 면접의 흐름이 이해된다. 이에 따라 계열별 면접 포인트와 앞 단원에 제시한 학생부를 이용하여 면접 문항 추출 그리고 해당 문항이 만들어진 이유를 제시하였다.

기존의 책과는 다르게 여러 계열을 묶어 놓은 책이 아니며, One Point Lesson으로 계열에 정확히 밀접한 내용으로 총 6단원을 구성했다. 구체적인 활동과 사례, 교과 선택, 탐구보고서, 생활기록부, 면접을 일대일로 컨설팅받는 것처럼 만들었다.

'계열 끝판왕'은 책을 읽었다고 해서 점수가 올라가거나 역량이 올라가는 책이 아니다. 어떤 활동을 해보길 권장하며 안내하는 책이다. 많은 학생과 학부모 그리고 교사까지 해당 책을 읽어서 실제 책에 있는 내용을 시도해보길 바란다. 시도에서 시작한 누적된 경험이, 새로운 도전이 만들고 더 나은 발전이 견인 할 것이다.

끝으로 해당 시리즈를 출판할 수 있게 협력해주고 오래 기다려준 '꿈구두' 관계자에게도 이 자리를 빌려 깊은 감사 말씀을 드린다.

저자일동

추천하는 글

우리에게 교과서라는 말이 있다. 이는 학교에서 교과 과정에 따라 주된 교재로 사용하기 위하여 편찬한 책 혹은 해당 분야에서 모범이 될 만한 사실을 비유적으로 이르는 말이다. 그리고 어릴 적 몰입하던 무협지에는 적을 물리치기 위한 무림고수들의 권법이나 병법, 무술 등을 오롯이 담은 비책들이 반드시 등장한다.

그 비책을 얻기 위해 정말 최선을 다한다. 교과서 혹은 비책이 있으면 그야말로 무소불위.

그렇다. 이번 노작은 언제나 그랬듯이 학생부종합전형 나아가 모든 입시를 대비하는 교과서요 비책이다. 특히 이번 책에서는 선택과목에 대한 내용이 눈에 띈다.

요즘 학부모와 학생의 최대관심사가 과목의 선택 아니던가. 계열별 학과별로 아주 쉽고 요긴하게 잘 설명해주었다. 아무쪼록 수험생 모두가 저자들의 교육과정과 교과서(비책)를 잘 따라서 소기의 성과를 거두기를 바란다.

이만기 ● (유웨이교육평가연구소장 겸 부사장)

'끝판왕' 시리즈가 화제다. '끝판왕 시리즈'는 선생님과 학생 그리고 학부모들이 함께 보는 책으로 끝판왕 시리즈는 중학교 입학에서부터 학생들이 자기주도적인 학습설계를 하기 위해 꼭 봐야 할 가이드 북이다.

계열 선택, 학생부 로드맵, 교과선택, 과제탐구, 학생부 세부능력 및 특기사항, 자소서, 면접 등을 한 번에 담았다. 또한 인문, 사회, 자연, 공학, 교육, 의생명 등 6개 영역으로 구성된 분야별 콘텐츠들은 학생들의 진로탐색과 구체적인 실행을 위한 안내서로써 훌륭한 키오스크 역할을 하고 있다. 학생들과 학생들을 지도할 선생님들이 꼭 가져야 할 Must-Have 아이템이다.

조훈 ● (서정대 교수, 사)한국진로진학정보원 사무국장)

중고등학생에게 현실적인 목표가 무엇이냐고 질문을 하면 거의 원하는 대학, 학과에 합격하는 것이라고 합니다. 인생의 목표는 '행복하게 사는 것인데 자신이 하고 싶은 것을 하면서 경제적으로도 풍요롭게 사는 것'이라고 합니다. 먼저 위 문답과 함께 이 책을 살펴보면서 느낀 것은 미래에 행복하게 사는 사람이 더욱 많아지는 사회를 만들어야 한다는 교육의 목표와 근본에 매우 실용적으로 접근했다는 것입니다. 최근 교육과정을 보면 모든 학생은 독립된 인격체로 자기 적성과 흥미를 가지고 있고 차별화된 달란트가 내재하여 이를 고려한 자기주도적인 진로선택과 설계 과정을 매우 강조하고 있습니다. 스스로 자신이 가장 행복하게 잘할 수 있는 분야를 선택하여 결정할 수 있게 도와주는 다양한 탐구 수업 등 교육과정이 편성되어 있습니다. 그리고 이러한 교육과정을 위해서는 제대로 된 자료와 정보의 제공이 필수입니다. 이 책은 학생들이 미래의 삶의 방향을 정하는 대학입시 학과 선택에 도움을 줄 수 있는 자료와 정보는 물론이고 방안까지 현 교육과정에 맞춰 제공해주고 있습니다. 학교 현장에서 다방면의 진학 및 입시지도를 한 현직 선생님들이 학생들의 행복한 미래를 위해 그동안 쌓은 노하우를 아낌없이 제공했기에 학생, 선생님, 학부모님 모두 유익한 보탬이 되었으면 합니다.

김영호 ● (DBpia 학술논문 이사)

과거에는 학벌이 미래의 삶을 보장 했지만 현 시대는 학벌이 더 이상 그것을 약속해 주지 않습니다. 학벌보다는 학생이 원하는 진로를 잘 선택하는 것이 중요해진 시대입니다.

엄청 치열한 경쟁사회인 한국에서 내 아이가 첫 관문인 입시를 실패하게 되면 불행한 인생을 살아가지 않을까. 이런 생각들이 부모들의 불안감을 만들게 됩니다. 지금 고생하면 평생 행복할 것이라는 막연한 희망을 주면서 학생이 원하지도 않은 입시전쟁 속으로 떠밀게 됩니다. 부모와 학생들의 공감대 형성 부족이 이런 현상을 만들어가고 있다고 생각합니다. 학생이 원하는 진정한 진로가 무엇이며 그 진로를 위해 역량 강화를 할 과목은 어떤 것인지, 어떤 것을 준비해야 하는지 이 책을 통해 부모와 학생이 공감대를 형성하여 행복한 미래를 만들어 가길 바랍니다.

이창훈 ● (테크빌교육 티처몰 대표)

변화의 흐름을 읽지 못하면 실패하기 십상이다. 단순히 기본교과만 잘 해서 좋은 대학에 합격하는 시대는 지났다. 특히 학생부종합전형의 비중이 절대적인 현 상황에서 이를 제대로 활용하기 위해서는 학생 스스로가 어떠한 꿈을 가지고 있는지 잘 보여줘야 한다. 이 책은 계열 선택부터 학생부 로드맵, 자소서, 면접 매뉴얼 등을 한번에 담은 가히 <진로, 진학, 학습 분야 끝판왕 시리즈>라 불릴만하다. 입시를 목전에 둔 학생과 학부모뿐만 아니라 이 상황이 곧 도래할 예비 수험생들에게도 어떻게 세밀한 전략을 세워 준비해야 하는지 제대로 짚어주고 있다.

김무현 ● 한국학원대학교 학장, (주)해오름커뮤니케이션즈 대표

기다리던 진로·진학 공략집!

학생.학부모.교사 누구라도 쉽게 따라 할 수 있어야 진짜 진로·진학 안내서입니다.

매 페이지 차근차근 실천할 수 있는 정보가 한눈에 펼쳐집니다.

계열에 맞는 학교생활 실천 이 책과 함께 계획해 보시길 강력히 추천드려요.

남현정 ● (흥진고등학교 3학년 부장)

이 책은 학생 희망 계열 맞춤형 교과목 선택과 독서를 친절하게 안내하고 있으며, 계열별 과제집착력과 문제해결력을 돋보이게 하는 과제연구를 스스로 할 수 있도록 친절하게 안내하고 있다. 이를 통해 전공적합성을 잘 드러내는 학생부 작성이 가능하도록하여 '나'를 가장 돋보이게 하는 고교생활 가이드이다.

조성훈 ● (에듀클라우드닷컴 대표)

최근 공개된 대학별 학생부종합전형 입시결과는 지원자학생들의 소속고교 교과이수 로드맵 설계에 따른 맞춤형 진로진학 학업역량에 더욱 큰 비중을 둔 평가로 볼 수 있습니다. 특히 블라인드 평가로 인하여 더욱 중요해진 학업성취도에 비례하는 교과지식활용 중심의 세특예시와 풍부한 면접준비방법은 전국의 수험생들과 학부모님들에게 도움이 되리라 생각됩니다.

전용준 ● (두각학원 입시전략연구소장)

2015 개정 교육과정에 따른 과목선택의 중요성을 인식시키고 자신의 미래 진로와 전공에 관한 탐색에 도움을 주어 미래 진로 설정을 체계화시키며 진로진학의 로드맵을 제시해주는 최적의 기본서가 될 것이다.

안종배 ● (국제미래학회 회장)

학교생활기록부 전체를 관통한다. 학과에 대한 이해부터 대입 준비를 위한 과정을 아우르는 광범위한 내용을 바탕으로 학생부 작성에 최적화 된 이론서를 보는 느낌이다.

오정택 ● (초대 서울중학교 진로진학상담교사협의회 회장)

사회가 빠르게 변화하고 있음에도 불구하고 고등학교 교육과정에서 추구하는 교육의 본질은 크게 바뀌지 않습니다. 고등학교에서의 생활은 무엇보다 자기 자신에 대한 이해를 바탕으로 자기 주도적으로 인생의 목표와 방향을 정하고 최선의 전략을 선택하여 부단한 노력과 실천의 과정을 토대로 목표를 성취하는 시기라고 생각합니다. 이러한 과정과 행동이 반복되면서 학생들은 성장을 이룰 수 있고 변화와 발전이 나타나 대학에 합격하는 결과로 이어지지 않을까 생각해봅니다. 이러한 학생들의 노력과 실천의 과정에 '계열별 끝판왕'이라는 책은 고등학교 생활의 전반을 이끌어주고 안내해주는 나침반의 역할을 충분히 할 수 있는 지침서라고 여겨집니다. 공교육과 사교육 분야의 전문가들이 만들어낸 이 놀라운 지침서를 바탕으로 고등학교에서의 첫 출발을 멋지게 펼쳐나가기를 진심으로 응원합니다.

윤진욱 ● (투비유니콘 대표)

고교학점제 도입, 자소서폐지 등 교육제도와 입시의 변화가 더욱 복잡하고 혼란스러운 이때 시기적절하게 좋은 책이 나온 것을 기쁘게 생각합니다. 계열별 학과들 정리부터 학생부, 면접 준비 방법까지 실제 예시들이 가득한 이 책이 진로와 진학에 고민 중인 학부모와 학생들에게 추천합니다.

고봉익 ● (TMD 교육그룹 대표)

Contents

1 맞춤형 계열 선택 ··· 013

　가. 계열선택의 중요성 ······································ 014

　나. 계열의 분류 ·· 021

　다. 계열분류 검사 ·· 025

　라. 교육계열의 특성 ·· 031

2 합격 학생부 로드맵 ······································ 037

　가. 학생부종합전형에 대하여 ······························ 038

　나. 학교생활기록부의 이해 ································· 046

　다. 교육계열 합격 로드맵 ·································· 053

　라. 교육계열 학과별 주요 사례 ···························· 056

　마. 합격 로드맵을 위한 체크리스트 ······················· 073

3 교과 선택 ·· 079

　가. 교과 선택 개괄 ·· 080

　나. 교육계열 교과 선택 방법 ······························ 091

④ **과제탐구** ⋯⋯⋯⋯⋯⋯⋯⋯⋯⋯⋯⋯⋯⋯⋯⋯ 119

가. 과제탐구의 의미 ⋯⋯⋯⋯⋯⋯⋯⋯⋯⋯⋯⋯⋯ 120

나. 과제탐구 단계 ⋯⋯⋯⋯⋯⋯⋯⋯⋯⋯⋯⋯⋯⋯ 123

다. 과제탐구 보고서 작성 ⋯⋯⋯⋯⋯⋯⋯⋯⋯⋯ 167

⑤ **합격 세부능력 및 특기사항과 자기소개서** ⋯⋯ 195

가. 수학교육과 세부능력 및 특기사항 ⋯⋯⋯⋯ 198

나. 수학교육과 자소서 분석 및 평가 ⋯⋯⋯⋯⋯ 230

다. 초등교육과 세부능력 및 특기사항 ⋯⋯⋯⋯ 239

라. 초등교육과 자소서 분석 및 평가 ⋯⋯⋯⋯⋯ 268

⑥ **합격 면접** ⋯⋯⋯⋯⋯⋯⋯⋯⋯⋯⋯⋯⋯⋯⋯⋯ 281

가. 대입 면접의 기초 ⋯⋯⋯⋯⋯⋯⋯⋯⋯⋯⋯⋯ 282

나. 교육계열 면접 특징 및 준비 방법 ⋯⋯⋯⋯ 291

다. 수학교육과 면접 문항 ⋯⋯⋯⋯⋯⋯⋯⋯⋯⋯ 293

라. 초등교육과 면접 문항 ⋯⋯⋯⋯⋯⋯⋯⋯⋯⋯ 307

부록 ⋯⋯⋯⋯⋯⋯⋯⋯⋯⋯⋯⋯⋯⋯⋯⋯⋯⋯⋯

1. 교육계열 추가 관련학과

2. 교육계열 추가 교과선택 학과

3. 교과 선택해보기

4. 교육계열 탐구를 위한 학술지 목록

5. 탐구계획서, 보고서 양식

6. 교육계열 탐구보고서 예시

맞춤형
계열선택

맞춤형 계열선택

가. 계열선택의 중요성

　지금 책을 읽고 있는 여러분들의 장래희망은 무엇인가? 경찰, 의사, 교사, 공학자, 프로그래머 등등 자신 나름대로의 꿈을 갖고 있을 것이다. 물론 아직 자신의 꿈을 정하지 못한 학생들도 있겠지만 아마 적어도 '어느 쪽에 관심을 갖고 있을 것이다.'와 같은 생각은 하고 있을 것이다. 만약 아직 이런 생각이 없어도 괜찮다. 앞으로 여러 가지 체험들을 하면서 자신이 어느 분야에 관심이 있는지 차츰차츰 알아가면 될 것이라고 생각이 된다.

　사실 자신의 앞날을 결정하는 것이란 쉽지 않은 일이다. 그것이 자신의 인생과 중대하다고 생각하면 그것은 더더욱 부담이 가는 선택이 된다. **하지만 언젠가는 그런 선택을 해야 할 때가 오고 만다.** 학생의 입장에서 생각해보면 중학교에서 고등학교로 진학할 때 한 번, 그리고 고등학교에서 선택과목을 선정하는 순간이 이러한 선택과 연결이 될 것이라고 생각한다.

학교에서 학생들을 대상으로 상담을 하다보면 이 두 순간 학생들은 많은 고민을 한다. 중학교 학생들의 경우 고등학교를 선정함에 있어서 **일반계 고등학교를 가야하는지, 특성화 고등학교를 가야하는지 아니면 특수목적고등학교를 갈 것인지** 많이 고민을 한다. 어떠한 고등학교를 선택하느냐에 따라서 자신의 앞날이 결정되기 때문이다. 일반계 고등학교를 가면 대학 입시를 위해 고등학교 3년을 보낼 것이고 특성화 고등학교를 가면 취업과 대입을 목표로 고등학교 생활을 하게 될 것이다. 마지막으로 특수목적고등학교에 진학한 학생들은 자신이 원하는 세부적인 과목(언어 혹은 수학 및 과학)을 더 배우게 될 것이다. 중학교 3학년의 선택으로 인해서 고등학교 생활 및 대학교 혹은 취업으로의 진로가 달라지게 되는 것이다.

　앞서 말한 선택을 통해 고등학교로 진학을 해도 고등학교에서는 또 다른 혹은 더 커다란 선택이 우리를 기다리고 있다. 학교의 상황마다 다르겠지만 대부분의 학교에서 1학년 말, 2학년 말에 국어, 영어, 수학과 같은 주지과목을 비롯하여 사회, 과학 등의 분야에서 과목을 선택한다. 일반계 고등학교를 중심으로 하여 고등학교 과목의 이수는 대개 1학년 시기에 공통과목을 이수하고 2학년, 3학년 시기에 선택과목을 이수하는 형태를 취한다. 현재도 이렇게 학생들이 선택을 할 수 있게 되지만 2023-2024년의 2년 동안의 시범 시행과정을 거쳐서 2025년에 본격적으로 도입되는 고교학점제에서는 이러한 성향이 더욱 더 크게 나타난다.[1] 즉 학생이 어떠한 계열을 선택하느냐에 따라서 학생들이 수강하는 과목이 달라질 것이며 이는 앞으로 자신들의 학교 생활을 좌우하게 될 것이다. 특히나 '문·이과

---

1) 정부의 방침에 따라 그 시행 시기가 달라질 수 있다.

통합교육과정'을 표방하며 현재 시행되고 있는 2015개정교육과정이나 '융합협 인재'의 양성을 목표로 하고 있는 2022개정교육과정만 보더라도 예전에 우리가 흔히 들어왔던 문과 혹은 이과 식의 구별은 더 이상 존재하지 않으며 존재할 필요가 없어지게 된다. 그렇기에 학생들은 자신의 진로성향을 정확하게 파악하고 앞으로 인문, 사회, 자연, 공학, 교육 등과 같은 계열에서 어떠한 쪽으로 자신의 진로방향을 세울 것인가를 고민해 보아야 한다.

·· 일반계 고등학교의 과목편성(예시) ··

기초

교과(군)	공통과목	일반선택과목	진로선택과목
국어	국어	화법과 작문, 독서, 언어와 매체, 문학	실용 국어, 심화 국어, 고전 읽기
수학	수학	수학I, 수학II, 미적분, 확률과 통계	실용 수학, 기하, 경제 수학, 수학과제 탐구
영어	영어	영어 회화, 영어I, 영어 독해와 작문, 영어II	실용 영어, 영어권 문화, 진로 영어, 영미 문학 읽기
한국사	한국사		

탐구

교과(군)	공통과목	일반선택과목	진로선택과목
사회	통합사회	한국지리, 세계지리, 세계사, 동아시아사, 경제, 정치와 법, 사회·문화, 생활과 윤리, 윤리와 사상	여행지리, 사회문제 탐구, 고전과 윤리
과학	통합과학 과학탐구 실험	물리학I, 화학I, 생명과학I, 지구과학I	물리학II, 화학II, 생명과학II, 지구과학II, 과학사, 생활과 과학, 융합과학

체육·예술

교과(군)	공통과목	일반선택과목	진로선택과목
체육		체육, 운동과 건강	음악, 미술, 연극
예술		음악, 미술, 연극	음악 연주, 음악 감상과 비평 미술 창작, 미술 감상과 비평

생활교양

교과(군)	공통과목	일반선택과목	진로선택과목
기술·가정	국어	기술·가정, 정보	농업 생명 과학, 공학 일반, 창의 경영, 해양 문화와 기술, 가정과학, 지식 재산 일반
제2외국어 /한문	중국어 I 일본어 I	독일어 I, 일본어 I 러시아어 I, 아랍어 I 베트남어 I, 프랑스어 I 스페인어 I, 중국어 I, 한문 I	독일어 II, 일본어 II 러시아어 II, 아랍어 II 베트남어 II, 프랑스어 II 스페인어 II, 중국어 II, 한문 II
교양		철학, 논리학, 심리학, 교육학, 종교학, 진로와 직업, 보건, 환경, 실용 경제, 논술	

일반계 고등학교의 교육과정 편제표(예시)

교과영역	교과	과목	기준단위	운영단위				1학년		2학년		3학년		영역합계	필수이수단위
				공통	일반	진로	전문	1학기	2학기	1학기	2학기	1학기	2학기		
기초	국어	국어	8	8				4	4					24	10
		문학	5		4					4					
		독서	5		4						4				
		언어와 매체/화법과 작문 [택1]	5		4							4			
		심화국어	5			4							4		
	수학	수학	8	8				4	4					24	10
		수학 I	5		4					4					
		수학 II	5		4						4				
		확률과 통계	5		4							4			
		수학과제 탐구	5			4							4		
	영어	영어	8	8				4	4					24	10
		영어 I	5		4					4					
		영어 II	5		4						4				
		영어 독해와 작문	5		4							4			
		영어 회화	5		4								4		
	한국사	한국사	6	6				3	3					6	6
	기초교과선택	고전 읽기/기하/영어권 문화/ 인공지능 수학 [택1]	5			4				2	2			10	-
		현대문학 감상/미적분/ 심화 영어 I [택1]	5			6						3	3		
탐구	사회	통합사회	8	8				4	4					8	10
	과학	통합과학	8	6				3	3					8	12
		과학탐구실험	2	2				1	1					8	12

교과 영역	교과	과목	기준 단위	운영단위				1학년		2학년		3학년		영역 합계	필수 이수 단위
				공통	일반	진로	전문	1학기	2학기	1학기	2학기	1학기	2학기		
탐구	탐구교과선택	한국지리/세계사/정치와 법/경제/윤리와 사상/ 물리학Ⅰ/화학Ⅰ/ 생명과학Ⅰ/지구과학Ⅰ [택3]	5	6						3	3			36	-
			5	6						3	3				
			5	6						3	3				
		세계지리/동아시아사/ 사회·문화/생활과 윤리/ 여행지리/사회문제 탐구/ 물리학Ⅱ/화학Ⅱ/ 생명과학Ⅱ/지구과학Ⅱ/ 생활과 과학 [택3]	5		6							3	3		
			5		6							3	3		
			5		6							3	3		
체육·예술	체육	체육	5	4				2	2					12	10
		스포츠 생활	5		4					2	2				
		운동과 건강	5	4								2	2		
	예술	음악	5	4				2	2					12	10
		미술	5	4						2	2				
		음악 연주↔미술 창작	5		4							2	2		
생활·교양	기술·가정/제2외국어/한문/교양	기술·가정	5	6				3	3					16	16
		중국어Ⅰ/일본어Ⅰ [택1]	5	6						3	3				
		정보/ 공중 보건↔간호의 기초/ 전기·전자 기초↔전기 회로 [택1]	5	4								2	2		

제시된 두 가지 표는 일반계 고등학교에서 공통과목, 일반선택과목, 진로선택과목을 어떻게 개설하는지에 대한 예시이다. 고등학교에 진학하게 되면 공통과목을 이수한 후에 각 계열에 맞게 과목을 선택하여 수강해야 한다. 공통과목은 말 그대로 문·이과 등의 계열 구분이 없이 모든 고등학생이 배워야 하는 필수적인 내용을 담은 것으로서 기초 소양을 함양하고 기초학력을 보장할 수 있는 과목이다. 이에 비해 선택과목은 학생들의 진로 희망에 따라서 선택할 수 있는 과목이다.

아래의 표에서 볼 수 있듯이 선택과목은 크게 일반선택과목과 진로선택과목으로 나뉜다. 일반 선택과목의 경우 고등학교 단계에서 필요한 교과별 학문의 기본적인 이해를 바탕으로 한 과목이고 진로선택과목의 경우 교과융합학습, 진로 안내학습, 교과별 심화학습 및 실생활 체험학습 등이 가능한 과목 및 자신의 진로에 도움이 되는 심화된 학습을 할 수 있는 과목을 이야기한다. 자신의 진로와 적성에 맞는 과목을 선택하는 것이 중요해졌으며, 자신이 희망하는 계열에 필요한 역량을 기를 수 있는 과목을 선택해야 한다.

··• 고등학교 선택과목의 체계 •··

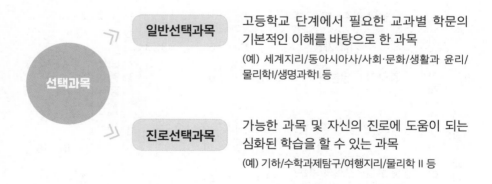

선택과목

일반선택과목
고등학교 단계에서 필요한 교과별 학문의 기본적인 이해를 바탕으로 한 과목
(예) 세계지리/동아시아사/사회·문화/생활과 윤리/물리학I/생명과학I 등

진로선택과목
가능한 과목 및 자신의 진로에 도움이 되는 심화된 학습을 할 수 있는 과목
(예) 기하/수학과제탐구/여행지리/물리학 II 등

학생들은 자신의 진로희망에 따라 계열을 선택하는 것이 매우 중요하다. 진로
희망에 따라서 계열선택이 달라지고 이로 인해서 향후 고등학교 과목과 생활이
결정되기 때문이다.

나. 계열의 분류

계열을 분류하는 것은 사람들마다 매우 다른 기준을 지니고 있다. 또한 대학마
다 단과대학의 구성 및 학과의 구성 자체가 달라서 일관된 기준으로 계열을 나
누기는 쉽지 않다. 하지만 일반적으로 사용되는 자료 및 수험생이 활용할 수 있는
자료를 중심으로 하여 각 대학의 계열을 다음 표에 제시된 바와 같이 크게 7가지
로 나눌 수 있다.

··· **일반적인 대학 계열의 분류** ···

물론, 위에서 제시한 대학 계열의 분류에 있어서 반론이 있을 수 있다. 하지만
앞서 언급했듯이 분류의 경우 절대적인 것은 아니며 다만 수험생이 교육과 관련
된 여러 자료를 활용할 때 활용하기 편하게 분류해 놓은 것이다.

각 계열에 맞는 학과를 분류해야 하는데 전국의 대학교가 200개가 넘고 전문 대학까지 포함하면 330여개 정도 되는 대학이 있어서 이를 분류하기란 쉬운 일이 아니다. 또한 대학마다 활용하는 단과대학 및 학과의 명칭 역시 다르다. 따라서 이를 위해서는 통일된 기준이나 적절한 예시가 필요하다. 이에 대해 우리나라에서 거의 모든 학과가 있는 서울대학교의 단과대학 편성 및 학과편성을 예시로 살펴보자.

서울대학교 홈페이지(www.snu.ac.kr)을 참고하여 분류한 계열별 단과대학 및 학과 리스트는 다음과 같다(단, 학과의 특이성으로 인해 연합전공 및 연계전공은 분류에서 배제하였다).

인문계열

단과대학	인문대학
설치학과	국어국문학과 중어중문학과 영어영문학과 불어불문학과 독어독문학과 노어노문학과 서어서문학과 아시아언어문명학부 언어학과 국사학과 동양사학과 서양사학과 철학과 종교학과 미학과 고고미술사학과

사회계열

단과대학	사회과학대학
설치학과	정치외교학부(정치학전공) 정치외교학부(외교학전공) 경제학부 사회학과 인류학과 심리학과 지리학과 사회복지학과 언론정보학과
단과대학	경영대학
설치학과	경영학과
단과대학	생활과학대학
설치학과	소비자아동학부(소비자학전공) 소비자아동학부(아동가족학전공) 식품영양학과 의류학과

자연계열

단과대학	자연과학대학
설치학과	수리과학부 통계학과 물리천문학부(물리학전공) 물리천문학부(천문학전공) 화학부 생명과학부 지구환경과학부
단과대학	농업생명과학대학
설치학과	식물생산과학부 산림과학부 응용생물화학부

공학계열

단과대학	공과대학
설치학과	건설환경공학부 기계공학부 항공우주공학과 재료공학부 전기·정보공학부 컴퓨터공학부 화학생물공학부 건축학과 산업공학과 에너지자원공학과 원자핵공학과 조선해양공학과
단과대학	농업생명과학대학
설치학과	식품·동물생명공학부 바이오시스템·소재학부 조경·지역시스템공학부

의생명계열

단과대학	의과대학	단과대학	간호대학
설치학과	의예과 의학과	설치학과	간호학과
단과대학	약학대학	단과대학	수의과대학
설치학과	약학과 제약학과	설치학과	수의예과 수의학과

교육계열

단과대학	사범대학
설치학과	교육학과 국어교육과 영어교육과 불어교육과 독어교육과 사회교육과 역사교육과 지리교육과 윤리교육과 수학교육과 물리교육과 화학교육과 생물교육과 지구과학교육과 체육교육과 **※ 초등교육과 및 특수교육과 추가**

단과대학	미술대학
설치학과	동양화과 서양화과 조소과 디자인학부(공예) 디자인학부(디자인)
단과대학	음악대학
설치학과	성악과 작곡과(작곡전공, 이론전공) 기악과 (피아노전공, 현악전공, 관악전공) 국악과

위에서 제시한 계열별 단과대학 분류에 맞추어 자신이 현재 지망하고 있는 계열은 어느 쪽인지 그리고 어떠한 학과에 진학하고 싶은지 아래의 표에 간단히 서술해보도록 하자.

자신의 희망계열
자신의 희망학과

그럼 계열분류를 통해서 자신에게 어떤 계열이 맞는지 알아보도록 하자.

다. 계열분류 검사

자신이 어떤 계열을 원하는지 확실하지 않을 때는 관련 검사를 통해서 본인의 성향을 파악할 수 있다. 물론 간단한 심리검사를 하는 것이 편리할 수도 있지만, 시간이 조금 걸리더라도 자신의 미래를 위해서 검증된 심리검사를 하는 것이 미래의 진로를 결정하는 데에 있어 더욱 좋을 것이다. 이를 위해 국가에서 심리검사를 개발하고 활용할 수 있도록 했다. 커리어넷이나 워크넷 등에 접속하면 쉽게 이 검사들을 활용할 수 있다.(QR 코드를 사용해도 좋다)

커리어넷 진로상담검사(www.career.go.kr)

진로상담검사 QR코드
로그인 후 이용가능

직업적성검사 ➕ 직업과 관련된 다양한 능력 중에서 어떠한 능력을 어느 정도 가지고 있는가를 알아보는 진단검사. 이 검사는 제한된 직업만을 그 결과로 제시하는 것이 아니라 다양한 직업군에서 요구하는 능력 및 적합성을 알려준다. 이 결과를 바탕으로 하여 진로탐색의 폭을 넓힐 수 있다.

직업흥미검사(K), (H) ➕ 학생이 어떠한 분야에 관심과 흥미가 있는지를 알아보고 이 관심과 흥미에 따른 적합한 직업 및 유사직업을 확인하는 검사다.

직업가치관검사 ➕ 능력 발휘, 자율성, 보수, 자기계발, 안정성, 사회적 인정 등의 직업과 관련된 가치관 중에서 학생이 어떤 것을 우선순위에 두는지 검사한 후 어떤 직업과 어울리는지를 확인하는 검사다.

진로성숙도검사 ➕ 학생이 진로 탐색, 진로 선택, 진로 결정에 대한 태도, 능력, 행동이 어느 정도 준비되어 있고 이 역할들의 이해 정도를 알아보는 검사다.

출처: 커리어넷 홈페이지/진로끝판왕 53쪽

유의사항

커리어넷에서 실시하는 검사는 매번 다르게 나올 수 있다. 따라서 고등학교 1학년 때부터 지속적으로 검사를 수행해보고 그 변화의 추이를 관찰하는 것이 중요하다. 만약 자신이 일정한 진로성향을 보인다면 그 분야로 진출하는 것이 당연하겠지만 1학년에서 검사한 결과가 2학년 혹은 3학년에서 검사했을 때와 다르게 나타난다면 이것이 왜 이렇게 나오는지 그리고 현재 자신이 진짜 원하는 것이 무엇인지 등을 생각하고 자신의 생각을 바탕으로 하여 주변의 담임교사 및 진로상담교사에게 상담을 받는 것을 추천한다.

1) 커리어넷을 활용한 진로 심리검사 결과 엿보기

가) 커리어넷의 적성검사 결과를 아래의 그래프에 적어보고 추천 직업을 함께 적어보자.

능력	0	10	20	30	40	50	60	70	80	90	100
신체·운동능력											
손재능											
공간지각력											
음악능력											
창의력											
언어능력											
수리·논리력											
자기성찰능력											
대인관계능력											
자연친화력											
예술시각능력											

상위 3개 능력 🔎
추천 직업 🔎

검사 결과를 바탕으로 하여 계열마다 필요한 능력을 정리하면 다음과 같다. 물론 이 분류가 절대적인 것은 아니니 계열을 선택하면서 참고자료로 활용하길 바란다.

계열	필요능력
인문계열	창의력, 언어능력, 자기성찰능력
사회계열	창의력, 언어능력, 수리·논리력, 대인관계능력
자연계열	공간지각력, 창의력, 수리·논리력, 자연친화력
공학계열	공간지각력, 창의력, 대인관계능력
의생명계열	창의력, 언어능력, 수리·논리력, 대인관계능력
교육계열	창의력, 언어능력, 수리·논리력, 대인관계능력, 자연친화력
예체능계열	신체·운동능력, 손재능, 음악능력, 창의력, 예술시각능력

출처 : 진로끝판왕 54쪽

나) 흥미유형 결과를 아래의 표에 표시하고, 그 결과에 따른 추천 직업을 적어보자.

흥미유형	점수	상위 2개 영역	추천 직업
탐구형(I)			
예술형(A)			
사회형(S)			
기업형(E)			
관습형(C)			

다) 직업가치관 검사의 결과를 적어보고 그에 적합한 추천직업을 적어보자.

흥미유형	점수	상위 2개 영역	추천 직업
능력발휘			
자율성			
보수			
안정성			
사회적 안정			
사회봉사			
자기계발			
창의성			

라) 자신의 특성 및 그에 적합한 관련 직업을 정리해 보자.

구분	상위 2개 영역	추천 직업
흥미		
적성		
가치관		
신체적 조건		

마) 결과를 종합적으로 판단하여 자신의 직업을 선택해보자.

나의 선택 직업	이 직업을 선택한 이유

출처 : 진로끝판왕 54 ~ 55쪽

다중지능 활동지를 통해서 보는 나의 계열

다음의 활동지에 평소 자신이 잘한다고 생각하는 것에 체크해보자.

체크!

인간 친화적 지능	다른 사람의 마음, 감정, 느낌을 잘 이해하는 능력
	다른 사람과 효과적이며 조화롭게 일할 수 있는 능력
	타인의 현재 상태가 어떠한지 추론할 수 있는 능력
	타인의 감정에 적절하게 대처하는 능력
자기 성찰 지능	자신의 감정에 대한 통제력을 가지고 적절하게 조절 및 계발하는 능력
	자신의 감정과 행동을 잘 조절함으로써 미래를 효율적으로 준비하는 능력
	자신이나 타인의 문제해결 능력
자연 친화 지능	주변 환경, 동·식물 및 인간을 포함한 종들의 인식 및 분류하는 능력
	동·식물 등의 행동 특성에 관심이 많고 이들이 가지는 문제에 적절히 대처할 수 있는 능력
공간 지능	원근, 방향, 길이 등 공간에 대한 인식능력과 이를 전환하고 조성할 수 있는 능력
	기본적인 물리적 자극 없이도 물리적인 것을 재창조할 수 있는 능력
음악 지능	노래 부르기에 필요한 멜로디와 박자를 인식할 수 있는 능력
	악기 연주능력과 악보 인식능력
	작곡의 원리를 이해하고 작곡하는 능력
	곡의 장르와 내용을 파악하는 능력
신체 운동 지능	힘, 리듬, 속도 등 필요한 요소를 적절히 활용하여 효과적으로 신체를 사용할 수 있는 능력
	도구를 적절히 활용할 수 있는 능력
	손작업과 표현적 활동을 할 수 있는 능력

≫

논리수학지능	숫자를 인식하고 부호화하는 능력	
	다양한 요소들을 분류, 범주화하고 유추할 수 있는 논리적 사고력	
	가설을 논리적으로 풀어내는 능력	

언어지능	언어의 여러 상징체계를 빠르게 배우는 능력	
	문법과 어휘 인식능력, 쓰인 글의 논리적 맥락을 이해하는 능력	
	언어에 대한 민감성	

나) 위의 표를 통하여 자신의 강점 지능과 약점 지능을 알아보자.

순위	1순위	2순위
강점지능		
약점지능		

출처 : 진로끝판왕 54 ~ 55쪽

다) 각 계열별 필요지능

위에서 제시한 지능 중에서 각 계열에 어떤 지능이 필요한지 알아보도록 하자.

계열	지능
인문계열	인간친화적지능, 자기성찰지능, 언어지능
사회계열	인간친화적지능, 논리수학지능
자연계열	자연친화지능, 공간지능, 논리수학지능
공학계열	자연친화지능, 공간지능, 논리수학지능
의생명계열	인간친화적지능, 논리수학지능, 자기성찰지능
교육계열	인간친화적지능, 공간지능
예체능계열	자기성찰지능, 음악지능

라. 교육계열의 특성

교육계열은 유치원부터 시작하여 초등학교, 중학교, 고등학교, 특수학교에 이르기까지 우리나라에서 이루어지고 있는 모든 교육기관의 교사를 지망하는 학생들이 진학하는 곳이다. 상대적으로 다른 분야에 비해 특수하며 관련된 학과를 졸업하면 대개 교사 및 교육관련 분야에서 일하게 된다. 교육계열은 크게 교육일반, 유아교육, 특수교육, 초등교육, 언어교육, 인문교육, 사회교육, 공학교육, 자연계교육, 예체능교육의 분야로 나뉜다. 이 분야의 차이는 대개 가르치는 대상 혹은 과목에 의해 분류된다. 따라서 교육계열은 따로 분야를 나누지 않고 하나의 계열로 설명하고자 한다.

1) 교육계열 특성

교육계열은 학생들을 가르치고 교육과 관련된 일을 수행하기 때문에 대부분의 일이 다른 사람들과 관계를 맺는 형태로 진행이 된다. 그렇기에 다른 사람들과의 소통을 많이 하게 되고 혼자서 일을 하기보다는 다른 구성원들과 함께 협업하는 경우가 많다. 교육계열의 경우 이 계열을 졸업하면 대개 교사가 되거나 교육과 관련된 사업체 혹은 기관에서 일하게 된다. 특별히 초등교육이나 특수교육, 유아교육의 경우 분야가 매우 특수하여서 이 계열을 선택하기 전에 자신이 관련된 분야의 직무를 충실히 수행할 수 있는지를 생각하고 결정하는 것이 좋다. 이 계열은 자신의 진로가 잘 정해져 있다는 장점도 있지만 다른 길을 가고자 할 때 대학시절 배운 전공을 살리는 길이 그렇게 많지 않다는 단점도 있다.

2) 교육계열 진로

교육계열의 경우 대개 공립학교 임용시험을 통해 국공립 학교 교사가 되거나 사립학교 채용을 통해 사립학교의 교사가 된다. 임용시험은 매년 10월 ~ 1월에 1차 및 2차 시험으로 치러진다. 교사가 되는 길 이외에도 교육과 관련된 분야인 교육행정직 공무원으로 일을 할 수도 있으며 출판사 등의 교재개발, 컨텐츠개발과 같은 일에 종사할 수도 있다. 또한 교사가 된 이후에도 교육전문직 및 대학원 진학 등을 통해 학위를 받은 후 학계에 남아 활동할 수도 있다.

3) 교육계열 관련 능력

앞서 말한 것과 같이 교육계열의 경우 다른 사람들과 함께 일을 하는 경우가 많이 있기 때문에 다른 무엇보다도 사회적인 능력이 많이 필요하다. 특별히 주변 사람들과의 원활한 의사소통을 할 수 있어야 한다. 또한 학생들을 가르쳐야 하기 때문에 높은 수준의 도덕성과 책임감 역시 요구된다. 최근에는 교사의 역할이 가르치는 것에만 국한되지 않고 학생들을 상담하고 이와 관련된 해결책을 모색하는 등 상담능력과 상황판단 능력 역시 요구된다. 마지막으로는 자신이 전공하고 가르치는 과목에 있어서의 전문성 또한 필요하다.

4) 교육계열 관련 학과 및 유사학과

교육학과	교육심리학과 교육철학전공 교직과 학교상담전공
유아교육과	유아교육학과 유아영재교육학과 아동보육학과
특수교육과	특수교육과 초등특수교육과 중등특수교육과
초등교육과	단일학과로서 유사학과 없음(심화과정만 존재)
언어교육과	영어교육과 외국어교육학부 아동영어지도학과
인문교육과	윤리교육과 철학교육전공 종교교육학과
사회교육과	일반사회교육과 지리교육과 사회과교육과
공학교육과	건설공학교육과 화공섬유공학교육전공 토목공학교육과
자연계교육과	수학교육과 물리교육과 지구과학교육과
예체능교육	음악교육과 미술교육과 체육교육과

출처 : 고1, 2학년 담임교사를 위한 진로진학지도 가이드북 대구시교육청

자신이 어떤 계열인지를 아는 것은 앞으로의 수업 선택, 동아리 과정, 봉사활동 등 학교 생활 전반에 영향을 미친다. 이렇듯 자신이 지닌 성향과 능력, 관심사가 어떤 계열과 맞는지를 살펴보는 것은 매우 중요한 일이라고 할 수 있다. 앞선 장에서 여러 가지 진로 검사를 통해서 그리고 계열과 관련된 설명을 통해서 자신에게 어떤 계열이 맞는지를 알아보는 시간을 가졌다. 이를 통해 자신이 인문, 사회, 자연, 공학, 교육, 의생명 계열, 예체능 중 하나에 관심이 있다는 것을 알게 될 것이다. 이것은 여러분의 고등학교 생활에 직면하는 여러 가지 선택에서 많은 영향을 미칠 것이다.

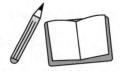

이제부터는 이 로드맵을 세련되게 하는 것이 필요한 시간이다. 자신이 어떤 계열인지를 알게 되었으면 실행에 옮겨야 할 시간이다. 자신이 선택한 계열에 맞게 교과목을 선택하고 관련된 동아리 활동을 하며 봉사활동과 진로탐색활동 역시 이와 연계되면 아주 좋을 것이다. 이러한 모든 것이 균형을 이룰 때에 비로소 자신이 원하는 대학에 진학을 시도해 볼 수 있는 기회가 생기는 것이다. 소위 '학종'이라고 불리는 학생부 종합전형에서 요구하는 자기주도성, 전공적합성 등을 이제 학교 활동을 통해서 보여주어야 한다.

학교에서 하는 모든 활동은 학교생활기록부라는 곳에 기재가 된다. 담임선생님들을 비롯하여 각 수업을 담당하신 교과선생님, 동아리 선생님 등이 여러분의 활동을 보고 학교생활기록부에 관찰한 내용을 기록하신다. 바로 이 학교생활기록부가 대학 진학에 있어서 가장 중요한 부분이다.

다음 장에서는 이 학교생활기록부와 관련된 이야기를 하고자 한다. 학교생활기록부는 엄연히 선생님들이 기록을 하는 부분이기는 하지만 이 기록의 대상을 바로 학생들의 학업과 관련된 활동과 비교과 활동(자율활동, 동아리활동, 봉사활동, 진로활동 등)이다. 즉 학생부를 기록하는 것은 선생님들이지만 이러한 기록의 원천에는 학생들의 활동이 담겨 있다는 것이다. 따라서 자신의 학교생활기록부가 자신의 대학 진학에 도움이 되기 위해서는 이 학생부에 적혀야 할 것이 무엇인지를 알고 시작을 하는 것이 좋다. 즉 일종의 세련된 로드맵이 필요하다는 것이다.

다음 장에서는 계열별로 여러분이 고등학교 생활을 하는 동안 학교생활기록부가 자신에게 유리하게 적용되기 위해서는 어떤 요소들이 학교생활기록부에 기재가 되어야 하는지 알아볼 것이다. 이를 위해서 학교생활기록부가 어떻게 구성되어 있는지를 살펴본 후에 자신의 계열에 맞게 학교생활기록부를 활용하기 위해서는 어떠한 활동이나 교과목을 선택하면 자신이 희망하는 대학에서 유리하게 작용할 수 있을지를 이야기한다. 또한 어떤 비교과 영역을 채워두어야 같은 성적이라도 조금 더 좋은 학교에 갈 수 있는지에 대한 전략과 같은 것을 제시한다. 즉 다음 장은 자신의 학교생활기록부를 브랜딩하기 위해서는 어떠한 분야에 노력을 해야 할지를 조사한다. 아무쪼록 앞장의 내용이 여러분들의 진로를 결정하는 데에 있어서 큰 도움이 되었으면 한다.

2.

합격 학생부
로드맵

합격 학생부 로드맵

가. 학생부종합전형에 대하여

1) 그림으로 보는 학생부종합전형

　　수시모집에서 학생부교과전형과 함께 가장 높은 비율로 학생을 선발하는 전형은 바로 '학생부종합전형'이다. 학생들의 3년간 누적 기록이 담긴 학교생활기록부 내용을 바탕으로 성장 및 발전 과정을 평가하며, 대학별로 저마다 고유의 평가 기준을 갖추고 있다. 모든 대학을 분석하여 개별적으로 접근하는 것이 최선이겠지만, 이를 준비하는 교사, 학생, 학부모 입장에서 고민해본다면 아마도 전체 흐름을 이해하는 것이 최우선이다.

학생부종합전형 공통 평가요소 및 평가항목

 학업역량 대학 교육을 충실히 이수하는 데 필요한 수학 능력

1. 학업성취도
고교 교육과정에서 이수한 교과의 성취수준이나 학업 발전의 정도

2. 학업태도
학업을 수행하고 학습해 나가려는 의지와 노력

3. 탐구력
지적 호기심을 바탕으로 사물과 현상에 대해 탐구하고, 문제를 해결하려는 노력

 진로역량 자신의 진로와 전공(계열)에 관한 탐색 노력과 준비 정도

1. 전공(계열) 관련 교과 이수 노력
고교 교육과정에서 전공(계열)에 필요한 과목을 선택하여 이수한 정도

2. 전공(계열) 관련 교과 성취도
고교 교육과정에서 전공(계열)에 필요한 과목을 수강하고 취득한 학업성취 수준

3. 진로 탐색 활동과 경험
자신의 진로를 탐색하는 과정에서 이루어진 활동이나 경험 및 노력 정도

 공동체역량 공동체의 일원으로서 갖춰야 할 바람직한 사고와 행동

1. 협업과 소통능력
공동체의 목표를 달성하기 위해 협력하며, 구성원들과 합리적인 의사소통을 할 수 있는 능력

2. 나눔과 배려
상대방을 존중하고 이해하여 원만한 관계를 형성하며, 타인을 위하여 기꺼이 나누어 주고자 하는 태도와 행동

3. 성실성과 규칙준수
책임감을 바탕으로 자신의 의무를 다하고, 공동체의 기본 윤리와 원칙을 준수하는 태도

4. 리더십
공동체의 목표 달성을 위해 구성원들의 상호 작용을 이끌어가는 능력

출처: NEW 학생부종합전형 공통 평가요소 및 평가항목, 건국대·경희대·연세대·중앙대·한국외대

위 그림은 2022년 2월에 발표된 「NEW 학생부종합전형 공통 평가요소 및 평가 항목(건국대·경희대·연세대·중앙대·한국외대)」 자료 중 일부다. 특정 대학에서 공통으로 활용하는 내용을 토대로 학생부종합전형 전체를 해석하는 것은 무리일지도 모른다. 하지만 평가자 입장에서 학생부종합전형을 바라보는 관점을 대변하고 있다. 따라서 해당 내용을 정확히 해석하고 이해한다면 학교생활기록부를 준비하는 데 많은 도움을 받을 것이다.

여기서 학생부종합전형 평가의 핵심 줄기는 '학업역량', '진로역량', '공동체역량'의 3가지다. 2018년 2월에 발표된 「학생부종합전형 공통 평가요소 및 평가항목(건국대·경희대·서울여대·연세대·중앙대·한국외대)」 자료에서는 '학업역량', '전공적합성', '인성', '발전가능성'의 4가지 평가요소를 활용하였다. 하지만 학생부 항목 및 내용 축소, 자기소개서 및 교사 추천서 폐지 등의 변화로 대학에 제공되는 정보가 줄었고, 고교학점제 도입이라는 학교 현장의 변화를 반영하고자 새로운 평가 요소가 도입되었다.

2) 평가 요소 알아보기 ('학업역량', '진로역량', '공동체역량'을 중심으로)

가) 학업역량

학업역량은 '대학 교육을 충실히 이수하는 데 필요한 수학 능력'을 말한다. 대부분 교과 등급은 학업역량이라고 생각하기 쉽지만 단순한 등급 수치만으로 학생을 평가하는 것은 위험성을 갖고 있다. 그래서 교과의 성취도뿐만 아니라 세부 능력 및 특기사항(수업 과정에서의 탐구활동, 수행평가), 교내대회(수상경력), 동아리활동, 독서활동, 봉사활동 등을 함께 확인한다.

(※ 수상경력, 자율동아리, 봉사활동(개인), 독서활동상황 등은 2024학년도 대입부터 미반영)

학업역량의 세부 평가항목은 '학업성취도', '학업태도', '탐구력'으로 구분된다. 앞의 그림에서 학업성취도(고교 교육과정에서 이수한 교과의 성취수준이나 학업 발전의 정도), 학업태도(학업을 수행하고 학습해 나가려는 의지와 노력), 탐구력 (지적 호기심을 바탕으로 사물과 현상에 대해 탐구하고, 문제를 해결하려는 노력) 의 정의를 살펴보았다.

이제 항목별 세부 평가 내용을 알아보자.

학업성취도	학업태도	탐구력
· 종합적 학업능력 · 추세적 발전 정도 · 희망 전공과의 연계	· 자발적 학습 의지 · 자기 주도적 노력 · 적극적인 태도와 열정	· 지식 확장을 위한 노력 · 구체적인 성과 · 열의와 지적 관심

'학업성취도' 항목에서는 '종합적 학업능력', '추세적 발전 정도', '희망 전공과의 연계'를 평가한다. 3년간의 종합적 학업성취도를 확인하고, 학년이나 학기에 따른 성적의 변화를 체크하며, 희망 전공 분야 관련 과목에 대한 개별적인 평가를 바탕으로 학업역량을 파악한다.

'학업태도' 항목에서는 '자발적 학습 의지', '자기 주도적 노력', '적극적인 태도와 열정'을 평가한다. 교과 수업에 능동적인 태도와 열정으로 참여하는지 확인하고, 새로운 정보와 지식을 얻기 위해 자기주도성을 바탕으로 노력하는지 체크하며, 명확한 목적의식을 바탕으로 배우고자 하는 의지를 바탕으로 학업역량을 파악한다.

'탐구력' 항목에서는 '지식 확장을 위한 노력', '구체적인 성과', '열의와 지적 관심'을 평가한다. 수업 중 궁금증을 풀어보거나 역량을 기르기 위해 학교 프로그램으로 관심을 확장해나갔는지 확인하고, 탐구 과정을 통해 구체적인 산출물을 만들었는지 체크하며, 활동 과정에서의 학문적 열정이나 지적 관심을 바탕으로 학업역량을 파악한다.

나) **진로역량**

진로역량은 '자신의 진로와 전공(계열)에 관한 탐색 노력과 준비 정도'를 말한다. 이전에 '전공적합성'이라는 표현을 썼을 때는 전공과 직접적인 관련이 높은 활동에만 비중을 두는 다소 좁은 경향성이 문제점으로 드러났다. 그래서 전공 대신 진로로 개념을 확장함으로써 대학의 전공 맞춤형 활동을 강조하기보다 학생의 장래 희망과 관련된 다양한 활동과 경험에 더욱 초점을 두고 있음을 알 수 있다.

진로역량의 세부 평가항목은 '전공(계열) 관련 교과 이수 노력', '전공(계열) 관련 교과 성취도', '진로 탐색 활동과 경험'으로 구분된다. 앞의 그림에서 전공(계열) 관련 교과 이수 노력(고교 교육과정에서 전공(계열)에 필요한 과목을 선택하여 이수한 정도), 전공(계열) 관련 교과 성취도(고교 교육과정에서 전공(계열)에 필요한 과목을 수강하고 취득한 학업 성취 수준), 진로 탐색 활동과 경험(자신의 진로를 탐색하는 과정에서 이루어진 활동이나 경험 및 노력 정도)의 정의를 살펴보았다.

이제 항목별 세부 평가 내용을 알아보자.

전공(계열) 관련 교과 이수 노력	전공(계열) 관련 교과 성취도	진로 탐색 활동과 경험
· 과목 선택의 적절성과 이수 과목 수 · 위계에 따른 선택과목 (일반/진로) 이수 여부 · 관련 과목 이수를 위한 추가 노력	· 전공(계열) 관련 과목 성취수준 · 전공(계열) 관련 동일 교과 내 선택과목 (일반/진로) 성취수준	· 관심 분야나 흥미와 관련한 활동과 경험 · 전공(계열) 관련 탐색 활동과 경험

'전공(계열) 관련 교과 이수 노력' 항목에서는 '과목 선택의 적절성과 이수 과목 수', '위계에 따른 선택과목(일반/진로) 이수 여부', '관련 과목 이수를 위한 추가 노력'을 평가한다. 지원 전공(계열) 관련 과목 수와 이수 단위를 확인하고, 진로·적성에 따라 관련 진로선택과목을 이수했는지 체크하며, 학교에서 미개설된 과목을 수강하는 자기주도적 탐색 과정(공동교육과정, 소인수 수업, 온라인 보충 이수 학습 활용 등)을 바탕으로 진로역량을 파악한다.

'전공(계열) 관련 교과 성취도' 항목에서는 '전공(계열) 관련 과목 성취수준', '전공(계열) 관련 동일 교과 내 선택과목 (일반/진로) 성취수준'을 평가한다. 전공(계열) 관련 교과 이수 과목의 교과 성취를 확인하고, 동일 교과 내 일반선택과목의 석차등급과 진로선택과목의 성취도를 비교한 종합적인 교과 성취수준을 바탕으로 진로역량을 파악한다.

'진로 탐색 활동과 경험' 항목에서는 '관심 분야나 흥미와 관련한 활동과 경험', '전공(계열) 관련 탐색 활동과 경험'을 평가한다. 학교 교육에서 활동과 경험을 통한 성장과 성취를 확인하고, 교과 활동이나 창의적 체험활동에서 전공(계열)에 대한 관심을 가지고 탐색한 경험을 바탕으로 진로역량을 파악한다.

다) 공동체역량

공동체역량은 '공동체의 일원으로서 갖춰야 할 바람직한 사고와 행동'을 말한다. 예전에는 '인성'과 '발전가능성'이라는 측면으로 나누어 평가했었다. 하지만 개인적 차원의 의미가 많이 부각 되는 '인성' 항목과 학업역량 및 전공적합성과 중복되는 측면이 많았던 '발전가능성' 항목을 없애고, 공동체 차원으로 평가의 범위를 확장하고자 '공동체역량'으로 명칭을 통합하여 변경했다.

공동체역량의 세부 평가항목은 '협업과 소통능력', '나눔과 배려', '성실성과 규칙준수', '리더십'으로 구분된다. 앞의 그림에서 협업과 소통능력(공동체의 목표를 달성하기 위해 협력하며, 구성원들과 합리적인 의사소통을 할 수 있는 능력), 나눔과 배려(상대방을 존중하고 이해하여 원만한 관계를 형성하며, 타인을 위하여 기꺼이 나누어 주고자 하는 태도와 행동), 성실성과 규칙준수(책임감을 바탕으로 자신의 의무를 다하고, 공동체의 기본윤리와 원칙을 준수하는 태도), 리더십(공동체의 목표 달성을 위해 구성원들의 상호작용을 이끌어가는 능력)의 정의를 살펴보았다.

이제 항목별 세부 평가 내용을 알아보자.

협업과 소통 능력	나눔과 배려	성실성과 규칙준수	리더십
· 서로 돕고 함께 행동하는 모습 · 공동 과제 수행 및 완성 경험 · 공감과 수용	· 나눔의 실천과 생활화 · 양보와 배려 · 상대방에 대한 이해와 존중	· 책임감과 성실 · 공동체가 정한 규칙준수	· 계획과 실행의 주도성 · 인정과 신뢰

'협업과 소통능력' 항목에서는 '서로 돕고 함께 행동하는 모습', '공동 과제 수행 및 완성 경험', '공감과 수용'을 평가한다. 수업 및 활동 과정에서 주도성을 갖고 적극적으로 참여하는지 확인하고, 새롭거나 자신의 역량을 발휘하여 성과 및 산출물을 만들어내는지 체크하며, 기존의 경험을 바탕으로 사고의 확장이 나타나는지를 바탕으로 공동체역량을 파악한다.

'나눔과 배려' 항목에서는 '나눔의 실천과 생활화', '양보와 배려, '상대방에 대한 이해와 존중'을 평가한다. 다양한 공동체 활동 경험에서 나눔을 실천하고 자발적으로 참여했는지 확인하고, 공동체가 함께 성장할 수 있도록 이타적인 노력을 보였는지 체크하며, 상대방에 대한 존중과 배려를 바탕으로 공동체역량을 파악한다.

'성실성과 규칙준수' 항목에서는 '책임감과 성실', '공동체가 정한 규칙준수'를 평가한다. 교내 활동에서 자신이 맡은 역할에 최선을 다하려고 노력한 경험이 있는지 확인하고, 자신이 속한 공동체가 정한 규칙과 규정을 준수하고 있는지를 바탕으로 공동체역량을 파악한다.

'리더십' 항목에서는 '계획과 실행의 주도성', '인정과 신뢰'를 평가한다. 공동체의 목표를 달성하기 위해 계획하고 실행을 주도한 경험이 있는지 확인하고, 구성원들의 인정과 신뢰를 바탕으로 참여를 이끌어 조율한 경험이 있는지를 바탕으로 공동체역량을 파악한다.

나. 학교생활기록부의 이해

1) 학교생활기록부란?

학교생활기록부는 학생부종합전형 평가에서 핵심 자료이다. 교사의 입장에서 관찰 및 평가한 학생들의 3년간 모습이 고스란히 담겨 있기 때문이다. 더욱이 학생의 변화와 성장 및 발전 과정이 자세하게 나타나기에 평가자의 입장에서 학생의 모습을 충분히 그려볼 수 있는 근거가 되기도 한다. 최근 교사 추천서 제도가 폐지되고, 자기소개서를 제출하는 대학 숫자가 줄어든 만큼 학교생활기록부가 지니는 무게가 더해져 가고 있다.

2) 학교생활기록부 나눠보기

학교생활기록부에는 한 학생에 대한 정보가 A부터 Z까지 모두 담겨 있다. '인적·학적 사항'부터 '출결상황', '수상경력', '자격증 및 인증 취득상황', '창의적체험활동', '교과학습발달상황', '독서활동상황', '행동특성 및 종합의견' 순서로 구성되어 있다. 여기서 창의적체험활동은 흔히 '자동봉진'이라 불리는 '자율활동', '동아리활동', '진로활동', '봉사활동'으로 나뉘며, 교과학습발달상황은 학기별 '교과 성적', '세부능력 및 특기사항', '개인별 세부능력 및 특기사항'으로 나뉘어 기록된다.

지금부터 '2022학년도 학교생활기록부 기재요령(교육부)'에 제시된 내용을 바탕으로 항목별 구성을 살펴보자.

가) 인적·학적 사항

학생의 기초 정보와 학적 변동에 대한 정보가 기록된다.

학생정보	성명 :　　　　　　성별 :　　　　　　주민등록번호 : 주소 :		
학적사항	년　　월　　일　○○중학교 제3학년 졸업 년　　월　　일　□□중학교 제1학년 입학		
특기사항			

나) 출결상황

연간 수업일수, 결석·지각·조퇴·결과, 개근 및 결석 사유 등이 기록된다.

학년	수업일수	결석일수			지각			조퇴			결과			특기사항
		질병	미인정	기타	질병	미인정	기타	질병	미인정	기타	질병	미인정	기타	
1														

다) 수상경력

고등학교별로 매년 초에 작성하는 '학교 교육계획서'에 기반한 교내대회의 수상 내용만 기록되며, 교외 대회는 어떠한 것도 기록되지 않는다.

학년 (학기)	수상명	등급(위)	수상연월일	수여기관	참가대상(참가인원)
1					
2					

라) ▶ **자격증 및 인증 취득상황**

국가기술자격증, 국가자격증, 국가 공인을 받은 민간자격증 및 학교 교육계획에
따라 이수한 국가직무능력표준 이수 상황이 기재된다.

자격증 및 인증 취득상황

구분	명칭 또는 종류	번호 또는 내용	취득연월일	발급기관
자격증				

국가직무능력표준 이수상황

학년	학기	세분류	능력단위 (능력단위코드)	이수시간	원점수	성취도	비고

마) ▶ **창의적체험활동**

* 자율활동: 교내에서 진행되는 각종 행사와 활동이 기록된다.

* 동아리활동: 정규 동아리와 자율 동아리 활동 내용이 기록되며, 자율 동아리는
　　　　　　동아리명과 소개 글을 30자 이내로 작성한다.

* 진로활동: 진로 수업 시간 중 활동, 교내 및 개인이 진행하는 진로 관련 활동이
　　　　　기록된다.

* 봉사활동: 봉사활동의 일자, 장소, 내용, 시간 등이 기록된다.

학년	창의적 체험활동상황		
	영역	시간	특기사항
	자율활동		
	동아리활동		(자율동아리)
	진로활동		희망분야　　　※ 상급학교 미제공

학년	봉사활동 실적				
	일자 또는 기간	장소 또는 주관기관명	활동 내용	시간	누계시간

바) ▶ 교과학습발달상황

* 공통 과목, 일반 선택 과목: 단위수, 원점수, 과목평균, 표준편차, 성취도, 수강자수, 석차등급이 기록된다.

* 진로 선택 과목: 단위수, 원점수, 과목평균, 성취도, 수강자수, 성취도별 분포비율이 기록된다.

* 체육·예술: 교과별 성적, 성취도가 기록된다.

* 과목별 세부능력 및 특기사항: 수업 중 학습 과정, 태도, 활동, 학업능력 등이 기록된다.

* 개인별 세부능력 및 특기사항: 영재교육, 발명 교육, 수업량 유연화에 따른 학교 자율적 교육활동 등이 기록된다.

학기	교과	과목	단위수	원점수/과목평균 (표준편차)	성취도 (수강자수)	석차등급	비고
이수단위 합계							
과목			세부능력 및 특기사항				

진로 선택 과목

학기	교과	과목	단위수	원점수/과목평균 (표준편차)	성취도 (수강자수)	석차등급 분포비율	비고
이수단위 합계							
과목			세부능력 및 특기사항				

체육·예술

학기	교과	과목	단위수	성취도	비고
이수단위 합계					
과목		세부능력 및 특기사항			

사) 독서활동상황

'도서명(저자명)'으로만 기록되며 특기사항은 입력할 수 없다.

학년	과목 또는 영역	독서 활동 상황

아) 행동특성 및 종합의견

교사의 관찰에 의한 학생의 행동, 학습, 인성 등의 내용을 변화와 성장에 초점을 맞춰 기재된다. 대학에 제출하는 교사 추천서가 폐지되었기 때문에 1, 2학년 담임교사의 기록은 추천서 역할을 한다.

학년	행동특성 및 종합의견

3) 비교과 영역별 주요 내용 및 특징

수상 경력
- 학기별 1개의 대회를 통해 자신의 장점과 역량이 명확하게 드러나도록 한다.
- 대회에 참가하게 된 동기와 준비 과정에서의 의미 있는 경험에 중점을 둔다.

핵심 Tip
+ 지원 학과 관련 학업역량 및 진로역량을 보여주는 수상을 할 수 있도록 수상을 위한 준비, 과정, 결과를 자기소개서나 면접에서 반드시 어필하라.

자율 활동
- 스스로 활동을 계획하고 적극성을 갖고서 실천으로 옮기는 모습을 보인다.
- 자신의 역할이 분명하게 드러나고, 자기주도성을 바탕으로 성장과 발전하는 모습이 나타난다.

핵심 Tip
+ '학교'보다는 '개인'의 성취와 역할을 드러내자.
+ 임원이 아니라면 '리더십'보다는 '내 역할'이 분명하게 드러나도록 하자. 위한 준비, 과정, 결과를 자기소개서나 면접에서 반드시 어필하라.

동아리 활동
- 동아리를 선택한 이유와 자신의 역할이 분명하게 나타난다.
- 동아리 내에서의 활동 경험과 노력을 바탕으로 변화의 모습을 드러낸다.

핵심 Tip
+ 교과와 관련된 동아리를 통해 학업역량을 보여라.
+ 전공 동아리가 아니라면 자신의 역할, 기여도, 산출물을 구체적으로 보여라.

봉사 활동
- 분명한 목표 의식을 갖고서 지속적으로 꾸준히 참여한다.
- 봉사의 동기가 분명하며 진정성을 갖고 활동에 임한다.

핵심 Tip
+ 봉사 시간보다는 참여 동기, 진정성, 지속성이 중요하다.
+ 코로나 이후, 교내 봉사에 충실한 모습이 좋은 평가로 연결될 수 있다.

진로 활동
- 자기주도성의 바탕 위에 자신의 꿈을 찾아가기 위한 노력 과정이 드러난다.
- 활동을 통해 느끼고 깨달으며 변화되는 모습이 구체적으로 나타난다.

핵심 Tip
+ 3년간 일관된 진로가 아니라면 반드시 진로 변경 사유를 설명하라.
+ 진로 행사 중의 적극성, 행사 이후의 연계·발전·심화 학습이 중요하다.

독서 활동 상황
- 교과 관련 탐구활동과 연계하여 심화 학습으로 연결 지을 수 있는 책을 읽는다.
- 독서를 기반으로 한 다양한 활동을 통해 내적 성장의 기회를 갖는다.

핵심 Tip
+ 독서로 시작해서 독서로 끝난다. (수업, 활동, 발표, 토론, 보고서, 실험 등)
+ 다방면에 관심(인문학, 융합, 철학, 사회과학, 자연과학, 예술, 윤리 등)

다. 교육계열 합격 로드맵

1) 들어가는 글

교육계열은 '교육활동과 관련된 제반 현상들을 종합적이고 체계적으로 연구하고, 교육 분야에 종사할 교사와 교육 지도자를 양성'하는 분야다. 관련 학과는 유아교육학과, 초등교육학과, 특수교육학과, 교육학과, 국어교육학과, 영어교육학과, 일반사회교육학과, 역사교육학과, 지리교육학과, 윤리교육학과, 한문교육학과, 한국어교육학과, 수학교육학과, 물리교육학과, 화학교육학과, 생물교육학과, 지구과학교육학과, 컴퓨터교육학과, 가정교육학과 등이 있다.

2) 합격 학생부의 특징

가) 자율활동

- 학기 초, 학급 내에서 친구의 적응을 돕고 대화와 관심을 바탕으로 마음이 열릴 수 있도록 노력한다. 한 학급을 함께 살아가는 구성원으로서의 책임감이 돋보인다.

- 학생회나 학급의 임원을 맡아 공동체의 변화와 발전에 기여하고자 하는 마음을 통해 리더십과 책임감을 동시에 보여줄 수 있다. 학급 구성원을 하나로 모아 이끄는 과정에서 희생정신과 봉사심이 나타난다.

- 학교 주요 행사에서 실무진으로 활동하고, 전체 계획을 숙지한 후 체계적으로 운영될 수 있도록 하는데 기여한다. 안전에 대한 경각심을 갖고서 행사의 원활한 진행을 돕는다.

- 학년부 또는 학급 개별 프로그램을 통해 단위학교의 개별 특색을 드러내는 동시에 학생의 역량과 성취를 함께 보여줄 수 있다. 특정 교과의 우수성을 어필하거나 예술 또는 융합적 측면을 통해 창의적인 인재로서의 모습도 드러낸다.

나) **동아리활동**

- 교육 동아리, 예비교사 동아리 등 자신의 교육관을 명확하게 정립하고 현직 교사로서 경험할 수 있는 다양한 상황에 대해 고민하고 생각해보는 기회를 가진다.

- 토의·토론, 역사, 영어연극, 동화구연, 문학 답사, 인권, 환경, 과학 실험 등 학생들과 수업이나 창의적 체험활동 시간을 활용하여 교육활동을 전개하는 상황을 대비하는 경험을 쌓는다.

- 또래 상담, 멘토·멘티, 다문화 이해, 심리연구 등 학생의 입장을 미리 이해해보고, 상대의 내면을 헤아리면서 상호작용하는 것의 중요성을 깨닫기 위해 노력한다.

다) **봉사활동**

- 복지관 도서 도우미, 교육봉사, 지역아동센터 봉사활동, 또래 멘토링, 도서관 및 청소년 수련관 학생 대상 학습 지도 등 아이들과의 만남 속에서 봉사를 실천하고 있음을 알 수 있다.

- 유치원, 민간어린이집, 국공립어린이집, 초등학교 및 중학교 멘토링 등 미래에 현장에서 만나게 될 학습자들과 관계를 맺고 교육을 수행해보는 경험을 하였다.

라) **진로활동**

- 전공 관련 교과 수업을 구상한 후, 교수-학습 지도안을 작성하여 학급 친구들을 대상으로 미니 수업을 진행한다. 피드백을 수용하며 자신의 수업관을 구체화 시킨다.

- 교육 이슈나 학교 현장에서 교사들이 겪을 수 있는 상황을 주제로 사설을 작성하거나 교육 토론 활동을 진행함으로써 현장감을 느끼고 예비교사로서의 교직관을 공고히 한다.

- 교육과정, 학습법, 학생 인권, 대학 입시 등을 담은 소식지를 제작하여 각 학급에 게시함으로써 학생들이 교육과 관련된 다양한 정보를 제공하고 활용하는 기회를 부여한다.

마) 수상경력

- 과제연구발표대회, 학술 한마당, 과학 에세이 대회, 시사 탐구대회 등 전공 분야 관련 이슈나 관심 주제를 선정하고 탐구를 진행하여 결과물을 도출하는 데 강점이 있음을 알 수 있다.
- 언어 사고력 탐구대회, 영어 프레젠테이션대회, 지리 올림피아드 대회, 수학 과제 탐구대회, 자연과학 탐구 한마당 등 지원 희망 학과와 관련된 교과대회에서 우수한 결과를 얻었다.

바) 독서활동상황

- 교육 일반을 다루는 원론적인 도서부터 학급 경영, 미래학교, 교수학습법 등 학교 현장에서 고민하고 접하게 되는 상황을 간접 체험할 수 있는 도서까지 폭넓은 독서 성향이 나타난다.
- 인문, 사회, 예술, 수학, 과학, 역사, 문화, 경제 등 특정 분야에 치우치지 않고 다양한 분야에서 지적 호기심을 보이며 넓고 깊은 수준의 교양을 쌓으려는 노력을 엿볼 수 있다.

라. 교육계열 학과별 주요 사례

학생부종합전형으로 합격한 학생들의 최근 3개년 누적 데이터를 바탕으로 3가지 평가 요소인 학업역량, 진로역량, 공동체역량과 연관성이 높은 항목별 내용과 기재 예시를 확인해본다. 또한 단위학교 교육과정 상의 차별화와 특성이 명확하게 드러나는 '학교 특색 프로그램'과 '수업량 유연화에 따른 학교 자율적 교육과정'의 사례를 살펴보며 최근의 변화 흐름을 파악해보자. 이를 통해 학생이 재학 중인 고등학교에 대한 이해를 높이는 동시에 충분한 신뢰를 바탕으로 학교생활기록부를 관리할 수 있을 것이다.

1) '학업역량', '진로역량' 관련 주요 활동

3가지 평가 요소 중 학업역량, 진로역량과 연관성이 높은 활동은 학교생활기록부의 '수상경력', '자율활동', '진로활동, 동아리활동', '독서활동상황', '과목별 세부능력 및 특기사항'에 기록된다. 이제 항목별로 내용을 살펴보자.

가) 수상경력

유형에 따른 수상명과 학기별 1개씩 선택 가능한 조합을 기재 예시로 나타냈다.

계열	수상명
독서·토론·발표·작문	노벨과학에세이쓰기대회, 영어스피치대회, 독서토론대회
주제 탐구·산출물	인문학술한마당, 동아리주제탐구발표대회, 역사탐구대회

> **기재 예시**
> 🖊 1학년 1학기: 역사UCC대회
> 🖊 1학년 2학기: 청소년의달모범학생
> 🖊 2학년 1학기: 문학작품공모전
> 🖊 2학년 2학기: 수학탐구보고서대회
> 🖊 3학년 1학기: 영어에세이콘테스트

✛ 제시된 '기재 예시'는 '유형에 따른 수상명'과 중복되지 않는 조합으로 구성함

나) 자율활동

유형에 따른 활동 프로그램과 자율활동 특기사항을 기재 예시로 나타냈다.

구분	내용
행사활동	수학여행, 대학탐방, 국토순례, 교내체육대회, 학교축제, 강연, 체험전
창의적특색활동	학년특색활동, 학급특색활동, 과학중점학교, 영어중점학교, 예술작품감상

✧ 표에 제시된 자율활동 프로그램 내용은 모든 계열에 동일하게 적용된다.

기재 예시 ————————————

✎ 장애 이해 교육 시간에 '시각장애 알기'라는 주제의 영상을 시청하며 장애인을 바라보는 사람들의 부정적인 시선과 편견을 생각해봤다고 함. 좋은 학력임에도 단지 장애인이라는 이유로 취업에서 차별을 받거나 상처를 입는 상황이 빈번하게 발생하는 현실에 안타까움을 느꼈다고 함. 평소 무심코 건너던 횡단보도가 누군가에게는 불편하고 위험한 장소가 될 수 있다는 생각을 감상문에 작성하기도 함. 이후 '사랑에 장애가 있나요?(권주리)'를 읽고 실제 장애인과의 일상 속에서 행복을 느끼는 작가의 이야기에 공감하며 주변에서 만나게 되는 장애인 분들의 마음을 헤아리고 함께 살아가는 아름다운 세상을 만드는 방안을 고민하는 시간을 가졌다고 함. 또한 교직에서 통합학급의 담임을 맡았을 때, 장애아동과 장애 학생 학부모와의 긍정적인 관계를 유지하는 방안을 생각해보고자 통합교육학회에서 발생한 연구 자료를 찾아봄.

다) **진로활동**

모집 단위에 따른 진로 희망 분야와 진로활동 사례 및 특기사항을 기재 예시로
나타냈다.

구분		내용
중등 (인문, 자연)	진로희망	중등 교과 교사, 교육행정직 공무원, 세무공무원, 교육공학자
	활동 사례	초·중학교 학습 멘토링, 교수 학습 과정안 작성, 수업 시연
유아교육 초등교육 특수교육	진로희망	초등교사, 유치원 교사, 어린이집 교사, 보육교사, 특수교사
	활동 사례	또래 민주시민교육, 학교폭력 대응 매뉴얼 스터디

기재 예시

전국 교대의 교육목표와 교육이념을 조사하여 보고서를 작성한 후, 자신의 교
직관을 구체화하려는 계획을 세움. 대학별 홈페이지 및 학과 사무실에 유선 전
화를 진행하여 공통점을 분석한 결과, 아동을 위해 봉사하는 교육자를 양성한
다는 사실을 찾아냈다고 함. 이를 바탕으로 '모든 아이들의 장점을 찾고 개인의
재능을 계발시킬 수 있도록 내비게이션 역할을 해주는 교사'라는 자신의 교사
상을 정립하게 되었다고 함. 또한 교육기본법 제4조에 명시된 '교육의 기회균등'
의 바람직한 방향을 고민하며 바람직한 교육을 위한 교사, 학교, 지역사회, 국가
의 역할과 책임을 탐구하려는 연구 계획을 수립하여 보고서를 작성함. 교사가
되기 이전에 교사로서 생각해볼 수 있는 다양한 요소를 생각해보는 경험을 통
해 올바른 교직관을 형성하고자 하는 학생의 열정과 노력을 확인할 수 있었음.

동아리활동

모집 단위에 따른 정규 및 자율 동아리 종류와 동아리활동 특기사항을 기재 예시로 나타냈다.

구분	정규 및 자율 동아리
중등 (인문, 자연)	수학 교구 제작 동아리, 교육 토론 동아리, 교육학 개론 동아리, 인권 탐구 동아리, 시사 토론 동아리, 또래 상담 동아리
유아교육 초등교육 특수교육	유아교육 동아리, 동화구연 동아리, 영어 연극 동아리, 학습 멘토링 동아리, 교육봉사 동아리, 수업 시연 동아리

기재 예시

✎ (미래교사연구반) 학생들과 함께하는 교육활동 시간의 소중함을 느끼고, 예비 교사로서 다양한 경험을 통해 뚜렷한 교직관을 형성하고자 교육 동아리 활동에 참여함. 학생들과 소통하고 참여를 이끄는 교과 선생님의 수업을 통해 '학생 참여형 수업'에 관심을 가져 관련 학술 자료 8편을 탐독함. 이후 모의 수업 활동을 준비하며 '초등 공감 수업(윤옥희)'을 읽음. 학생들의 공감 능력을 자극하여 수업에 대한 흥미를 높이고, 철저한 수업 준비를 바탕으로 학생들과 함께 풀어나가는 수업을 머릿속으로 구상하며 교수-학습 지도안을 작성함. 동아리 원들을 대상으로 모의 수업을 진행하는 과정에서는 모둠별 지도와 개별 학습 수준을 고려한 단계적 접근을 진행함으로써 학생 개인별 특성을 반영한 수업이 전개될 수 있었다는 긍정적인 피드백을 받기도 함.

마) **독서활동상황**

전공 분야에 따른 도서명과 저자명을 기재 예시로 나타냈다.

구분	도서명(저자명)
중등(공통)	에밀(J. J. 루소), 가르칠 수 있는 용기(파커 J. 파머), 페다고지(P. Freire)
국어교육	한국어와 한국어교육(박영순), 학교문법과 문법교육(임지룡)
영어교육	Justice(마이클 J. 샌들), Walden(헨리 데이비드 소로)
유아교육	신데렐라 천년의 여행(주겨얼), 인간의 교육(프리드리히 프뢰벨)
역사교육	한국사 기행(조유전 외), 미래를 여는 역사(한중일 3국 공동역사편찬위원회)
과학교육	과학이란 무엇인가(A. F. 차머스), 거의 모든 것의 역사(빌 브라이슨)
초등교육	모모(미하엘 엔데), 연을 쫓는 아이(힐레드 호세이니)
특수교육	내 생애의 아이들(가브리엘 루아), 주홍 글씨(나사니엘 호손)

바) **과목별 세부능력 및 특기사항**

교과목에 따른 주요 활동 키워드와 과목별 세부능력 및 특기사항을 기재 예시로 나타냈다.

구분	키워드
국어·영어	내적 동기, 학급 토론, 단어의 의미 관계, 논리적인 글 작성, 비속어 사용
수학	지식시장 활동, 수학 멘토, 수학 문제 만들기, 문제해결 방법 설명
사회	청소년의 정치 참여, 유토피아, 준법의식, 형사재판, 비판 의식, 세계화
과학	과학적 이론을 자신의 언어로 표현, 과학에 흥미, 과학 주제 발표

기재 예시

✎ 사회: '시장' 관련 단원에서 '윤리적 소비'에 관심을 가졌고, 소비자의 바람직한 역할을 알아보는 계획을 세움. 소비자의 권익을 증진하고 소비생활의 향상을 도모하기 위해 발족된 준정부기관에서 발행한 '소비자의 사회적 책임과 역할에 관한 연구'라는 보고서를 읽고 국가의 거시적, 기업의 중시적, 소비자의 미시적 관점을 아우르는 정책의 필요성과 일상에서 윤리적 소비가 필요한 이유를 생각해보았다고 함. 사회의 변화와 발전으로 합리적 소비가 이뤄지는 것은 당연하지만 개인의 욕구 충족 차원을 넘어 타인과 사회를 고려하여 동물과 환경까지 고려하는 도덕적 가치와 윤리성의 필요성에 공감했다고 함. 이후 공정무역 등 인권과 정의를 생각하는 소비의 필요성을 알리는 캠페인을 기획함.

'공동체역량' 관련 주요 활동

3가지 평가 요소 중 공동체역량과 연관성이 높은 활동은 학교생활기록부의 '자율활동', '봉사활동', '행동특성 및 종합의견'에 기록된다. 이제 항목별로 내용을 살펴보자.

가) ▶ **자율활동**

유형에 따른 활동 프로그램과 자율활동 특기사항을 기재 예시로 나타냈다.

구분	내용
적응활동	1인 1역할, 멘토-멘티, 사제동행, 또래상담
자치활동	총학생회, 학급 임원, 자기주도학습 관리, 학급문집 제작, 학급문고 관리

◈ 표에 제시된 자율활동 프로그램 내용은 모든 계열에 동일하게 적용된다.

> **기재 예시**
>
> ✎ 학급 반장(2021.03.02.~2022.02.28.)으로서 구성원들이 자신의 역할을 정확히 인지하고 행동으로 옮길 수 있도록 옆에서 챙기는 엄마 같은 리더십이 돋보임. 학급특색활동으로 진행하는 '1인 1역할'에 소극적인 친구에게 먼저 개별상담을 요청한 후, 불편해하는 마음이나 실천에 있어 어려운 점을 경청하는 모습을 보임. 반장이 대신하거나 역할을 교체하는 등 일반적으로 쉽게 생각할 수 있는 방법을 선택하는 것이 아니라 개인이 선택한 부분에 대한 책임은 스스로 지면서도 함께 해나가는 과정에 의미를 두고자 노력함. 반장과의 소통을 통해 합의점을 찾아 혼자서 제 역할을 해내는 모습으로 변화되는 과정을 보며 학생이 지닌 리더로서의 역할이 제대로 발휘되고 있음을 느낌.

나) **봉사활동** (2019학년도 1학년부터 봉사활동 특기사항은 학교생활기록부 미기재)

모집단위에 따른 봉사활동 내용을 기재 예시로 나타냈다.

모집단위	내용
중등(인문)	도서관 봉사, 책 읽어주기 봉사, 지역축제 통역 봉사, 언어 관련 학습 멘토
중등(자연)	수학·과학 체험전 도우미, 지역아동센터 과학실험 운영, 수학 멘토
유아교육	국공립 어린이집 봉사, 지역아동센터 저학년 학생 돌봄 봉사
초등교육	아동복지센터 교육봉사, 아동센터 음악 지도 봉사, 독서 재능 기부
특수교육	특수학급 도우미, 장애우 대상 공부방 봉사, 도움반 소식지 제작

다) **행동특성 및 종합의견**

평가 요소에 따른 키워드와 행동특성 및 종합의견을 기재 예시로 나타냈다.

모집단위	내용
공동체역량	리더십, 책임감, 봉사, 솔선수범, 희생, 경청, 공감, 소통, 협력, 공동체 의식
학업역량	지적 호기심, 문헌 활용, 추론, 문제해결력, 열정, 과제수행, 심화 학습
진로역량	진로 목표, 진로 프로그램 참여, 과제 탐구, 독서 연계, 사회 기여 및 공헌

⊹ 표에 제시된 행동특성 및 종합의견의 주요 키워드는 모든 계열에 동일하게 적용된다.

기재 예시

✎ 다정한 성격을 지닌 학생으로 항상 주변에 친구들이 많고, 고민이 있을 때 가장 처음 찾게 되는 친구라는 평가를 받음. 공감 능력이 우수하여 친구의 이야기를 진지하게 들어주고, 비언어적 표현에 관심을 가지며 대화를 이어감. 교직에서 만날 아이들에게 상담을 통한 도움을 제공하는 것을 목표로 상담교사를 먼저 찾아가 또래 상담 교육에 대해 문의함. 이후 2개월간의 개별 멘토링을 바탕으로 '또래 상담 도우미' 역할을 맡아 6개월간 동 학년 학생들의 상담을 전문적으로 수행하는 나눔 실천력을 보여줌. 이러한 역량을 바탕으로 2주에 한 번씩 방문하는 지역아동센터 멘토링에서 초등학교 3~4학년 아이들을 대상으로 수업 및 상담 활동을 진행함. 특히 기초부진 학생들의 심리적인 부분을 헤아려주며 성취동기를 유발하고 자신감을 바탕으로 학습 의욕을 높이는 방안을 찾고자 센터장 및 센터 교사들과 상담 내용을 공유하여 아이들의 변화를 확인함. 이러한 모습에서 항상 아이들에게 도움을 제공하고 교사로서 온전한 사랑을 나누고자 하는 교사로서 자질을 엿볼 수 있었음.

3) 학교 특색 프로그램

학교 교육계획서에 반영된 창의적체험활동(자율활동, 동아리활동, 봉사활동, 진로활동)은 학교라는 공간에서 운영되는 모든 교육적 활동을 의미한다. 특히 동아리 지도교사의 영향력이 높은 '동아리활동', 학교별 차이가 거의 없고 대입에서 영향력이 낮은 '봉사활동', 진로 관련 교과 수업이나 개인별 진로를 위한 노력이 드러나는 '진로활동'과는 달리 '자율활동'은 각 고등학교의 교육과정 운영 계획의 차이가 가장 두드러지게 차이 나는 영역이다. 학교의 주도하에 다른 학교와의 차별성이 드러나는 특색있는 프로그램을 구성함으로써 소속 학생들의 역량을 최대한으로 끌어내고 적극적인 참여를 유도할 수 있다. 이를 바탕으로 개별 학생들의 '자율활동 특기사항' 경쟁력을 갖출 수 있다.

아래의 내용은 실제 운영 사례를 바탕으로 학교 특색활동을 '인성', '진로', '인문사회', '자연과학' 영역으로 나눈 것이다. 영역별 대표적인 프로그램 내용과 특징 및 '자율활동 특기사항' 기재 예시를 살펴보자.

1인 3기

· **음악**: 1학년 전체 학생들을 대상으로 관심 있는 악기를 1가지 선택한 후, 음악 교과 시간이나 자율활동 시간을 활용하여 악기를 다뤄보고 실력을 높이는 시간을 갖는다.

· **미술**: 생활 미술을 실천하기 위해 학년특색활동 프로그램을 구성하여 연간 4회 이상 미술이 포함된 활동 계획을 수립한다. 복도에 갤러리 워크를 진행하며 서로의 작품을 공유한다.

· **체육**: 1~2학년 학생들을 대상으로 학교스포츠클럽을 운영함으로써 꾸준히 운동하며 스스로 체력을 키울 수 있도록 한다.

동아리 전시회

· 1년간 진행해온 정규 동아리와 자율 동아리 활동 과정에서 제작된 산출물을 각 교실에 전시하고, 동아리 대표 큐레이터를 선정하여 작품 제작 동기, 과정, 결과, 의미 등을 설명하는 기회를 제공한다. 모든 동아리원들이 참여하는 ALL-IN-ONE 작품도 최소 1점 이상 포함하여 학생들 간의 소통과 협력을 기른다.

기재 예시

1년 동안의 동아리 성과를 공유하기 위한 '동아리 전시회'에 '우주 속으로' 동아리 일원으로 참가함. 항공우주와 관련된 문헌 연구 및 화학 실험 결과를 정리하여 게시물로 제작함. '호모 스페이스쿠스(이성규)'를 읽고 화성까지 유인 탐사선을 보낸다는 사실에 흥미를 지닌 후, 토의 주제로 안건을 제안하였고, 모든 부원이 개인 의견을 발표하도록 기회를 부여하는 모습에서 목표 의식을 공유하기 위한 리더십을 확인함. '글로벌 우주탐사 현황 및 전망'을 주제로 한 문헌을 읽으며 세부 목차별로 요약할 부분을 배정하였고, 전체 내용을 취합하고 편집하여 보고서 책자를 제작하는 헌신적인 모습이 돋보임.

나) **진로**

독서 프로젝트

· 독서 나무를 운영하여 지속적인 독서 활동을 장려한다. 자신의 진로나 대입과 연결한 독서 목록을 작성하고, 나무에 열매가 열리듯 누적 기록을 열매로 표현하여 나무에 붙임으로써 실천 과정을 시각적으로 확인하도록 한다. 독서 영역을 세분화하여 열매 색깔에 차이를 두며, 여러 번 읽거나 연계 독서의 경우 열매의 크기에 차이를 두어 학생들의 관심을 높인다.

학교 소식지 만들기

· 학교에서 진행되는 행사, 프로그램, 수상 소식, 학사 일정, 입시 정보, 추천 도서 등 교내외 다양한 소식을 기사로 작성하여 게시물로 만들고, 각 학급 게시판을 활용하여 소식지를 게시함으로써 정보 공유의 기회로 삼는다. 학년말에는 연간 소식지를 모두 모아 소책자로 제작하여 기사 작성 및 편집에 참여했던 학생들에게 나눠줄 수 있도록 한다.

졸업 선배 진로 특강

· 본교를 졸업한 이후 우수한 대학에 진학한 선배를 초청하여 진로 관련 주제 특강을 진행한다. 단순히 학생들의 선호도가 높은 대학이 아닌 3년간의 계획과 학교 프로그램의 조화로움이 돋보이는 선배를 섭외하여 학생과 학교가 함께 발전하는 모습을 보여준다. 콘서트 형태로 진행하여 부드러운 분위기 속에서 의문을 해소하고 조언을 함께 하는 시간을 갖는다.

기재 예시

✎ 학년에서 운영하는 교내 기자단에 선정되어 '학교 소식지 만들기' 프로젝트를 운영함. 교직을 꿈꾸는 학생답게 대입에 관심이 많아 '대학 입시 A to Z' 코너를 기획함. 학교 구성원들에게 살아있는 정보를 제공하고자 졸업한 선배의 메일 주소를 알아내어 손수 편지를 작성함으로써 계획된 횟수 이상의 인터뷰 허락을 얻어내는 모습에서 준비성과 추진력을 확인할 수 있었음. 완성된 기사를 모아 편집 회의를 진행하는 과정에서 '시기별로 학생들의 관심 분야가 달라질 수 있음을 예측하여 기사 순서를 정하자.'는 의견을 편집장에게 제안하여 채택되기도 함. 이를 통해 주어진 상황을 전체적인 맥락에서 고려하여 판단하고, 목적에 맞는 방법과 절차를 중시하는 태도를 발견함. 전반적인 활동 과정을 지켜보며 예비교사로서 자질이 충분하다는 생각을 갖게 만드는 학생임.

다) 인문사회

독서 신문 제작

· 모둠별로 공통 관심사를 다룬 한 편의 작품을 함께 읽은 후, 각 개인의 감상을 기사, 만화, 광고, 안내 등의 다양한 방법으로 표현한다. 기획 회의 과정을 통해 신문의 형식, 내용, 헤드라인, 첨부 사진을 정하고, 편집 회의를 거치면서 신문에 기재할 순서, 지면 구성 등을 결정하여 독서신문을 완성한다. 학교의 특수성에 따라 개인별로 진행하거나 여러 권의 책을 활용해도 된다.

우리 역사 알리기

· 한국사에 관한 관심과 이해를 바탕으로 역사, 문화, 경제, 국제법과 관련된 시사 현안을 주제로 캠페인 활동을 진행한다. 특히 한·중, 한·일 사이의 역사 문제에 경각심을 갖고서 동북공정, 위안부, 소녀상, 독도, 발해, 일본해 등에 관한 주제 탐구 및 SNS를 활용한 홍보 활동을 통해 대중의 관심을 유도하고, 학생들로부터의 작은 실천을 이어간다.

시 쓰기 프로젝트

· 국어 교과 시간을 활용하여 주 1회 시 쓰기와 관련된 활동을 진행한다. 시 습작부터 시작하여 시에 관한 관심을 높이고, 좋아하는 대상이나 분야를 이미지로 나타낸 후, 짧은 시로 표현해보면서 시를 쓰는 활동에 흥미를 갖게 한다. 이후 다양한 주제를 활용하여 10여 편 이상의 시를 쓴 뒤, 개인별 시집을 제작하고, 우수 작품은 시선집으로 엮어 발표회를 갖는다.

기재 예시

✎ 학급에서 1년간 진행된 '시 쓰기 프로젝트' 활동에 참여함. 책을 읽는 것은 좋아했지만 글쓰기에 부담을 지녔기에 습작 단계에서 과제 제출 정도의 참여도를 보이기도 함. 이후 국어 교사에게 상담을 신청하여 표현의 부담감을 걷어내는 변화를 얻었고, 자신의 경험과 생각을 중심으로 시를 쓰는 단계에서 교육자로서의 가치관이 뚜렷하게 드러나는 작품을 완성해내는 발전을 보임. 점진적으로 자신감을 얻은 이후에는 '시 쓰기 도우미'를 맡을 정도로 성장하는 모습을 보여줌. '친구'라는 작품을 통해 교사와 학생의 관계를 재조명하였고, 교사의 길을 선택하는 데 영향을 미친 은사님들에게 존경의 마음을 전하기도 함. 여러 작품 속에서 학생들에게 편안함을 제공하고 언제나 찾아올 수 있도록 열린 마음을 지닌 교사가 되고자 하는 굳은 의지가 묻어나며, 본인이 걸어가야 할 길이 무엇인지 정확히 알고 있다는 인상을 주는 학생임.

라) 자연과학

수학·과학 소모임

· 자연, 공학, 의학 계열 진학을 희망하는 학생들이 비슷한 진로인 친구들과 2~5명 정도의 학급별 소모임을 구성한다. 동일 전공보다는 계열로 묶이는 경우가 많으므로 모든 학생을 아우를 수 있는 넓은 범위에서의 주제를 선정한 후, 과제 탐구, 실험, 문헌 연구, 아이디어 회의 등을 진행한다. 학생들 수준에서의 결과물이나 산출물을 완성한 후, 창의적체험활동 시간을 활용하여 모둠별 발표를 실시하고 피드백을 제공한다.

에코 프로젝트

· 생태·환경에 대한 인식 개선과 일상생활 속에서의 작은 실천을 바탕으로 친환경 생활에 한 걸음씩 다가가는 기회를 가지는 것을 목표로 프로젝트를 진행한다. 환경 인문학 강의를 들은 후, 학년 또는 학급 단위로 지역 환경을 활용하여 생태체험을 진행하고, 교내 친환경 텃밭 운영, 환경 교실, 업사이클링 등을 통해 지구와 환경을 먼저 생각하는 민주시민으로서의 자질을 갖출 수 있도록 한다.

발명 아이디어

· 진로 계열과 관계없이 창의성이 중시되는 미래사회에 맞추어 1인 1아이디어를 목표로 발명 활동을 실시한다. 평소 실생활에서의 불편한 요소를 찾아보거나 진로와 관련된 미래 기술 정보를 학습하며 자신만의 아이디어를 도출하는 경험을 한다. 가능하다면 3D 모델링이나 3D 프린터를 활용하여 결과물을 얻을 수 있도록 하며, 제작 과정을 셀프 영상으로 제작하여 연말에 학년 단위로 영상회를 진행한다.

기재 예시

✎ 교육 동아리 부원들과 함께 읽었던 '유치원 초등학교 연계 환경교육(박희숙)'을 통해 초등학교에서 환경교육의 중요성과 필요성에 공감함. 이후 사회 문제 해결을 위한 환경 운동 실천을 목적으로 '에코 프로젝트'에 참가함. 미래에 교사가 되었을 때, 아이들과 함께 행동으로 옮기는 것을 목표로 하여 '일상에서 진행하는 환경 보호'를 주제로 선정함. 실천 사례를 구상하기 위해 '지구별을 사랑하는 방법 100(김나나)'을 읽은 후, '무동력 이동을 통한 이산화탄소 발생량 줄이기' 캠페인을 계획함. 등하교 시, 가까운 거리는 도보로 이동하고 먼 거리는 자전거를 이용하는 활동을 학생들에게 제안함. 친환경 이동 수단 이용을 장려하기 위해 마일리지 적립 기능을 포함한 어플리케이션을 제작하여 배포함. 또한 선생님들의 참여를 유도하기 위해 '주 2회 대중교통 이용하기' 실천 서약서를 받는 등 모두가 참여하여 환경도 보호하고, 교육적인 효과도 가져오는 성취를 이뤄냄.

✦ 학교 특색활동은 단위학교의 교육과정 및 학생들의 특성에 따라 다양하게 구성될 수 있으며, 자신의 진로와 연관되거나 개별 역량을 충분히 발휘할 수 있는 활동을 선택하는 것이 좋다.

수업량 유연화에 따른 학교 자율적 교육과정

2019년 교육부에서 발표한 '고교서열화 해소 및 일반고 교육역량 강화 방안'에서 1단위(고등학교의 주당 수업 시수에서 1시간에 해당)를 기준으로 총 17회의 수업 중 1회에 한하여 학교의 재량으로 운영할 수 있다고 발표했다. 여기서 총 17회 중 1회의 수업은 단위학교가 해당 교과 내 또는 타 교과와의 융합형 프로젝트 수업, 동아리 활동 연계 수업, 과제 탐구 수업 등을 자율적인 교육과정으로 편성하여 운영할 수 있음을 말한다.

교육부에서 제시하는 자율적 교육과정 운영의 예시를 살펴보면 다음과 같다.

구분	내용
진로집중형	진로 설계·체험, 고등학교 1학년 대상 진로 집중학기제 운영 시간
학습몰입형	교과별 심화 이론, 과제 탐구 등 심층적 학습 시간 운영
보충수업형	학습 결손, 학습 수준 미흡 학생 대상 보충수업
동아리형	학습동아리 연계 운영, 교과에 관한 학생 주도적 학습 시간 운영
프로젝트형	교과 융합학습 등 주제 중심의 프로젝트 수업 직업 체험 프로젝트 등 운영

이러한 '수업량 유연화에 따른 학교 자율적 교육활동'은 관련 내용을 해당 과목의 '세부능력 및 특기사항(세특)' 또는 '개인별 세부능력 및 특기사항(개세특)'에 입력할 수 있는데, 특정 과목의 세부능력 및 특기사항으로 한정하기 어려운 경우에는 개인별 세부능력 및 특기사항에 입력할 수 있다는 점에 주목할 필요가 있다.

최근 학생부의 상향 평준화의 분위기와 교사별 수업 재구성을 통해 교과별 세부능력 및 특기사항은 여러 측면에서 비슷한 수준으로 기재되고 있으며, 학생의 새로운 면이나 다양성을 드러내기에는 어려움이 존재한다. 하지만 2020학년도부터 '학교생활기록부 기재요령'에 '수업량 유연화에 따른 학교 자율적 교육활동'을 '개인별 세부능력 및 특기사항'에 기록할 수 있는 근거가 명시됨으로써 학교별로 자율적 교육과정 운영의 차별화에 주력하고 있는 모습이다.

학교에서 구성한 자율적 교육활동에 따라 학생들이 활용할 수 있는 교과가 달라지고, 개인별로 보여줄 수 있는 모습이 차별화될 수 있음에 주목할 필요가 있다. 위의 교육부에서 제시한 5가지 유형 또는 그 이외의 다양한 유형으로 운영될 수 있으나 현실적인 측면에서 다음의 2가지 유형이 주로 활용되고 있음을 참고하자.

구분	내용	내용
주제 중심 프로젝트	2개 이상의 교과목	해당 교과목들의 수업 내용을 융합
진로 연계 심화 탐구	단일 교과목	창의적 체험활동(자율, 동아리, 진로)과 연계

대주제 코로나19로 인해 변화되는 미래사회의 모습

과목명	소주제	세부 활동
독서	· 코로나19로 인한 4차 산업혁명의 과속화 ('클라우스 슈밥의 위대한 리셋'을 읽고)	주제 토론
확률과 통계	· 코로나19 확진자 및 사망자의 연관성	확률과 통계
영어 II	· 코로나19 국제 코호트 연구 회의	대본 작성
운동과건강	· 코로나19로 인한 스포츠용품 시장의 성장	카드 뉴스 제작
미술	· 언택트 전시 관람 방법	안내 영상 제작
화학 I	· 코로나19 백신의 생산, 보관, 유통	보고서 및 기사 분석
생명과학 I	· mRNA 백신이 작용하는 원리	보고서 작성
사회·문화	· 코로나19로 인한 가족 간의 관계 강화	설문 조사
중국어	· 코로나19 이후 달라진 중국 소비 패턴 변화	통계 자료 분석
심리학	· 감염병 은폐의 심리학	연구 자료 분석
프로그래밍	· 국가별 코로나19 확진자 누적 현황	그래프 그리기

✧ 표에 언급된 과목별 소주제와 세부 활동은 모든 계열에서 같은 내용으로 제시되었다.

기재 예시

✎ '코로나19로 인해 변화되는 미래사회의 모습'을 주제로 진행된 수업량 유연화에 따른 학교 자율적 교육과정(2021.07.05.-2021.07.16.)에서 사회·문화와 심리학 과목의 융합 활동을 진행함. 사회·문화 시간에 '코로나19로 인한 가족 간의 관계 강화'를 주제로 SNS 설문 조사를 기획함. 학급 구성원들의 가족들을 대상으로 이루어진 문항을 분석하여 가족끼리 함께하는 시간이 증가함으로써 '끼리 문화'가 늘어나고 '가족 결속력'이 강화되고 있다는 결론을 도출함. 설문을 구성하고 내용을 분석하는 모습에서 데이터 처리 역량을 확인함. 이후 건강하지 못한 가족 결속력 발생에 초점을 맞추어 심리학 시간에 '감염병 은폐의 심리학'과 연관된 문헌 자료를 읽음. 가족에 대한 타인의 평가나 낙인 효과에 대한 두려움으로 가족 결속력이 역설적으로 높아진다는 내용을 포함하여 PPT 자료를 제작함. 문헌 속 내용의 숨은 의미까지 찾으려고 노력하는 과정을 통해 꼼꼼하게 분석하는 태도를 볼 수 있었음.

마. 합격 로드맵을 위한 체크리스트

앞에서 학생부종합전형의 평가 요소와 학교생활기록부의 항목별 이해를 바탕으로 교육계열 합격 로드맵을 통해 합격 학생부의 특징을 살펴봤다. 또한 교육계열 학과별 주요 사례를 알아보며 관련 활동과 기재 예시까지 구체적으로 확인하였다. 이제부터는 '나의 학교생활기록부'를 만들기 위한 준비가 필요한 시점이다. 핵심 부분을 요약하여 체크리스트를 제작했으니 학교생활기록부를 만들어가는 준비 과정부터 최종 작성까지 수시로 점검하며 마무리하기를 바란다.

		O	X
자율 활동	임원을 맡은 경험이 있는가?		
	임원 경험이 없다면 자신의 역할이 분명하게 드러나는 활동이 있는가?		
	학교보다 개인의 성취와 역할이 드러나는 활동을 했는가?		
	자기주도성과 실천적인 자세가 나타나는가?		
	학년 특색활동 또는 학급 특색활동에서의 차별화가 보이는가?		
	진로와 연계되는 동시에 개인의 자질과 역량이 함께 드러나는가?		
동아리 활동	동아리를 선택한 이유와 자신의 역할이 분명하게 나타나는가?		
	동아리 활동 경험과 노력 과정에서 변화의 모습이 보이는가?		
	교과와 관련된 동아리에서 학업역량을 보여주는 사례가 있는가?		
	전공 동아리에서 심화 탐구나 실험, 토론 등의 활동 경험이 있는가?		
	전공 동아리가 아니라면 구체적인 역할, 기여도, 산출물이 있는가?		
	동아리가 바뀐 경우라면 새로운 동아리를 선택한 동기를 언급했는가?		

		O	X

봉사 활동

봉사의 동기가 분명하고 진정성이 나타나는가?

분명한 목표 의식을 갖고서 봉사활동에 임했는가?

목적성(내용, 장소)을 지닌 봉사에 지속적으로 꾸준히 참여했는가?

봉사 시간에 연연하기보다는 내실 있는 봉사에 주력했는가?

교내 봉사(도우미, 멘토링 등)에 충실한 모습으로 참여했는가?

진로(의학, 교육, 사회복지 등) 관련 봉사 경험이 있는가?

진로 활동

3년간 일관된 진로를 지니고 있는가?

진로가 바뀐 경우, 진로 변경 계기와 사유를 설명하고 있는가?

자기주도성의 바탕 위에 꿈을 찾아가기 위한 노력 과정이 보이는가?

진로 관련 활동을 통해 깨달은 점과 변화되는 모습이 구체적인가?

진로 행사를 위한 사전 준비, 과정에서의 적극성이 보이는가?

행사 이후, 연계 및 심화 학습을 통해 발전적인 모습이 나타나는가?

수상 경력

학기별 1개의 대회를 통해 자신의 장점과 역량이 명확하게 드러나는가?

대회 참가 동기와 준비 과정에서 경험에 의미를 부여할 수 있는가?

지원 학과 관련 학업역량 및 진로역량을 보여주는 수상이 있는가?

수상을 위한 준비, 과정, 결과에 자신의 모습이 구체적으로 보이는가?

독서 활동 상황

교과 탐구활동과 연계하여 심화 학습으로 연결 짓는 책을 읽었는가?

독서 기반 활동 과정을 통해 내적 성장의 기회를 가졌는가?

수업, 활동, 발표, 토론, 보고서, 실험 등에 독서가 녹아 있는가?

인문학, 철학, 사회과학, 자연과학, 예술, 윤리 등에 관심이 많은가?

		O	X

교과 성적

전공 관련 교과 성적이 상승 또는 유지되고 있는가?

진로 선택 과목에서 학업역량과 진로역량이 드러나는가?

소인수과목, 심화과목, 공동교육과정, 클러스터 등에 참여했는가?

특정 교과의 성적이 7~9등급이거나 포기한 과목이라는 느낌을 주는가?

과목별 세부 능력 및 특기사항

2015 개정 교육과정에서 강조하고 있는 과목별 핵심역량이 드러나는가?

수업 참여, 태도, 활동, 성취, 변화 등에 대한 교사의 평가가 있는가?

협력학습, 수행평가, 과제수행 중 학업역량과 공동체역량이 보이는가?

독서, 토론, 실험, 탐구, 진로 연계 활동에서 개별 우수성이 나타나는가?

개인별 세부 능력 및 특기사항

영재교육 이수 내용과 발명교육 수료 내용이 정확히 기록되어 있는가?

수업량 유연화에 따른 학교 자율적 교육과정 내용이 명시되어 있는가?

융합적 요소, 탐구 역량 및 학생 개별 역량이 서술되어 있는가?

세특과 중복되거나 특정 교과의 세특으로 보이는 부분은 없는가?

행동 특성 및 종합의견

교사의 관찰을 바탕으로 서술된 추천서로서의 가치가 나타나는가?

장점 중심으로 서술되었고, 단점은 발전가능성과 함께 언급되었는가?

1학년 때, 자기주도성, 진로를 위한 노력, 공동체역량이 포함되었는가?

2학년 때, 학업역량, 진로의 구체성 및 발전, 공동체역량이 포함되었나?

✧ 체크리스트에 포함된 내용이 학교생활기록부를 만들어나가는 데 있어 모든 것을 담고 있는 것은 아니다. 학교생활기록부를 구성해 나갈 때, 방향성을 찾기 위한 보조 도구 역할만 한다.

단원을 마치며

　대입에 관심을 갖고 강의를 찾아 듣거나 자료를 읽다 보면 자주 접하는 말이 있다. "학생부종합전형의 핵심은 학생의 모습을 바탕으로 작성된 학교생활기록부를 '학업역량', '계열적합성', '인성', '발전가능성'이라는 요소로 평가한다."는 것이다. 물론 올해부터는 '계열적합성'이 '진로역량'으로 확대되었고, '인성'과 '발전가능성'은 '공동체역량'으로 통합하여 변경되었다. 위의 용어들은 듣는 이에 따라 이해 정도가 다르므로 보다 세부적인 설명이 필요하며, 이를 도와주고자 '계열별 합격 학생부 로드맵'을 통해 단계적 접근을 시도하였다.

　'학생부종합전형에 대하여'라는 이야기를 통해 평가자의 입장에서 바라보는 평가 요소와 평가항목별 평가 내용을 알아보며 학생부가 지니는 의미와 학교생활 과정에서 학생이 갖추어야 할 자질과 역량을 확인하였다.

　'학교생활기록부의 이해'라는 이야기를 통해 교사에 의해 작성되는 학교생활기록부의 항목이 평가 요소와 어떻게 연결되는지 이해한 후, 비교과 영역(자율활동, 동아리활동, 봉사활동, 진로활동, 수상경력, 독서활동상황)의 주요 내용과 특징을 알고, '핵심 Tip'을 통해 학생부종합전형을 위한 전략을 수립하는 데 도움을 받았다.

　'계열 합격 로드맵'이라는 이야기를 통해 관련 학과를 알고, 대입 합격 학생부를 분석한 데이터를 종합하여 특징을 이해하였고, 다양한 사례에서 나타나는 비교과 영역 내용의 공통점을 살펴보며 각 계열 합격자들의 주요 활동과 교사의 평가를 확인할 수 있었다.

'계열 학과별 주요 사례'라는 이야기를 통해 학생부종합전형으로 합격한 학생들의 최근 3개년 누적 데이터를 3가지 평가 요소(학업역량, 진로역량, 공동체역량)와 연관성이 높은 항목별 내용과 기재 예시를 확인하였다. 유형에 따른 수상명, 활동 프로그램, 진로 희망 분야 및 활동 사례, 정규 및 자율 동아리 종류, 전공 분야에 따른 도서명과 저자명, 교과목에 따른 주요 활동 키워드, 모집 단위에 따른 봉사활동 내용, 평가 요소에 따른 키워드를 통해 자신의 상황에 맞추어 적용하는 계획을 세워볼 수 있다.

또한 교육과정 우수 학교 사례를 참고하여 학교의 주도하에 다른 학교와의 차별성이 드러나는 특색 있는 프로그램을 소개하고, 주요 내용 및 특징을 반영한 기재 예시를 통해 본인이 소속된 고등학교의 교육과정과 연관 지어 생각해보는 기회를 얻었다. 하지만 학생부 상향평준화 분위기와 교사별 수업 재구성을 통해 교과별 세부능력 및 특기사항이 여러 측면에서 비슷한 수준으로 기재되고 있음을 확인하기도 했다. 이에 학생의 새로운 면이나 다양성을 드러내기에 어려움이 존재하는 문제를 개선하고자 2020년부터 활성화되고 있는 '수업량 유연화에 따른 학교 자율적 교육과정' 운영 사례를 담은 도표와 기재 예시를 보며 '개인별 세부능력 및 특기사항'에서 다양한 역량을 보여줄 수 있는 부분을 고민할 필요가 있다.

마지막으로 '합격 로드맵 제작을 위한 체크리스트'를 활용하여 '나의 학교생활기록부'를 만들기 위한 준비 과정부터 최종 작성 순간까지 수시로 점검하며 완성도를 높이는 데 활용할 계획을 세우도록 안내하였다.

다양한 분석 및 대응 전략이 존재하겠지만 이 책에서 전하는 출구전략은 바로 '교과 선택 및 수업'이다. 기존에는 교과와 비교과의 조화가 강조되었다. 하지만 앞으로는 대입 평가에서 비교과의 비중이 줄어드는 반면, 교과의 비중은 상대적으로 늘어날 수밖에 없다. 교과의 핵심은 과목 선택, 수업 참여, 내신 관리, 세특을 통한 학생의 역량을 보여주는 것이다. 이를 위해 최우선으로 고려해야 할 사항은 교과 선택이다.

　　다음 장에서는 '계열별 교과 선택'을 위한 방법을 소개한다. 진로와 대입을 위한 과목을 선택하기에 앞서 교육과정의 중요성을 이해하고, 달라진 수능 체제를 고려한 과목 선택이 필요한 이유도 알아볼 것이다. 학과에 대한 이해를 필두로 개별 학생의 성향과 특성을 고려한 과목 선택의 예시를 살펴보며 본인의 현재 상황과 소속 고등학교의 교육과정의 연결 고리를 찾기 위해 노력하자.

　　최선의 교과 선택으로 최고의 대입 준비를 해나가는 여러분을 응원한다!

교과 선택

교과 선택

가. 교과 선택 개괄

2015 개정 교육과정에 따라 2, 3학년 때 자신의 진로와 본인이 대학에서 전공하고자 하는 학과에 맞춰서 선택과목들을 연계하여 선택해야 한다.

2학년 학생들은 이미 1학년 때 이 과정을 거쳐 자신이 선택한 교과목을 1학기에 수강을 하고 있고, 이제 3학년 때 배울 과목에 대해 다시 현명한 선택의 과정과 고민을 해야 한다. 자신의 진로와 적성에 맞춰 정확한 선택을 하는 것이 매우 중요하기 때문에 효과적으로 과목을 선택하는 방법에 대해 안내하고자 한다.

각자의 진로와 대학입시에 맞춰 과목을 제대로 선택하려면 우선으로 교육과정에 대해 알고 있어야 한다.

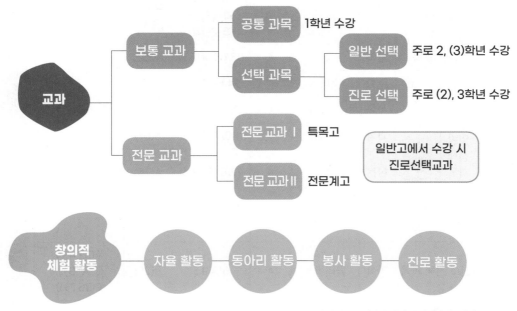

출처 : 2015개정교육과정 교육과정의 이해-울산진학정보센터

    위의 표는 2023~2024학년도 입시와 관련이 있는 2015 개정 교육과정에서의 고등학교 편제이다. 기본적으로 교과는 보통교과와 전문교과로 나누어지고, 보통 교과는 다시 공통과목과 선택과목으로 나누어져 있다. 1학년 때 학습한 과목들은 공통과목에 해당하고, 2학년 때부터 선택과목들 안에서 여러분들의 적성과 흥미에 맞춰 과목들을 선택해야 한다. 선택과목은 일반선택과목과 진로선택과목들로 나누어져 있어 현명한 선택과정이 필요하다.

구분		교과(군)	과목	단위수	원점수/과목평균(표준편차)	성취도(수강자 수)	석차 등급
공통 과목		국어	국어	4	83/65.9(15.5)	A(155)	3
일반 선택 과목	기초	수학	수학 I	4	94/69.5(23)	A(155)	3
	탐구	사회	세계사	4	91/70.2(19.9)	A(112)	3
		과학	물리학 I	4	80/71(17.7)	A(67)	4
	생활·교양	한문	한문 I	4	72/61.9(13.4)	A(26)	4
	체육·예술	체육	운동과 건강	2	–	B	–
진로 선택 과목		과학	물리학 II	4	61/49.5	B(25)	A(32.4%) B(30.9%) C(36.7%)
교양 교과(군)		교양	철학	1			P

보통교과 과목별 평가 예시

1, 2학년 학생들이 선택하는 공통과목과 일반선택과목은 석차등급이 학교생활기록부에 기재되지만 진로선택과목은 등급이 아닌 성취수준비율만 학교생활기록부에 기재되어 대학별 성적 반영 방식에 따라 유불리가 생길 수 있다. 따라서 이에 대한 새로운 접근 방식이 필요하다.

이제 여러분이 선택해야 할 일반선택과목과 진로선택과목을 아래에서 살펴보도록 하자. 먼저 본인의 학교 교육과정에 맞춰 자신의 진로와 계열에 따라 선택해야 할 과목들을 살펴본다. 특히 아래 제시된 국어, 수학, 영어, 탐구과목 중에 본인에게 가장 맞는 교과목들을 골라야 하는데 1학년 학생들은 2학년 때 배울 과목뿐만이 아니라 3학년 때 배울 교과목들에 대해서도 같이 고민하면서 신중하게 선택해야 한다.

고등학교 보통 교과 교과목 구성

기초

교과 (군)	공통 과목	선택 과목	
		일반 선택	진로 선택
국어	국어	화법과 작문, 독서, 언어와 매체, 문학	실용 국어, 심화 국어, 고전 읽기
수학	수학	수학Ⅰ, 수학Ⅱ, 미적분, 확률과 통계	기본 수학, 실용 수학, 인공지능 수학, 기하, 경제 수학, 수학과제 탐구
영어	영어	영어 회화, 영어Ⅰ, 영어 독해와 작문, 영어Ⅱ	기본 영어, 실용 영어, 영어권 문화, 진로 영어, 영미 문학 읽기
한국사	한국사		

탐구

교과 (군)	공통 과목	선택 과목	
		일반 선택	진로 선택
사회(역사/ 도덕 포함)	통합사회	한국지리, 세계지리, 세계사, 동아시아사, 경제, 정치와 법, 사회·문화, 생활과 윤리, 윤리와 사상	여행지리, 사회문제 탐구, 고전과 윤리
과학	통합과학 과학탐구 실험	물리학Ⅰ, 화학Ⅰ, 생명과학Ⅰ, 지구과학Ⅰ	물리학Ⅱ, 화학Ⅱ, 생명과학Ⅱ, 지구과학Ⅱ, 과학사, 생활과 과학, 융합과학

체육·예술

교과 (군)	공통 과목	선택 과목	
		일반 선택	진로 선택
체육		체육, 운동과 건강	스포츠 생활, 체육 탐구
예술		음악, 미술, 연극	음악 연주, 음악 감상과 비평 미술 창작, 미술 감상과 비평

교과 (군)	공통 과목	선택 과목			
		일반 선택		진로 선택	
기술·가정		기술·가정, 정보		농업 생명 과학, 공학 일반, 창의 경영, 해양 문화와 기술, 가정과학, 지식 재산 일반, 인공지능 기초	
제2외국어		독일어 Ⅰ 프랑스어 Ⅰ 스페인어 Ⅰ 중국어 Ⅰ	일본어 Ⅰ 러시아어 Ⅰ 아랍어 Ⅰ 베트남어 Ⅰ	독일어 Ⅱ 프랑스어 Ⅱ 스페인어 Ⅱ 중국어 Ⅱ	일본어 Ⅱ 러시아어 Ⅱ 아랍어 Ⅱ 베트남어 Ⅱ
한문		한문 Ⅰ		한문 Ⅱ	
교양		철학, 논리학, 심리학, 교육학, 종교학, 진로와 직업, 보건, 환경, 실용 경제, 논술			

그럼 선택과목을 현명하게 고르는 것이 왜 중요할까? 수시에서 학생부교과전형은 문·이과 구분 없이 학생이 이수한 국영수사과 성적 중심으로 반영이 되므로 일반선택과 진로선택과목을 어떻게 선택해서 어떤 결과가 나왔는지가 수시지원에 있어서 중요한 포인트다.

학생부종합전형에서는 자연계열의 경우 전공과 관련된 수학, 과학 교과 선택을 어떻게 선택했느냐가 매우 중요하고 인문사회계열 역시 희망학과에 맞는 전공 적합성에 따라 고등학교 시기에 어떤 과목을 이수했는지가 더욱 중요하기 때문에 과목선택을 하는 데 있어 반드시 현명하고 신중하게 선택해야 한다.

학생부 교과 전형	학생부 종합 전형
· 문이과 구분 없이 학생이 이수한 국, 영, 수, 사/과 성적 중심으로 반영 · 일반선택(석차등급), 진로선택(성취도) 과목 신중히 선택	· 교과성적, 학업역량 중요 · 자연계열-전공과 관련된 수학, 과학 교과 선택 필요 · 인문사회계열-희망학과의 전공적합성에 따라 해당과목 이수

※ 학생부 교과 전형의 경우 2023 입시에서 전 과목을 반영하는 대학은 13개 있다.

따라서 학교에서 안내하는 교육과정 편제표를 찾아보고, 선택과목에 대해 고민해보는 과정을 반드시 거쳐야 한다.

이렇듯 자신의 진로에 따른 과목선택의 중요성은 아무리 강조해도 지나치지 않는다. 이 부분과 관련하여 아래의 내용을 꼭 확인해 보길 바란다.

— 1. 자신이 희망하는 전공과 진로에 맞는 교과 선택 매우 중요
— 2. 어떤 교과를 선택했느냐? / 못 들었나? 안 들었나?
— 3. 진로선택과목 성취 평가 실시에 따른 내신 반영 유불리
— 4. 자신이 선택한 교과목을 수시와 정시에서 어떻게 활용할 것인가?
— 5. 선택한 교과목과 연계하여 어떤 활동을 하였는가?

다음으로, 과목을 선택하기 위해서는 2022학년도 대입부터 달라진 수능 체제도 고려해야 한다. 아무래도 자신이 수능에서 선택하려고 하는 교과목들을 선택하는 것이 내신을 준비하면서 수능까지 대비하는데 유리하다.

영역	2022학년도 이후 수능 범위	비고
국어	공통 : 독서, 문학 선택 : 화법과 작문, 언어와 매체 중 택 1	
수학	공통 : 수학Ⅰ, 수학Ⅱ 선택 : 확률과 통계, 미적분, 기하 중 택 1	
영어	영어Ⅰ, 영어Ⅱ	절대평가
한국사	한국사	절대평가
탐구	사회·과학 계열 구분 없이 택2 * 사회 : 9과목, * 과학 : 8과목(과학Ⅰ·Ⅱ)	
제2외국어 /한문	9과목 중 택1 (독일어Ⅰ, 프랑스어Ⅰ, 스페인어Ⅰ, 중국어Ⅰ, 일본어Ⅰ, 러시아어Ⅰ, 아랍어Ⅰ, 베트남어Ⅰ, 한문Ⅰ)	절대평가

또한, 주요 대학들이 수능 과목을 지정해 놓았기 때문에 자신이 정말로 가고자 하는 대학에서 어떤 과목들을 지정해 놓았는지를 살펴보는 것도 과목 선택하는데 있어서 중요한 요소 중의 하나가 될 것이다. 특히 자연계열은 다수의 대학이 수학과 탐구과목에서 특정과목을 지정하고 있기 때문에 신경을 써야 한다.

∙∙ 2023학년도 대입 수능 영역(과목)을 지정한 대학(자연계열 (일부) 모집단위) ∙∙

수학　미적분, 기하 중 택 1

가천대, 가톨릭대, 강원대, 건국대, 경북대, 경성대, 경희대, 계명대, 고려대, 공주대, 광운대, 국민대, 단국대, 대구가톨릭대, 대구한의대, 덕성여대, 동국대, 동국대(경주), 동덕여대, 동아대, 동의대, 목포대, 부산대, 상지대, 서강대, 서울과학기술대, 서울대, 서울시립대, 서원대, 성균관대, 세종대, 숙명여대, 순천대, 숭실대, 아주대, 연세대, 연세대(미래), 영남대, 울산대, 원광대, 이화여대, 인제대, 인하대, 전남대, 전북대, 제주대, 조선대, 중앙대, 차의과학대, 충남대, 충북대, 한국교원대, 한국항공대, 한림대, 한양대, 한양대(ERICA), 홍익대(59개 대)

탐구　과학

가천대, 가톨릭대, 강릉원주대, 강원대, 건국대, 건양대, 경북대, 경상대, 경성대, 경희대, 계명대, 고려대, 고려대(세종), 고신대, 광운대, 국민대, 단국대, 대구가톨릭대, 대구한의대, 덕성여대, 동국대, 동국대(경주), 동덕여대, 동아대, 부산대, 상지대, 서강대, 서울과학기술대, 서울대, 서울시립대, 성균관대, 성신여대, 세종대, 숙명여대, 순천대, 숭실대, 아주대, 연세대, 연세대(미래), 영남대, 우석대, 울산대, 원광대, 을지대, 이화여대, 인제대, 인천대, 인하대, 전남대, 전북대, 제주대, 조선대, 중앙대, 차의과학대, 충남대, 충북대, 한국교원대, 한국기술교대, 한림대, 한양대, 한양대(ERICA), 홍익대(62개 대)

　서울대는 2021년 7월, 2024학년도 전형안을 예고하였는데 그중 2015 교육과정에 따른 전공 연계 교과 이수 과목을 제시하였다. 이에 교육과정과 이수 과목의 중요성이 더욱 부각될 것이므로 이수 과목 선택에 신중을 기해야 한다.

　서울대가 제시한 전공 연계 교과 이수 과목은 학생이 희망하는 학과에서 전공을 공부하는 데 도움이 되는 과목들을 제시한 것이다. 모집단위별 핵심 권장과목은 학생이 희망하는 전공 분야의 학문적 기초 소양을 쌓을 수 있는 필수 연계

과목이며, 권장과목은 모집단위 수학을 위해 교육과정에서 배우기를 추천하는 과목이기 때문에 가급적 이를 고려하여 과목선택을 하는 것이 필요하겠다.

또한, 전공 연계 교과 이수 과목은 지원자격과 무관하지만 모집단위별 권장 과목의 이수 여부는 수시모집 서류평가 및 정시모집 교과평가에 반영된다고 서울대는 설명하고 있으므로 과목선택을 하는 데 있어 반드시 고려해야 할 요소이다.

많은 학생들이 전공 연계 교과 이수 과목의 수강자 수가 적어서 교과 성취도에서 낮은 등급이 나오는 경우를 생각하여 선택을 하지 않는 경우가 있다. 하지만, 소인수 과목이나 과목 난이도가 높은 과목을 이수하는 학생은 대학에서 학생의 도전정신과 학문 분야에 대한 호기심을 긍정적으로 평가하여 도전하지 않은 학생에 비해 더 좋게 바라본다는 사실을 반드시 생각하여 과목선택을 해주길 바란다.

2024 서울대 모집단위별 전공 연계 교과이수 과목

모집단위	핵심 권장과목	권장과목
경제학부		미적분, 확률과 통계
수리과학부	미적분, 확률과 통계, 기하	
통계학과	미적분, 확률과 통계, 기하	
물리·천문학부-물리학전공	물리학Ⅱ, 미적분, 기하	확률과 통계
물리·천문학부-천문학전공	지구과학Ⅰ, 미적분, 기하	지구과학Ⅱ, 물리학Ⅱ, 확률과 통계
화학부	화학Ⅱ, 미적분	확률과 통계, 기하
생명과학부	생명과학Ⅱ, 미적분	화학Ⅱ, 확률과 통계, 기하
지구환경과학부	물리학Ⅱ 또는 화학Ⅱ 또는 지구과학Ⅱ, 미적분	확률과 통계, 기하
간호대학		생명과학Ⅰ, 생명과학Ⅱ
공과대학-광역	미적분, 확률과 통계	기하
건설환경공학부	미적분, 기하	확률과 통계
기계공학부	물리학Ⅱ, 미적분, 기하	확률과 통계
재료공학부	미적분, 기하	물리학Ⅱ, 화학Ⅱ, 확률과 통계
전기·정보공학부	물리학Ⅱ, 미적분	확률과 통계, 기하
컴퓨터공학부	미적분, 확률과 통계	
화학생물공학부	물리학Ⅱ, 미적분, 기하	화학Ⅱ 또는 생명과학Ⅱ
건축학과		미적분
산업공학과	미적분	확률과 통계
에너지자원공학과	물리학Ⅱ, 미적분, 기하	확률과 통계
원자핵공학과	물리학Ⅱ, 미적분	
조선해양공학과	물리학Ⅰ, 미적분, 기하	확률과 통계
항공우주공학과	물리학Ⅱ, 미적분, 기하	지구과학Ⅱ, 확률과 통계
농경제사회학부		미적분, 확률과 통계
식물생산과학부	생명과학Ⅱ	화학Ⅱ, 미적분, 확률과 통계, 기하
식품·동물생명공학부	화학Ⅱ, 생명과학Ⅱ	
응용생물화학부	화학Ⅱ, 생명과학Ⅱ	미적분, 확률과 통계, 기하

모집단위	핵심 권장과목	권장과목
조경·지역시스템공학부	미적분, 기하	물리학II, 확률과 통계
바이오시스템·소재학부	미적분, 기하	물리학II 또는 화학II
지리교육과		한국지리, 세계지리, 여행지리
수학교육과	미적분, 확률과 통계, 기하	
물리교육과	물리학II	미적분, 확률과 통계, 기하
화학교육과	화학II	미적분, 확률과 통계, 기하
생물교육과	생명과학II	화학II, 미적분, 확률과 통계
지구과학교육과	지구과학I	지구과학II, 미적분, 확률과 통계, 기하
식품영양학과	화학II, 생명과학II	
의류학과		화학II, 생명과학II 또는 확률과 통계
수의예과	생명과학II	미적분, 확률과 통계
약학계열	화학II, 생명과학II	미적분, 확률과 통계
의예과	생명과학I	생명과학II, 미적분, 확률과 통계, 기하

　　과목을 선택하는 데는 설명한 내용 외에도 개인적인 상황에 따라 여러 가지 변수들이 있을 수 있다. 책에서는 과목을 선택할 때 고려해야 하는 사항 중 일부분만 이야기하고 있기 때문에 반드시 가정에서 부모님과 이야기를 나눠보고 궁금한 부분은 학교에서 선생님들과도 깊은 상담을 나눠보는 시간을 충분히 가져야한다.

나. 교육계열 교과 선택 방법

1) 계열 소개

교육계열은 가르치는 대상에 따라 유아교육, 초등교육, 특수교육, 중등교육으로 나눌 수 있다. 가르치는 교과에 따라서는 인문사회계열, 자연공학 계열, 예체능 계열로 나뉠 수 있으며 교육에 대한 기본적 바탕이 되는 교육학과도 있다.

기본적으로 교육 대상에 대한 애정과 교수학습방법에 대해 전문 지식을 갖고 있어야 한다. 유·초등 및 특수교육의 경우에는 인문, 사회, 과학, 예체능 등에 전반적인 관심을 가지고 있는 것이 좋으며, 대학에 따라서 1학년 과정에서 글쓰기와 영어 과목을 필수 기초과목으로 제시하는 경우도 있다.

전공 관련 기초과목은 교육학 입문, 교육철학, 한국교육사, 교육행정학, 교육사회학, 교육심리학 및 각 전공별 교과 등이 있다.

2) 전공학과 및 관련학과(일부)

국어교육	국어국문학과, 국제한국어교육과, 한국어교육과, 한국어교육전공, 한국학과
생물교육	과학교육학부 생물교육전공, 생물학과, 분자생물공학과, 생명공학과, 생명과학과
수학교육	수학과, 통계학과, 회계학과
영어교육	영어영문학과, 유럽언어문화학부, 영어학과, 영미학과
유아교육	아동학과, 아동보육과, 아동복지교육과, 보육과, 영유아보육과, 유아특수보육과

| 일반사회교육 | 사회학과, 정치외교학과, 경영학과, 경제학과 |
| 초등교육 | 초등교육과 |

출처: 대구광역시교육청 진로진학상담가이드북

! 이 책에서 보여주는 전공 학과 외에 교육학과, 불어교육과, 독어교육과, 역사교육과, 지리교육과, 윤리교육과, 물리교육과, 화학교육과, 지구과학교육과, 체육교육과, 특수교육과 등이 있다.

▶▲◀
(1) 교육계열 - 국어교육과

(가) 국어교육과는 어떤 학과일까요?

국어교육과는 창조적 언어와 문화를 이끌어갈 진취적 교원 인재양성에 중점을 두고 교육을 한다. 중등학교에서 국어교육을 효율적으로 수행할 수 있도록 능력과 자질을 갖춘 훌륭한 교원 양성을 하고자 한다. 또한, 국어교육 분야의 정책을 집행하는 전문 인력과 문화계에서 창조적인 언어소통을 할 수 있는 뛰어난 전문인 양성에 교육 목표를 두고 있다. 한국의 언어와 문학을 체계적으로 연구하고, 학교현장을 반영하여 국어교육을 이론적으로 모색하는 전문가도 양성한다. 지식정보 사회와 글로벌 시대에 국어교육의 중요성을 깊이 새기면서, 국제적인 안목으로 국어교육의 전파와 실현을 극대화할 수 있도록 교육한다.

(나) 어떤 학생에게 어울릴까요?

중등학교 교사로서 학생을 가르치는 것에 흥미와 애정이 필요하며 문화와 철학 등 다양한 분야에 관심을 가지고 있어야 한다.

관련 자격	대학에서 배우는 이수 교과목
· 중등학교 2급 정교사 · 한국어능력 자격증	국어학개론, 국문학개론, 국어교육론, 문학교육론, 국어사, 국문학사 등

(다) 어떤 학생이 선택하면 좋을까요?

★ 교육에 대한 열정과 비전을 가지고 있다.

★ 학생들을 사랑할 수 있는 따뜻한 마음을 가지고 있다.

★ 현재와 미래 생활을 주도할 수 있는 역량과 태도를 가지고 있다.

★ 창의적인 문제해결 능력과 태도를 갖추고 실천적인 자기 관리를 할 수 있는 능력이 있다.

★ 국어와 사회적 언어소통에 관심이 많고 우리나라 문화와 철학 등 다양한 분야에 관심이 있다.

(라) 졸업 후에 진로는 어떻게 되나요?

💡 공무원, 국어교사, 작가, 평론가, 교수, 대학 강사, 방송작가, 영화시나리오작가, 독서치료사, 방과후교실 지도자, 방송기자, 소설가, 시인, 장학사, 학원 강사, 행정공무원

(출처 : 서울시교육청 2015 개정교육과정 선택과목 안내서, 대구교육청 진로진학상담가이드북, 세종시교육청 전공적성개발 길라잡이)

(마) 국어교육과를 희망하는 학생들의 과목 선택(예시)
전공 적합성과 연관 있는 교과목은 **진하게** 표시함

기초

교과 (군)	공통 과목	선택 과목	
		일반 선택	진로 선택
국어	국어	**화법과 작문**, **독서**, **언어와 매체**, **문학**	**실용 국어**, **심화 국어**, **고전 읽기**
수학	수학	수학 I , 수학 II, 미적분, **확률과 통계**	기본 수학, 실용 수학, 인공지능 수학, 기하, 경제 수학, **수학과제 탐구**
영어	영어	**영어 회화**, 영어 I , **영어 독해와 작문**, 영어 II	기본 영어, 실용 영어, 영어권 문화, 진로 영어, **영미 문학 읽기**
한국사	한국사		

교과 (군)	공통 과목	선택 과목	
		일반 선택	진로 선택
사회(역사/ 도덕 포함)	통합사회	한국지리, 세계지리, 세계사, **동아시아사**, 경제, 정치와 법, **사회·문화, 생활과 윤리, 윤리와 사상**	여행지리, **사회문제 탐구, 고전과 윤리**
과학	통합과학 과학탐구 실험	물리학Ⅰ, 화학Ⅰ, 생명과학Ⅰ, 지구과학Ⅰ	물리학Ⅱ, 화학Ⅱ, 생명과학Ⅱ, 지구과학Ⅱ, 과학사, **생활과 과학**, 융합과학

교과 (군)	공통 과목	선택 과목	
		일반 선택	진로 선택
체육		체육, 운동과 건강	스포츠 생활, 체육 탐구
예술		음악, 미술, 연극	음악 연주, 음악 감상과 비평 미술 창작, 미술 감상과 비평

교과 (군)	공통 과목	선택 과목	
		일반 선택	진로 선택
기술·가정		기술·가정, 정보	농업 생명 과학, 공학 일반, 창의 경영, 해양 문화와 기술, 가정과학, 지식 재산 일반, 인공지능 기초
제2외국어		독일어Ⅰ　　일본어Ⅰ 프랑스어Ⅰ　러시아어Ⅰ 스페인어Ⅰ　아랍어Ⅰ 중국어Ⅰ　　베트남어Ⅰ	독일어Ⅱ　　일본어Ⅱ 프랑스어Ⅱ　러시아어Ⅱ 스페인어Ⅱ　아랍어Ⅱ 중국어Ⅱ　　베트남어Ⅱ
한문		**한문Ⅰ**	**한문Ⅱ**
교양		철학, **논리학, 심리학, 교육학,** 종교학, 진로와 직업, 보건, 환경, 실용 경제, **논술**	

※ 주의 **반드시 언급한 과목만을 선택할 필요는 없음(단순 예시임)**

국어교육과는 고전문학, 현대문학, 비문학에 관한 관심 및 이해, 논리적인 글쓰기 노력, 시대별 역사에 따른 문학적 발달 이해가 필요하다. 아동에 대한 신체적·정서적·심리적인 이해, 교직관에 대한 철학적인 고민 등도 요구된다. 이에 국어, 사회, 생활교양 관련 교과목들과 관련하여 과목 선택을 하는 것이 유리하다. 국어교육에 대한 이론과 실제를 학문적 대상으로 삼아 연구하고 국어교육에 관한 전문적인 지식과 훌륭한 인격을 지닌 중등학교 국어교사와 국어교육전문가를 양성하는데 목적이 있다. 따라서 국어, 윤리, 철학, 심리학, 교육학 교과에서 학업능력을 제시할 필요가 있다.

▶▲◀
(2) 교육계열 - 생물교육과

(가) 생물교육과는 어떤 학과일까요?

생물교육과는 생명과학 이론의 충실한 습득을 통하여 생명의 원리를 이해하고, 미래 생물교육 분야를 선도할 우수한 교원을 양성하기 위한 학과이다. 생명과학 및 생물학 전반에 걸친 풍부한 이론적 지식을 습득하고 실험·실습과 체험 학습을 통해 과학적 사고 능력을 함양하고자 한다. 또한, 이를 학교현장에 적용할 수 있도록 생물교육에 대한 실제적이고 다양한 내용을 학습한다. 이를 통해 학생 지도 능력, 건전한 인성을 갖춘 중등교사 및 생물교육 전문가 양성은 물론 생명과학 분야의 우수한 인재 양성을 목표로 하고 있다. 교육과정으로는 과학교재연구 및 지도방법, 동물계통학 생명과학 및 실험, 생물화학 및 실험, 생태학 및 실험, 세포생물학 및 실험, 식물계통학 및 실험, 유전학 및 실험, 환경생물학 등이 있다.

(나) 어떤 학생에게 어울릴까요?

중등학교 교사로서 학생을 가르치는 것에 흥미와 애정이 필요하며, 자연과학 전공과 관련된 부분을 배우므로 생물에 대한 관심, 논리적인 사고, 수리력, 꼼꼼한 관찰력 등이 필요하다.

관련 자격	대학에서 배우는 이수 교과목
· 중등학교 2급 정교사	세포생물학, 분자생물학, 동물/식물생리학, 계통학분류학, 생물교육론, 유전학 등

(다) 어떤 학생이 선택하면 좋을까요?

★ 교육에 대한 열정과 비전을 가지고 있다.

★ 사람과 생물에 대한 관심과 애정이 있다.

★ 생명과학에 대한 호기심 및 창의성이 풍부하다.

★ 논리적, 합리적인 문제해결 능력과 태도를 가지고 있다.

★ 생물학 전반의 내용을 빨리 습득하고 이해하는 능력을 가지고 있다.

(라) 졸업 후에 진로는 어떻게 되나요?

교수, 연구원, 이공학계열 교수, 중등교사, 과학교사, 교육학연구원

(출처 : 서울시교육청 2015 개정교육과정 선택과목 안내서, 대구교육청 진로진학상담가이드북, 세종시교육청 전공적성개발 길라잡이)

(마) 생물교육과를 희망하는 학생들의 과목 선택(예시)

전공 적합성과 연관 있는 교과목은 **진하게** 표시함

기초

교과 (군)	공통 과목	선택 과목	
		일반 선택	진로 선택
국어	국어	**화법과 작문**, 독서, **언어와 매체**, 문학	실용 국어, 심화 국어, 고전 읽기
수학	수학	수학Ⅰ, 수학Ⅱ, **미적분**, **확률과 통계**	기본 수학, 실용 수학, 인공지능 수학, **기하**, 경제 수학, **수학과제 탐구**
영어	영어	**영어 회화**, 영어Ⅰ, **영어 독해와 작문**, 영어Ⅱ	기본 영어, 실용 영어, 영어권 문화, 진로 영어, 영미 문학 읽기
한국사	한국사		

탐구

교과 (군)	공통 과목	선택 과목	
		일반 선택	진로 선택
사회(역사/ 도덕 포함)	통합사회	한국지리, 세계지리, **세계사**, 동아시아사, 경제, 정치와 법, **사회·문화**, **생활과 윤리**, **윤리와 사상**	여행지리, **사회문제 탐구**, 고전과 윤리
과학	통합과학 과학탐구 실험	**물리학Ⅰ, 화학Ⅰ**, **생명과학Ⅰ**, 지구과학Ⅰ	물리학Ⅱ, **화학Ⅱ**, **생명과학Ⅱ**, 지구과학Ⅱ, 과학사, **생활과 과학**, **융합과학**

교과 (군)	공통 과목	선택 과목	
		일반 선택	진로 선택
체육		체육, 운동과 건강	스포츠 생활, 체육 탐구
예술		음악, 미술, 연극	음악 연주, 음악 감상과 비평 미술 창작, 미술 감상과 비평

생활·교양

교과 (군)	공통 과목	선택 과목	
		일반 선택	진로 선택
기술·가정		기술·가정, 정보	농업 생명 과학, 공학 일반, 창의 경영, 해양 문화와 기술, 가정과학, 지식 재산 일반, 인공지능 기초
제2외국어		독일어 I　일본어 I 프랑스어 I　러시아어 I 스페인어 I　아랍어 I 중국어 I　베트남어 I	독일어 II　일본어 II 프랑스어 II　러시아어 II 스페인어 II　아랍어 II 중국어 II　베트남어 II
한문		한문 I	한문 II
교양		철학, 논리학, **심리학**, **교육학**, 종교학, 진로와 직업, 보건, **환경**, 실용 경제, 논술	

※ 주의 **반드시 언급한 과목만을 선택할 필요는 없음(단순 예시임)**

　생명교육과는 과학 및 생명과학 분야에 대한 관심 및 이해 노력 외에도 아동에 대한 신체적·정서적·심리적인 이해, 교직관에 대한 철학적인 고민 등을 필요로 한다. 따라서 사회, 과학, 생활교양 관련 교과목들과 관련하여 과목 선택을 하는 것이 유리하다. 기초 과학 분야 중 생명현상을 탐구하는 분야로서 생명과학과 관련된 과학적 사고와 실험 실습을 통한 탐구능력을 배양하여 전문적 자질을 지닌 생명과학 교사를 양성하는데 목적이 있다. 이에 수학, 윤리, 생명과학, 교육학 교과에서 학업능력을 제시할 필요가 있다.

▶▲◀
(3) 교육계열 - 수학교육과

(가) 수학교육과는 어떤 학과일까요?

수학교육과는 순수 수학과 학교 수학에 대한 기본 개념과 수학교육에 대한 기본적인 지식을 익힘으로써 우수한 중등 수학교사와 수학 교육자 인재양성이 학과의 목표이다. 전문 수학 교육자가 되기 위해서는 교직에 대한 바람직한 성향과 철학을 바탕으로 수학 교수 활동을 뒷받침할 수 있는 충실한 수학 내용학 및 수학교육학적 지식과 수업 기능이 요구된다. 교육과정으로 대수학, 기하학, 해석학, 위상수학, 통계 및 확률론, 수학교육심리학, 수학교육과정론, 수학교수학습방법 및 평가론, 수학교육공학 등이 있다. 실제 교실에서의 지도 경험과 임상 경험을 쌓게 하고 경험이 풍부한 수학교사들과 수학교육의 실제 문제를 논의할 수 있는 기회를 제공하기 위하여 내실 있는 교생 실습을 강조한다.

(나) 어떤 학생에게 어울릴까요?

학생을 가르치는 것에 흥미와 애정이 필요하며 논리적인 수학적 사고력과 합리적인 태도가 있어야 하고 수리력, 꼼꼼한 관찰력 등이 필요하다.

관련 자격	대학에서 배우는 이수 교과목
· 중등학교 2급 정교사	위상수학, 대수학, 해석학, 중등수학교재연구, 수학교육론, 해석학 및 지도 등

(다) 어떤 학생이 선택하면 좋을까요?

★ 수학 학문에 대한 관심과 열정이 많다.
★ 교육에 대한 열정과 비전을 가지고 있다.
★ 창의적인 문제해결 능력과 태도를 갖추고 있다.
★ 학생들을 사랑할 수 있는 따뜻한 마음을 가지고 있다.
★ 논리적인 사고와 추리력, 공간 개념을 이해하는 능력이 뛰어나다.

(라) 졸업 후에 진로는 어떻게 되나요?

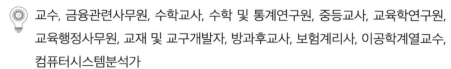 교수, 금융관련사무원, 수학교사, 수학 및 통계연구원, 중등교사, 교육학연구원, 교육행정사무원, 교재 및 교구개발자, 방과후교사, 보험계리사, 이공학계열교수, 컴퓨터시스템분석가

(출처 : 서울시교육청 2015 개정교육과정 선택과목 안내서, 대구교육청 진로진학상담가이드북, 세종시교육청 전공적성개발 길라잡이)

(마) 수학교육과를 희망하는 학생들의 과목 선택(예시)

전공 적합성과 연관 있는 교과목은 **진하게** 표시함

기초

교과 (군)	공통 과목	선택 과목	
		일반 선택	**진로 선택**
국어	국어	**화법과 작문**, 독서, **언어와 매체**, 문학	실용 국어, 심화 국어, 고전 읽기
수학	수학	**수학Ⅰ**, **수학Ⅱ**, **미적분**, **확률과 통계**	기본 수학, **실용 수학**, 인공지능 수학, **기하**, **경제 수학**, **수학과제 탐구**
영어	영어	**영어 회화**, 영어Ⅰ, **영어 독해와 작문**, 영어Ⅱ	기본 영어, 실용 영어, 영어권 문화, 진로 영어, 영미 문학 읽기
한국사	한국사		

교과 (군)	공통 과목	선택 과목	
		일반 선택	진로 선택
사회(역사/ 도덕 포함)	통합사회	한국지리, 세계지리, 세계사, 동아시아사, **경제**, 정치와 법, 사회·문화, **생활과 윤리**, 윤리와 사상	여행지리, **사회문제 탐구**, 고전과 윤리
과학	통합과학 과학탐구 실험	**물리학Ⅰ, 화학Ⅰ**, 생명과학Ⅰ, **지구과학Ⅰ**	**물리학Ⅱ, 화학Ⅱ**, 생명과학Ⅱ, 지구과학Ⅱ, 과학사, **생활과 과학, 융합과학**

교과 (군)	공통 과목	선택 과목	
		일반 선택	진로 선택
체육		체육, 운동과 건강	스포츠 생활, 체육 탐구
예술		음악, 미술, 연극	음악 연주, 음악 감상과 비평 미술 창작, 미술 감상과 비평

교과 (군)	공통 과목	선택 과목	
		일반 선택	진로 선택
기술·가정		기술·가정, 정보	농업 생명 과학, 공학 일반, 창의 경영, 해양 문화와 기술, 가정과학, 지식 재산 일반, 인공지능 기초
제2외국어		독일어Ⅰ　　일본어Ⅰ 프랑스어Ⅰ　러시아어Ⅰ 스페인어Ⅰ　아랍어Ⅰ 중국어Ⅰ　　베트남어Ⅰ	독일어Ⅱ　　일본어Ⅱ 프랑스어Ⅱ　러시아어Ⅱ 스페인어Ⅱ　아랍어Ⅱ 중국어Ⅱ　　베트남어Ⅱ
한문		한문Ⅰ	한문Ⅱ
교양		**철학**, 논리학, **심리학, 교육학**, 종교학, 진로와 직업, 보건, 환경, 실용 경제, 논술	

※ 주의 **반드시 언급한 과목만을 선택할 필요는 없음(단순 예시임)**

수학교육과는 지식정보사회에서 필요로 하는 창조적인 능력과 수학에 대한 관심 및 이해 노력이 필요하다. 또한, 아동에 대한 신체적·정서적·심리적인 이해, 교직관에 대한 철학적인 고민 등을 필요로 하기 때문에 수학, 과학, 생활교양 관련 교과목들과 관련하여 과목 선택을 하는 것이 유리하다. 지식 정보화 사회에서 필요로 하는 창조적인 능력을 배양하고 수학을 효율적으로 교육할 수 있는 우수한 중등 수학교사와 수학교육 전문가의 양성에 교육 목표를 두고 있다. 이에 수학에 대한 지식과 연구는 물론이고 수학을 가르치는 데 있어서 필요한 모든 상황에 대해 경험하고 연구를 해야 하기 때문에 수학, 물리, 윤리 교과에서 학업능력을 제시할 필요가 있다.

▶▲◀ (4) 교육계열 - 영어교육과

(가) 영어교육과는 어떤 학과일까요?

영어교육과는 우리나라의 영어교육 발전에 기여할 훌륭한 영어교사와 고급 인력 양성에 목적을 두고 교육을 한다. 실용적인 영어 사용능력을 배양하여 국제어로서 영어를 효과적으로 사용하는 데 부족함이 없도록 듣기, 말하기, 읽기, 쓰기 기능을 충실히 연마할 수 있는 다양한 영어 실습과목을 교육한다. 이론적 지식의 습득을 통하여 전문화된 영어 교수 능력을 배양할 수 있도록 영어학 등 영어 관련 학문을 제공함으로써 영어교사로서의 자질과 능력을 충분히 갖추고 교육 현장에서 창의적인 교사가 될 수 있도록 지도한다. 또한, 이상적인 인재를 길러낼 수 있는 영어교사를 배출시키기 위하여 교과교육뿐 아니라 인성교육 측면도 강조하고 있다.

(나) 어떤 학생에게 어울릴까요?

학생을 가르치는 것에 흥미와 애정이 필요하며 영어와 그 언어를 사용하는 국가의 문화와 철학 등 다양한 분야에 관심을 가지고 있어야 한다.

관련 자격	대학에서 배우는 이수 교과목
· 중등학교 2급 정교사	영어교육론, 영어교재연구 및 지도법, 영어 논리 및 논술지도, 영어학 개론, 영문학 개론 등

(다) 어떤 학생이 선택하면 좋을까요?

★ 교육에 대한 열정과 비전을 가지고 있다.

★ 영어와 영어권 국가의 문화와 철학 등 다양한 분야에 관심이 많다.

★ 언어의 기본 기능에 대한 관심이 있다.

★ 다양한 언어를 사용한 경험이 있다.

★ 교육현상에 대한 이해와 창의적인 문제해결 능력이 있다.

(라) 졸업 후에 진로는 어떻게 되나요?

교재 및 교구 개발자, 방과 후 교사, 외국어교사, 외국어학원 강사, 일반 공무원, 중고등학교 교장 및 교감, 중등교사, 중등학교 교사, 통역가, 학습지 및 방문교사, 학원 강사, 행정공무원, 교수

(출처 : 서울시교육청 2015 개정교육과정 선택과목 안내서, 대구교육청 진로진학상담가이드북, 세종시교육청 전공적성개발 길라잡이)

(마) 영어교육과를 희망하는 학생들의 과목 선택(예시)

전공 적합성과 연관 있는 교과목은 **진하게** 표시함

기초

교과 (군)	공통 과목	선택 과목	
		일반 선택	진로 선택
국어	국어	**화법과 작문**, 독서, **언어와 매체**, 문학	실용 국어, 심화 국어, 고전 읽기
수학	수학	수학 I, 수학 II, 미적분, **확률과 통계**	기본 수학, 실용 수학, 인공지능 수학, 기하, 경제 수학, **수학과제 탐구**
영어	영어	**영어 회화, 영어 I, 영어 독해와 작문, 영어 II**	기본 영어, **실용 영어, 영어권 문화, 진로 영어, 영미 문학 읽기**
한국사	한국사		

탐구

교과 (군)	공통 과목	선택 과목	
		일반 선택	진로 선택
사회(역사/ 도덕 포함)	통합사회	한국지리, **세계지리, 세계사**, 동아시아사, 경제, 정치와 법, 사회·문화, **생활과 윤리, 윤리와 사상**	**여행지리, 사회문제 탐구, 고전과 윤리**
과학	통합과학 과학탐구 실험	물리학 I, 화학 I, 생명과학 I, 지구과학 I	물리학 II, 화학 II, 생명과학 II, 지구과학 II, 과학사, **생활과 과학**, 융합과학

체육·예술

교과 (군)	공통 과목	선택 과목	
		일반 선택	진로 선택
체육		체육, 운동과 건강	스포츠 생활, 체육 탐구
예술		음악, 미술, 연극	음악 연주, 음악 감상과 비평 미술 창작, 미술 감상과 비평

생활·교양

교과 (군)	공통 과목	선택 과목	
		일반 선택	진로 선택
기술·가정		기술·가정, 정보	농업 생명 과학, 공학 일반, 창의 경영, 해양 문화와 기술, 가정과학, 지식 재산 일반, 인공지능 기초
제2외국어		독일어 Ⅰ　　일본어 Ⅰ 프랑스어 Ⅰ　러시아어 Ⅰ 스페인어 Ⅰ　아랍어 Ⅰ 중국어 Ⅰ　　베트남어 Ⅰ	독일어 Ⅱ　　일본어 Ⅱ 프랑스어 Ⅱ　러시아어 Ⅱ 스페인어 Ⅱ　아랍어 Ⅱ 중국어 Ⅱ　　베트남어 Ⅱ
한문		한문 Ⅰ	한문 Ⅱ
교양		**철학**, 논리학, **심리학**, **교육학**, 종교학, 진로와 직업, 보건, 환경, 실용 경제, 논술	

※ 주의 **반드시 언급한 과목만을 선택할 필요는 없음(단순 예시임)**

　영어교육과는 영어 소통 및 쓰기 능력 등의 향상 노력, 영어 문화권에 대한 이해 노력이 필요하다. 아동에 대한 신체적·정서적·심리적인 이해, 교직관에 대한 철학적인 고민 등도 요구되기 때문에 영어, 사회, 생활교양 교과목들과 관련하여 과목 선택을 하는 것이 유리하다. 사범대학 특성상 교육윤리에 깊은 관심 및 고민을 필요로 한국문학에서 영미문학으로의 관심 분야를 확대하는 것이 좋고 영어 교과에서 학업능력을 제시할 필요가 있다.

▶▲◀
(5) 교육계열 - 유아교육과

(가) 유아교육학과는 어떤 학과일까요?

유아교육과는 바른 인성과 폭넓은 교양 및 전공 지식, 세계관 교육을 통해 우리나라 유아교육의 질을 향상시키는 데 목적이 있다. 또한, 건강하고 행복한 사회, 나아가 국가 발전에 이바지하는 것을 목적으로 한다. 유아교육 및 보육과 관련된 이론에 대한 학습, 교수훈련, 그리고 교육 및 보육실습을 통하여 미래 사회에서 요구되는 유아교육 및 보육 전문 지도자를 양성하고자 한다. 지역사회, 국가, 세계에 봉사하고 헌신할 수 있는 유아교육 인재를 양성하기 위한 학과이기도 하다.

(나) 어떤 학생에게 어울릴까요?

유아교육 관련 전공자는 우선 아이들을 좋아하는 사람이어야 한다. 노래, 그림, 율동 등 실기 교과목이 많으므로 음악, 무용, 미술 등에 다양한 소질이 있어야 하고 종이접기, 동화 구연, 인형극 등 유아들이 좋아할 만한 자신만의 특기가 있으면 좋다.

관련 자격	대학에서 배우는 이수 교과목
· 유치원 정교사, 미술실기교사 · 보육교사, 구연동화 지도사 · 상담심리사	영유아발달, 아동복지, 유아교육개론, 유아동작교육, 인지이론과 교육, 유아교육사상사 등

(다) 어떤 학생이 선택하면 좋을까요?

★ 사회복지단체에서 봉사활동을 많이 한다.
★ 아이들의 성장과 특징, 유아 교육에 관심이 많다.
★ 손재주가 있어서 그림, 조각, 종이접기 등에 취미가 있다.
★ 교육이 어떻게 사람을 변화시키는지에 대해 호기심이 많다.

(라) 졸업 후에 진로는 어떻게 되나요?

💡 레크리에이션 강사, 보육교사 및 보육사, 유치원교사, 유치원원장 및 원감, 장학사, 연구원

(출처 : 서울시교육청 2015 개정교육과정 선택과목 안내서, 대구교육청 진로진학상담가이드북, 세종시교육청 전공적성개발 길라잡이)

(마) 유아교육과를 희망하는 학생들의 과목 선택(예시)

전공 적합성과 연관 있는 교과목은 **진하게** 표시함

기초

교과 (군)	공통 과목	선택 과목	
		일반 선택	진로 선택
국어	국어	**화법과 작문**, 독서, **언어와 매체**, 문학	실용 국어, 심화 국어, 고전 읽기
수학	수학	수학 Ⅰ, 수학 Ⅱ, 미적분, **확률과 통계**	기본 수학, 실용 수학, 인공지능 수학, 기하, 경제 수학, **수학과제 탐구**
영어	영어	**영어 회화**, 영어 Ⅰ, **영어 독해와 작문**, 영어 Ⅱ	기본 영어, 실용 영어, 영어권 문화, **진로 영어**, 영미 문학 읽기
한국사	한국사		

탐구

교과 (군)	공통 과목	선택 과목	
		일반 선택	진로 선택
사회(역사/ 도덕 포함)	통합사회	한국지리, 세계지리, 세계사, 동아시아사, 경제, 정치와 법, **사회·문화**, **생활과 윤리**, **윤리와 사상**	여행지리, **사회문제 탐구**, **고전과 윤리**
과학	통합과학 과학탐구 실험	물리학 Ⅰ, 화학 Ⅰ, **생명과학 Ⅰ**, 지구과학 Ⅰ	물리학 Ⅱ, 화학 Ⅱ, 생명과학 Ⅱ, 지구과학 Ⅱ, 과학사, **생활과 과학**, 융합과학

교과 (군)	공통 과목	선택 과목	
		일반 선택	진로 선택
체육		체육, 운동과 건강	스포츠 생활, 체육 탐구
예술		**음악**, **미술**, 연극	**음악 연주**, 음악 감상과 비평 **미술 창작**, 미술 감상과 비평

생활·교양

교과 (군)	공통 과목	선택 과목	
		일반 선택	진로 선택
기술·가정		기술·가정, 정보	농업 생명 과학, 공학 일반, 창의 경영, 해양 문화와 기술, **가정과학**, 지식 재산 일반, 인공지능 기초
제2외국어		독일어Ⅰ 일본어Ⅰ 프랑스어Ⅰ 러시아어Ⅰ 스페인어Ⅰ 아랍어Ⅰ 중국어Ⅰ 베트남어Ⅰ	독일어Ⅱ 일본어Ⅱ 프랑스어Ⅱ 러시아어Ⅱ 스페인어Ⅱ 아랍어Ⅱ 중국어Ⅱ 베트남어Ⅱ
한문		한문Ⅰ	한문Ⅱ
교양		**철학**, 논리학, **심리학**, **교육학**, 종교학, 진로와 직업, 보건, 환경, 실용 경제, 논술	

※ 주의 **반드시 언급한 과목만을 선택할 필요는 없음(단순 예시임)**

유아교육과는 유아교육에 대한 관심과 이해 노력 외에도 아동에 대한 신체적·정서적·심리적인 이해, 교직관에 대한 철학적인 고민 등을 필요로 한다. 그러므로 국어, 영어, 사회, 생활교양 교과목들과 관련하여 과목 선택을 하는 것이 유리하다. 사범대학 특성상 교육윤리에 깊은 관심이 필요하고 아동 인지 및 운동기능 발달에 대한 관심과 고민을 바탕으로 국어, 윤리, 예술, 교양 교과에서 학업능력을 제시할 필요가 있다.

▶▲◀
(6) 교육계열 - 일반사회교육과

(가) 일반사회교육과는 어떤 학과일까요?

일반사회교육과는 일반사회교육학, 역사교육학, 지리교육학 전반에 관한 이론과 실제를 연구하며, 중고등학교 교육에 이바지할 수 있는 유능하고 창의적인 공통사회 교사를 양성하는 데 목적이 있다. 따라서 폭넓은 사회과학 분야에 대한 학습이 필요하며, 이를 중등교육 현장에서 효과적으로 전달할 수 있는 방법에 대해서 배운다.

(나) 어떤 학생에게 어울릴까요?

중고등학교 교사로서 학생을 가르치는 것에 흥미와 애정이 있어야 하고 정치, 경제, 사회, 문화 등 다양한 분야에 관심을 가지는 것이 좋다.

관련 자격	대학에서 배우는 이수 교과목
· 중등학교 2급 정교사 · 평생교육사 자격증	교육학개론, 교육행정, 사회과학 교육론, 사회와 교육, 민주정치론, 정치사, 사회교재연구 등

(다) 어떤 학생이 선택하면 좋을까요?

★ 타인에 대한 배려와 협조적 태도를 가진다.
★ 정치, 사회, 경제 등 세상 돌아가는 이야기에 관심이 많다.
★ 교육이 어떻게 사람을 변화시켰는지에 대해 호기심이 많다.
★ 다양한 사회적 문제의 해결에 관심이 많다.
★ 다른 사람 앞에서 이야기하는 것이 즐겁고 가르치는 것에 보람을 느낀다.

(라) 졸업 후에 진로는 어떻게 되나요?

💡 사회교사, 교재 및 교구 개발자, 출판물 기획자, 사회조사전문가, 교통 환경 영향 평가원, 문화재 해설사, 학예사, 기자, 교수, 연구사, 장학사, 일반 공무원, 시민단체, 언론계, 기업체, 학원 강사 등

(출처 : 서울시교육청 2015 개정교육과정 선택과목 안내서, 대구교육청 진로진학상담가이드북, 세종시교육청 전공적성개발 길라잡이)

(마) 일반사회교육과를 희망하는 학생들의 과목 선택(예시)

전공 적합성과 연관 있는 교과목은 **진하게** 표시함

기초

교과 (군)	공통 과목	선택 과목	
		일반 선택	**진로 선택**
국어	국어	**화법과 작문**, 독서, **언어와 매체**, 문학	실용 국어, 심화 국어, 고전 읽기
수학	수학	수학Ⅰ, 수학Ⅱ, 미적분, **확률과 통계**	기본 수학, 실용 수학, 인공지능 수학, 기하, 경제 수학, **수학과제 탐구**
영어	영어	**영어 회화**, 영어Ⅰ, **영어 독해와 작문**, 영어Ⅱ	기본 영어, 실용 영어, 영어권 문화, 진로 영어, 영미 문학 읽기
한국사	한국사		

탐구

교과 (군)	공통 과목	선택 과목	
		일반 선택	**진로 선택**
사회(역사/ 도덕 포함)	통합사회	**한국지리, 세계지리, 세계사, 동아시아사, 경제, 정치와 법, 사회·문화, 생활과 윤리, 윤리와 사상**	**여행지리, 사회문제 탐구, 고전과 윤리**
과학	통합과학 과학탐구 실험	물리학Ⅰ, 화학Ⅰ, 생명과학Ⅰ, 지구과학Ⅰ	물리학Ⅱ, 화학Ⅱ, 생명과학Ⅱ, 지구과학Ⅱ, **과학사, 생활과 과학**, 융합과학

교과 (군)	공통 과목	선택 과목	
		일반 선택	진로 선택
체육		체육, 운동과 건강	스포츠 생활, 체육 탐구
예술		음악, 미술, 연극	음악 연주, 음악 감상과 비평 미술 창작, 미술 감상과 비평

교과 (군)	공통 과목	선택 과목	
		일반 선택	진로 선택
기술·가정		기술·가정, 정보	농업 생명 과학, 공학 일반, 창의 경영, 해양 문화와 기술, 가정과학, 지식 재산 일반, 인공지능 기초
제2외국어		독일어 I 일본어 I 프랑스어 I 러시아어 I 스페인어 I 아랍어 I 중국어 I 베트남어 I	독일어 II 일본어 II 프랑스어 II 러시아어 II 스페인어 II 아랍어 II 중국어 II 베트남어 II
한문		한문 I	한문 II
교양		**철학**, 논리학, **심리학**, **교육학**, 종교학, 진로와 직업, 보건, 환경, 실용 경제, 논술	

※ 주의 **반드시 언급한 과목만을 선택할 필요는 없음(단순 예시임)**

일반사회교육과는 사회과학의 다양한 분야와 교과교육 관련 학문의 창의적 연구 자세가 필요하다. 교육 현장에서 각종 사회 관련 문제에 올바르게 대처하여 합리적인 의사결정을 할 수 있는 진취적인 사회교사 양성을 목적으로 한다. 수학, 사회, 생활교양 교과목들과 관련하여 과목 선택을 하는 것이 유리하다. 사회 현상을 바라보는 분석력과 통찰력을 갖추고 인간에 대한 지속적인 관심을 바탕으로 사람들의 성격, 사고, 행동 등에 지적 호기심을 가지는 모습이 필요하다. 이에 정치, 경제, 사회문화, 교육학 교과에서 학업능력을 제시할 필요가 있다.

(7) 교육계열 - 초등교육과

(가) 초등교육과는 어떤 학과일까요?

초등교육과는 초등학교의 특수성과 전문성을 고려한 통합적 자질을 갖춘 초등 교원의 양성을 주된 목표로 하고 있다. 이를 위해 초등교육에 관한 기초이론뿐만 아니라 초등교과교육 및 실기 영역을 포함한 다양한 교육과정을 제공하고 있다. 또한, 전문가로서의 교사 양성뿐만 아니라 인격자로서의 교사 양성 또한 중시하여 교양적 자질을 갖추도록 노력하고 있다. 초등교육과는 교육학, 국어, 영어, 수학, 과학, 사회, 도덕, 실과, 음악, 미술, 체육 심화 과정을 운영한다. 이를 통해 초등 교원에게 필요한 보편적인 전문성을 바탕으로 심화 교과에 대해 좀 더 깊이 있는 안목을 기르는 데 역점을 두고 있다. 사범계열 초등교육과와 교육대학 모두 초등 교사를 양성하고 있다는 점도 알고 있어야 한다.

(나) 어떤 학생에게 어울릴까요?

초등학교 교사가 되기 위해서는 어린이와 교육문제 등에 관심과 애정이 있어야 한다. 또한, 다양한 교과목을 가르치는 초등학교 수업의 특성상 음악, 미술, 체육 등 예체능에 소질이 있으면 좋다. 어떠한 상황에서도 침착하고 자기통제를 잘하는 능력이 필요하며 도덕성이 요구된다.

관련 자격	대학에서 배우는 이수 교과목
· 초등학교 정교사 · 논술지도사 · 독서지도사	교육학개론, 교육행정, 아동발달과 교육, 아동교육강해, 초등교육론 등

교과 선택 | 113

(다) 어떤 학생이 선택하면 좋을까요?

> ★ 남에 대한 배려, 독립성, 리더십 등이 강하다.
> ★ 교육자로서의 사명감과 책임감, 도덕성이 높다.
> ★ 사회형과 탐구형의 흥미를 가진 사람에게 적합하다.
> ★ 침착함과 원만한 성격의 소유자로 어떤 상황에서도 냉정함을 잃지 않는다.
> ★ 각 과목에 대한 지식과 전달능력이 있어야 하며 정확한 언어 구사 능력이
>   필요하다.

(라) 졸업 후에 진로는 어떻게 되나요?

보육교사, 초등학교 교사, 일반 공무원

(출처 : 서울시교육청 2015 개정교육과정 선택과목 안내서, 대구교육청 진로진학상담가이드북,
세종시교육청 전공적성개발 길라잡이)

(마) 초등교육과를 희망하는 학생들의 과목 선택(예시)

전공 적합성과 연관 있는 교과목은 **진하게** 표시함

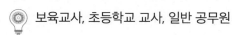

교과 (군)	공통 과목	선택 과목	
		일반 선택	진로 선택
국어	국어	**화법과 작문**, 독서, **언어와 매체**, 문학	실용 국어, 심화 국어, **고전 읽기**
수학	수학	수학 I , 수학 II , 미적분, **확률과 통계**	기본 수학, 실용 수학, 인공지능 수학, 기하, 경제 수학, **수학과제 탐구**
영어	영어	**영어 회화**, 영어 I , **영어 독해와 작문**, 영어 II	기본 영어, 실용 영어, 영어권 문화, **진로 영어**, 영미 문학 읽기
한국사	한국사		

교과 (군)	공통 과목	선택 과목	
		일반 선택	진로 선택
사회(역사/ 도덕 포함)	통합사회	**한국지리**, 세계지리, 세계사, 동아시아사, 경제, 정치와 법, **사회·문화**, **생활과 윤리**, **윤리와 사상**	여행지리, **사회문제 탐구**, 고전과 윤리
과학	통합과학 과학탐구 실험	**물리학Ⅰ**, **화학Ⅰ**, **생명과학Ⅰ**, **지구과학Ⅰ**	물리학Ⅱ, 화학Ⅱ, 생명과학Ⅱ, 지구과학Ⅱ, 과학사, **생활과 과학**, 융합과학

체육·예술

교과 (군)	공통 과목	선택 과목	
		일반 선택	진로 선택
체육		**체육, 운동과 건강**	스포츠 생활, 체육 탐구
예술		**음악, 미술, 연극**	음악 연주, 음악 감상과 비평 미술 창작, 미술 감상과 비평

생활·교양

교과 (군)	공통 과목	선택 과목	
		일반 선택	진로 선택
기술·가정		기술·가정, 정보	농업 생명 과학, 공학 일반, 창의 경영, 해양 문화와 기술, 가정과학, 지식 재산 일반, 인공지능 기초
제2외국어		독일어Ⅰ 일본어Ⅰ 프랑스어Ⅰ 러시아어Ⅰ 스페인어Ⅰ 아랍어Ⅰ 중국어Ⅰ 베트남어Ⅰ	독일어Ⅱ 일본어Ⅱ 프랑스어Ⅱ 러시아어Ⅱ 스페인어Ⅱ 아랍어Ⅱ 중국어Ⅱ 베트남어Ⅱ
한문		한문Ⅰ	한문Ⅱ
교양		**철학**, 논리학, **심리학**, **교육학**, 종교학, 진로와 직업, 보건, 환경, 실용 경제, 논술	

※ **주의 반드시 언급한 과목만을 선택할 필요는 없음(단순 예시임)**

초등교육과는 아동의 심리적 특성을 파악하고 국어, 수학, 미술 등 다양한 교과에서 이론적 기초가 필요하다. 교육 현장에서 활약할 수 있는 준비된 교사로서의 역할을 충분히 수행할 수 있는 방법들을 공부하기 때문에 국어, 영어, 사회, 체육, 예술, 생활교양 교과목들과 관련하여 과목 선택을 하는 것이 유리하다. 교육대학 특성상 교육윤리에 깊은 관심이 필요하고 아동 인지 및 운동기능 발달에 대한 관심과 고민을 바탕으로 국어, 영어, 윤리, 교육학 교과에서 학업능력을 제시할 필요가 있다.

지금까지 여러분들의 선택과목에 대한 고민을 해결할 방법에 대해 팁을 제공해 주었다. 선택과목을 고르는 데 있어서 우선으로 고려해야 할 부분은 세 가지이다. '나와 어울리는가?', '내가 얼마나 관심이 있는가?', '내가 현재 어떤 위치에 있는가?' 이다. 즉, 자신의 적성과 흥미 및 성적 수준을 고려해서 본인에게 잘 맞는 것을 고르는 것이 가장 기본이며 현명한 선택의 방법이 될 것이다.

단원을 마치며

2015 개정교육과정에 따라 자신의 진로와 본인이 대학에서 전공하고자 하는 학과에 맞춰 교과선택을 하는 것은 매우 중요한 부분이다. 지금까지 자신의 진로와 적성에 맞춰 효과적으로 과목 선택하는 방법에 대해 계열별·학과별로 소개를 하였다.

최근 건국대·경희대·연세대·중앙대·한국외대는 공동연구를 통해 'new 학생부종합전형 공통 평가요소 및 평가항목'을 발표하였다. 기존의 평가항목이었던 학업역량, 전공적합성, 인성, 발전가능성이 학업역량, 진로역량, 공동체역량으로 재구성되었다. 이 중 진로역량에서 자신의 진로와 전공(계열)에 관한 탐색 노력과 준비 정도를 파악하는 데 있어 고교 교육과정에서 전공(계열)에 필요한 과목을 적절하게 선택하였는지가 매우 중요하다는 것을 또 한 번 확인할 수 있다.

학생부종합전형 공통 평가요소 및 평가항목

 학업역량 대학 교육을 충실히 이수하는 데 필요한 수학 능력

1. 학업성취도
고교 교육과정에서 이수한 교과의 성취수준이나 학업 발전의 정도

2. 학업태도
학업을 수행하고 학습해 나가려는 의지와 노력

3. 탐구력
지적 호기심을 바탕으로 사물과 현상에 대해 탐구하고, 문제를 해결하려는 노력

 진로역량 자신의 진로와 전공(계열)에 관한 탐색 노력과 준비 정도

1. 전공(계열) 관련 교과 이수 노력
고교 교육과정에서 전공(계열)에 필요한 과목을 선택하여 이수한 정도

2. 전공(계열) 관련 교과 성취도
고교 교육과정에서 전공(계열)에 필요한 과목을 수강하고 취득한 학업성취 수준

3. 진로 탐색 활동과 경험
자신의 진로를 탐색하는 과정에서 이루어진 활동이나 경험 및 노력 정도

 공동체역량 공동체의 일원으로서 갖춰야 할 바람직한 사고와 행동

1. 협업과 소통능력
공동체의 목표를 달성하기 위해 협력하며, 구성원들과 합리적인 의사소통을 할 수 있는 능력

2. 나눔과 배려
상대방을 존중하고 이해하여 원만한 관계를 형성하며, 타인을 위하여 기꺼이 나누어 주고자 하는 태도와 행동

3. 성실성과 규칙준수
책임감을 바탕으로 자신의 의무를 다하고, 공동체의 기본 윤리와 원칙을 준수하는 태도

4. 리더십
공동체의 목표 달성을 위해 구성원들의 상호작용을 이끌어가는 능력

출처: NEW 학생부종합전형 공통 평가요소 및 평가항목, 건국대·경희대·연세대·중앙대·한국외대

결국, 자기 주도적 진로설계 과정에서 학생의 과목선택이 중요해지는 교육과정의 변화를 반영한 연구 결과라 앞으로 과목선택의 중요성은 평가요소로서 더 큰 영향력을 미칠 것이다.

그리고 학업역량, 진로역량, 공동체역량을 확인할 수 있는 중요한 활동 중 하나는 바로 학생 개인이 주도적으로 실시한 탐구활동이다. 탐구활동이란 어떤 대상에 관해 지적 호기심을 두어 깊고 폭넓게 탐구할 수 있는 능력을 의미하는데 최근 탐구활동 평가에서 대학은 교실수업을 통한 성장 과정에 주목한다. 교과 수업 내용에 대해 연계적 질문이나 새로운 문제해결 방법을 찾고자 노력했는지, 자신의 진로와 관련하여 어떤 수업을 수강하였고, 수업에서 이루어지는 다양한 탐구활동에 자발적으로 참여하였는지, 수업에서 가진 궁금증을 풀어보고 싶거나 자신의 역량을 기르기 위해 학교의 어떤 프로그램으로 관심을 확장해 나갔는지를 종합적으로 판단한다. 결국, 학생부종합전형을 준비하는 학생들에게 탐구활동이 미치는 영향력은 크기 때문에 다음 장에서는 과제탐구를 어떻게 준비하고 어떻게 수행할 것인가에 대해 알아보고자 한다.

4

과제탐구

과제탐구

가. 과제탐구의 의미

1) 두려움에서 벗어나야 답이 보인다.

대학은 연구자를 길러내기 위해 학생들을 선발한다. 연구자가 될 자질과 역량을 갖춘 사람을 선발하여 연구자로 키우는 곳이다. 특히, 대학에서는 연구 동기, 연구 질문, 연구 방법, 질문에 대한 결론, 후속 활동의 5단계 중 연구 방법이 정교해진다. 따라서 대학이 고등학생들에게 관심을 갖고 평가하는 것은 얼마나 대단한 연구를 했는가가 아니다.

대학은 학생의 연구가 어떠한 계기로 시작을 하게 되었을까를 통해 학생의 지적 호기심과 논리성을 파악한다. 그리고 결론을 짓는 방법을 통해서 학생의 리더십과 소통 능력, 분석력 등을 평가하게 된다. 후속 활동은 학생이 지닌 연구자로서의 자질을 평가할 수 있다. 연구방법은 어느 정도 타당성이 있는가 정도로 해석된다. 호기심 해결과 창의적인 주제선정은 평가자들에게 좋은 평가를 받을 수 있다.

탐구 활동에서 어떤 주제로 탐구할 것인가 고민하게 된다. 주제선정의 문제다. 내가 궁금한 것들을 정리해 보고, 그중에서 설문 조사나 간단한 과학실험 같은 고등학생이 할 수 있는 방법으로 알아낼 수 있는 참신한 주제를 고른다면 본인의 훌륭한 자질과 역량을 보여줄 수 있는 탐구보고서를 작성할 수 있다.

탐구 활동의 시작은 정교함이 아니다. 탐구 활동은 호기심 해결과 창의적인 아이디어에서 시작한다.

2) 과제탐구 목적

대입 공정성 강화 방안에 따라 대입에 반영되는 서류 항목과 분량이 축소되었다. 평가되는 학생부의 항목이 줄었고, 자기소개서는 폐지되었다. 학생들의 입시 부담감을 줄였다고 하지만 오히려 학생의 역량을 보여줄 내용이 축소되었다고 할 수 있다.

이에 대한 학생의 역량을 보여줄 방안으로 탐구 활동을 추천한다. 탐구활동이란 교과수업을 통해 진행되는 프로젝트나 수행평가 등을 활용해 자료를 조사하고 주제를 선정해 탐구하고, 발표, 결과물을 내는 일련의 활동을 말한다.

현재의 학생부종합전형에서는 교과성적, 교과별 세부능력 및 특기사항과 선택 과목의 영향력이 상대적으로 높아질 것으로 여겨진다.

과목 선택이나 세부능력 및 특기사항은 교과 성적에 아직 반영되지 못한 학생의 역량이나 강점을 보여줄 수 있다. 관심 분야의 과목이나 어렵더라도 대학 공부에 필요한 과목을 선택하고, 수업을 잘 소화했다면 좋은 평가를 받을 수 있다.

거기에 교과 수업 안에서 이뤄지는 과제탐구 활동을 활용해 보자. 학교 안에서 수업시간 혹은 그 연장선에서 주제를 찾아 자료를 조사해 발표하고 산출물을 내는 형태의 프로젝트 활동을 통해 탐구보고서를 작성해보자. 그 과정에서 학생들이 작성한 자기 평가서나 동료 평가서, 조사 및 발표 활동을 요약하거나 결과물을 담은 포스터, 또는 소감문, 보고서 등은 세부능력 및 특기사항에 학생의 역량을 잘 보여줄 수 있는 자료가 된다.

나. 과제탐구 단계

과제탐구 과정은 분야에 따라 약간의 차이는 있지만, 일반적으로 다음과 같은 방식을 취한다. 연구주제를 선정하고 다음으로 주제에 대한 관련 이론 및 선행연구를 조사한다. 그리고 연구문제를 설정한 후 연구문제에 대한 답을 구하거나 검증을 위한 연구방법을 결정한다. 연구방법이 결정되면 데이터 및 관련 자료를 수집해 자료를 분석하고 해석하여 결과를 도출한 결론 및 제언으로 마무리한다.

1) 연구주제

과제탐구의 첫 단계는 연구의 주제를 선정하는 것이다. 연구주제는 개인적 경험, 호기심, 관심, 흥미로부터 출발하고, 사회적 시의성을 갖는 주제도 괜찮다.

가) 연구주제 탐색 방법

연구주제는 일상생활에 있어 문제의식을 가지고 조사 가능한 주제를 구체적으로 찾아야 한다. 주제를 찾을 때는 나와 관련된 주제부터 접근하는 것이 좋다. 내가 좋아하는 교과에서 시작하여 호기심 해결이나 심화된 연구주제를 선택한다면 나의 학업역량을 보여주기 좋을 것이다. 그리고 평소 흥미를 갖게 된 것들이 무엇인지 생각을 해보고 관련된 주제를 확장하는 것도 좋은 방법이다. 나의 진로와 연계된 관련 분야를 찾아서 주제를 확장한다면 전공 적합성을 표현할 수 있다.

그러면 좋은 연구주제란 무엇일까?

평소에 관심을 가지고 있는 주제이거나, 나의 진로와 관련성이 높은 주제, 고등학교 수준에서 연구하고 문제해결이 가능한 주제, 그리고 연구할 만한 가치가 있는 주제가 될 것이다.

(1) 내가 좋아하는 교과에서 관심 분야 주제를 찾아보자.

　좋아하는 교과의 단원을 보면서 주제를 확장해가는 방법이 있다. 국가 교육과정 정보센터(NCIC)에서 2015 교육과정 과목별 내용 체제를 확인하고 단원별 주제를 확장해 보자.

국가교육과정 정보센터 활용

국가교육 정보원 사이트에 접속하여 교육과정 원문 및 해설서를 살펴보자

예) 통합사회

[3. 사회 변화와 공존]

(7) 문화와 다양성

이 단원은 "다양한 문화권의 특징은 무엇이며, 문화 다양성을 어떻게 유지해야 할까?"라는 핵심 질문의 답을 찾아가는 과정으로, 이 단원에서는 문화의 형성과 교류를 통해 나타나는 다양한 문화권과 다문화 사회를 이해하기 위해서는 바람직한 문화 인식 태도가 필요함을 파악하고자 한다.

[10통사07-01] 자연환경과 인문환경의 영향을 받아 형성된 다양한 문화권의 특징과 삶의 방식을 탐구한다.

[10통사07-02] 문화 변동의 다양한 양상을 이해하고, 현대사회에서 전통문화가 갖는 의의를 파악한다.

[10통사07-03] 문화적 차이에 대한 상대주의적 태도의 필요성을 이해하고, 보편 윤리의 차원에서 자문화와 타문화를 성찰한다.

[10통사07-04] 다문화 사회에서 나타날 수 있는 갈등을 해결하기 위한 방안을 모색하고, 문화적 다양성을 존중하는 태도를 갖는다.

(가) 학습 요소

문화권, 문화 변동, 문화 상대주의, 보편 윤리, 다문화 사회

(나) 성취기준 해설

[10통사07-01]에서 문화권은 문화적 특성이 유사하게 나타나는 지표 공간을 의미하는데, 문화권의 형성에 영향을 주는 요인으로 자연환경은 기후와 지형을, 인문환경은 종교와 산업에 초점을 두어 다룬다. 그리고 자연환경과 인문환경의 영향을 받아 형성된 다양한 문화권의 특징과 삶의 방식은 비교 문화의 관점에서 고찰하도록 한다.

[10통사07-02]에서는 문화 병존, 문화 융합, 문화 동화 등 문화 변동의 다양한 양상을 구체적인 사례를 통해 다루도록 하며, 현대사회에서 전통문화가 갖는 의의와 더불어 전통문화를 창조적으로 계승·발전시키기 위한 방안에 대해서도 언급한다.

[10통사07-03]에서는 지역에 따라 문화적 차이가 나타나는 맥락을 파악하게 함으로써 문화 상대주의의 필요성을 인식할 수 있도록 하며, 자문화와 타문화를 보편 윤리 차원에서 성찰함으로써 극단적 문화 상대주의로 흐르지 않도록 경계한다.

[10통사07-04]에서는 다문화 사회의 갈등 해결 방안을 다룰 때, 다문화 사회의 갈등만을 부각하기보다는 긍정적 측면도 함께 다루면서 다문화 사회의 모습을 다룰 수 있도록 한다. 그리고 다문화 사회의 갈등 해결 방안은 문화 다양성의 존중과 관련지어 모색하도록 한다.

탐구 주제 및 활동(예시) 🚩

· 문화권별로 정치, 경제, 종교 등의 측면에서 어떤 특징이 나타나고 있는지를 조사하고, 이를 세계지도에 나타낸다.(성취기준 [10통사07-01])

· 과거 다양한 문화권에서 민족과 종교의 공존을 지향한 사례(서아시아와 남아시아 등)를 조사하고, 해당 지역의 현재 사회에서 찾아볼 수 있는 다양한 문화에 대해 발표한다. (성취기준 [10통사07-01])

· 각 지역에 나타난 문화 경관 사례(강화도의 성공회 성당 등)를 문화 변동 양상과 관련지어 분석한다. (성취기준 [10통사07-02])

· 다문화 사회의 갈등을 해소하기 위한 다양한 관점을 드러내는 글을 분석하게 한 후, 어떤 관점이 미래 한국 사회의 통합에 가장 바람직한지를 논술한다.(성취기준 [10통사07-03], [10통사07-04])

· 우리나라가 다문화 사회로 변화하면서 달라진 점(외국 음식점, 다문화 지원 정책, 광고 등)을 조사하여 이러한 변화가 가져온 긍정적 측면과 부정적 측면을 비교한다.(성취기준 [10통사07-04])

(2) 내가 흥미롭게 생각하는 관심사를 찾아보자.

    내 주변에서부터 시작하는 관심 있는 연구주제나 주변에서 접할 수 있는 관심 있는 키워드를 통해 연구주제를 찾아보자. 빅카인즈(https://www.bigkinds.or.kr)에서 관심 있는 키워드 입력을 통해 뉴스 기사를 찾아보자.

나의 관심 뉴스를 검색할 수 있다.

오늘의 이슈 및 오늘의
키워드를 확인할 수 있다.

키워드를 통해 주제를 확장해 볼 수 있다.

(3) 진로 분야에 대한 관심사 찾아보자.

　자신의 진로에 대한 정확한 정보를 확인하고 관련된 키워드를 찾아 워크넷 (https://www.work.go.kr)에서 진로에 관련된 정보를 찾아보자.

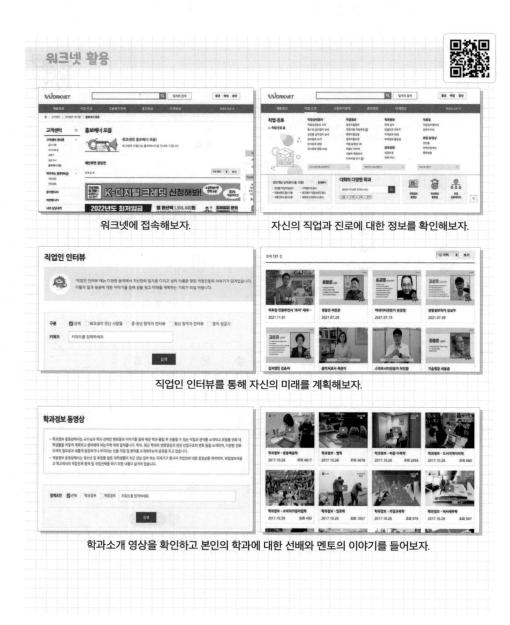

워크넷에 접속해보자.　　　자신의 직업과 진로에 대한 정보를 확인해보자.

직업인 인터뷰를 통해 자신의 미래를 계획해보자.

학과소개 영상을 확인하고 본인의 학과에 대한 선배와 멘토의 이야기를 들어보자.

나) 연구주제의 확장

연구주제를 확장해 무엇을 할 것인가? 그리고 탐구 주제의 키워드를 구체화하고 키워드 간의 관계를 확인하면서 주제를 구체화하는 방법에 대해 알아보자.

주제에 대한 기본 정보는 인터넷포털 정보검색을 통해 확인할 수 있다.

연구주제는 내가 관심 있는 키워드에서 시작되며, 처음부터 완벽한 형태로 나타내기 어렵다. 연구주제는 키워드로 설명되지 않고 키워드를 통해 나타나는 여러 가지의 현상을 표현한다. 하지만 관심 키워드에 대한 정보 역시 매우 단편적이기 때문에 다양한 도구를 활용하여 정보를 충분히 수집해야 한다. 이때 사용되는 방법이 인터넷을 통한 정보검색이다.

인터넷 정보검색의 경우 다양한 정보를 확인할 수 있지만, 부정확한 내용과 정보일 경우 탐구보고서를 작성하기에 어려울 수 있으니 관심 키워드에 대한 단순한 정보 확장에만 활용하는 것으로 한다. 좋은 정보검색 능력은 연구주제를 결정하거나 본문을 작성하기 위한 정보검색에도 직접적인 영향을 준다.

다) 관심 키워드에 대한 정보의 확장

브레인스토밍은 키워드에 대해 생각할 수 있는 모든 정보를 편견 없이 수집할 수 있는 좋은 활동이다. 특히 혼자만의 정보보다는 다른 사람의 정보를 확인하는 과정에서 정보가 확장된다. 자신이 생각하지 못한 다양한 정보를 통해 연구주제 선정에 직접적으로 도움이 된다. 정보 확장을 위해 많은 사람과 브레인스토밍을 해 보자.

라) 확장된 정보의 정리

아이디어는 갑자기 떠오르지 않으며 설령 떠오르더라도 양질의 아이디어를 찾기 어렵다. 거듭되는 시행착오로 효율성이 떨어지고 시간적인 소모도 많을 수 있다. 하지만 창의적인 아이디어 발상은 훈련과 학습을 통해 얻어낼 수 있다.

마인드맵은 다양하게 모은 정보를 관계성을 고려하여 나뭇가지처럼 재정리하는 활동이다. 브레인스토밍이 키워드와 관련된 다양한 정보를 수집하는 활동이라면, 마인드맵은 모은 정보를 정리하는 활동이다. 브레인라이팅은 다수가 함께 하는 아이디어 창출 작업에서 각자의 의견을 글로 표현하여 소수의 의견도 반영할 수 있도록 하는 방법이며, 체크리스트법은 사전에 준비된 항목을 바탕으로 질문에 집중된 답을 얻을 수 있는 방법이다. 이와 같이 정보를 정리하는 방법에는 여러 가지가 있으므로 상황에 맞는 방법을 선택하여 아이디어를 모은다. 이렇게 정리된 내용을 포함할 수 있는 제목이 연구주제가 되고, 탐구보고서의 목차가 된다.

마인드맵	마인드맵은 자신의 생각을 종이 위에 지도 그리듯이 이미지화시켜 창의적인 아이디어를 얻는 발상법
브레인스토밍	일정한 주제에 관하여 팀원의 자유스러운 발언을 통해 아이디어를 수집하여 해결점을 찾아가는 방법
브레인라이팅	라이팅(Writing)을 이용하여 침묵 속에서 진행되어 개인사고 발상을 최대한 살릴 수 있는 집단 발상법
체크리스트법	사전에 체크 할 사항을 준비하여 그것에 집중적으로 생각하는 아이디어 발상법

아이디어 발상법

(1) 브레인스토밍(Brainstorming) ●●

(가) 브레인스토밍이란?

일정한 주제에 관하여 팀원의 자유로운 발언을 통해 아이디어를 수집하여 해결점을 찾아가는 방법이다. 브레인스토밍(Brainstorming)은 두뇌(Brain)와 폭풍(Storming)의 합성어로 두뇌에 폭풍이 몰아치듯이 아이디어를 제시한다는 뜻이다. 브레인스토밍은 개인보다 팀별로 사용되는 아이디어를 창출하는 기법으로 문제에 대한 대안적인 해결안과 개선을 위한 아이디어를 찾기 위해 주로 사용된다. 집단의 효과를 살리고 아이디어의 연쇄반응을 불러 일으켜 많은 수의 아이디어를 생성할 수 있다. 한 사람보다 다수가 제기한 아이디어가 많으며 수가 많아질수록 질적으로 우수한 아이디어가 나올 가능성이 높다는 것을 전제로 한다.

(나) 브레인스토밍의 중요 원칙

· 자신의 의견이나 타인의 의견에 대해서 일체의 판단이나 비판을 의도적으로 금지
· 아이디어를 내는 동안에는 평가해서는 안되며 아이디어가 다 나올 때까지 평가 보류
· 아이디어의 질보다 양이 중요하며 최대한 많은 양의 아이디어 발굴
· 아이디어를 결합하거나 개선하여 제3의 아이디어로 발전

(다) 브레인스토밍 진행 방법

· 일반적으로 4~8명이 회의를 진행하며 10명이 넘어갈 경우에는 회의가 어려워질 수 있음
· 되도록 다른 분야의 사람들이 모이는 것이 이상적임
· 서로 평등한 위치에서 회의 진행(상호 존칭 사용)
· 사전의 회의 안건을 미리 공유하는 것이 좋음
· 서로의 얼굴이 잘 보이도록 둘러앉고 주제에 대한 구체적인 회의 진행
· 회의가 끝난 후 제시된 아이디어 중 좋은 아이디어 선택

(라) 사회자의 역할

· 주제에 대한 정확한 제시
· 회의 참가자가 자연스럽게 회의에 참여할 수 있도록 회의 전체 주관
· 소수 몇 명이 회의 분위기를 장악하지 않도록 분위기 형성
· 기록자를 지정하여 아이디어를 문서로 작성
· 충분히 주제에 대한 아이디어가 모였으면 다른 주제로 화제 전환

(2) 브레인라이팅(Brain Writing-BW기법) ●●

(가) 브레인라이팅이란?

글쓰기(Writing)를 이용하여 침묵 속에서 진행되어 개인의 사고 발상을 최대한 살릴 수 있는 집단 발상법을 말한다.

아이디어가 모이면서 발전시키고 결합하는 방식으로 새 아이디어를 낸다. 이 방법은 처음부터 끝까지 침묵한 상태에서 실시하며 각 참가자들이 아이디어를 '글쓰기'라는 방법을 통해 창출하는 방법이다. 구성원들 모두 원활하게 참여할 수 있으며 모든 참가자가 아이디어를 공유할 수 있다. 브레인스토밍과는 달리 개별적으로 아이디어를 종이에 기록하기 때문에 소수의 몇 사람에게 회의가 지배되지 않는 장점이 있다.

(나) 브레인라이팅의 중요 원칙

· 브레인라이팅은 말을 하지 않고 메모를 통해 진행되기 때문에 익명성이 보장됨
· 메모로 아이디어를 교류하기 때문에 서로 간의 마찰이나 상하 계층 간의 위협이 방지됨
· 깊이 있는 발전된 아이디어 발상이 가능함(충분히 생각할 수 있는 시간 제공)
· 타인의 아이디어를 확인할 수 있으며 회의 과정 중에 아이디어가 수정, 개선됨(아이디어의 발상과 수정, 개선이 동시에 이루어짐)

(다) 브레인라이팅 진행 방법

· 단체일 경우 4~6명의 소그룹으로 세분화시킴
· 소그룹은 회의 안건이 적혀있는 워크시트(Worksheet)를 제공 받음
· 용지에 안건의 아이디어를 적고 테이블에 용지를 제출함
· 다른 사람의 아이디어에서 힌트를 얻어 아이디어를 발상하고 작성함
· 자신이 생각한 아이디어를 이미 다른 사람이 적었다면 이를 참고해서 구체화시킴

(라) 사회자의 역할

· 주제에 대한 정확한 제시
· 회의 참가자가 자연스럽게 회의에 참여할 수 있도록 회의 전체 주관
· 모든 팀원이 참여할 수 있도록 워크시트 교환 및 분배 주관
· 회의 시간 통제
· 최종적인 아이디어 정리 주관

(3) 체크리스트법(Check List Method) ●●

(가) 체크리스트법이란?

사전에 체크 할 사항을 준비하여 그것에 집중적으로 생각하는 아이디어 발상법을 말한다. 시간을 단축시킬 수 있으며 체계적으로 아이디어 발상 과정을 확인하며 진행할 수 있다. 주어진 질문에 따라 사고를 전개시켜 문제의식을 습관화하는 발상법이다.

스캠퍼(SCAMPER) : 체크리스트법을 보완하여 발전시킨 형태로 사고의 영역을 사전에 제시함으로써 그 범위 안에서 창의적인 아이디어를 유도하는 아이디어 창출법)

(나) 스캠퍼(SCAMPER)의 7대 기법

대체
Substitute

기존의 것을 다른 것으로 대체
예시 전기자동차 : 연료를 휘발유에서 전기로 대체

결합
Combine

두 가지 이상의 것들을 결합
예시 복합기 : 복사기, 팩스기, 스캐너 결합
지우개 연필 : 지우개, 연필 결합

응용
Adapt

분야의 조건이나 목적에 맞게 응용
예시 내비게이션 : 종이지도를 전자방식으로 응용

변형
Modify

특징이나 생김새를 변형 확대 또는 축소
예시 아이패드 : 컴퓨터와 노트북을 간소화

다른 용도
Put to other use

다른 용도로 사용될 아이디어
예시 열차 식당 : 열차를 식당으로 이용

제거
Eliminate

일부분을 제거
예시 오픈카 : 지붕 제거

뒤집기
Reverse

뒤집어 생각하기, 역으로 배열
예시 양말 → 장갑

(4) 마인드맵(Mind Map Method) ●●

(가) 마인드맵이란?

마인드맵은 자신의 생각을 종이 위에 지도 그리듯 이미지화시켜 창의적인 아이디어를 얻는 발상법이다. 핵심 단어와 이미지를 중심으로 거미줄처럼 사고가 확장되어 가는 과정을 나타내는 것으로 무순서, 다차원적인 특성을 가진 사람의 생각을 키워드와 이미지를 사용하여 방사형으로 가지를 쳐서 한 장의 종이에 생각을 나타내는 지도이다. 생각과 아이디어를 방사형으로 펼침으로써 사고력, 창의력 및 기억력을 높이는 방법으로 자신이 알고 있는 것을 정리하면서 아이디어를 얻을 수 있는 시각화된 브레인스토밍 방법이다.

(나) 마인드맵 작성 방법

1단계 중심이미지 그리기

· 마인드맵을 그릴 주제를 선정한 후 전체의 내용을 대변하는 이미지(그림)를 종이 가운데 그림. 색상은 세 가지 정도로 단순하게 사용함

2단계 주 가지 그리기

· 중심이 되는 이미지로부터 주 가지를 그려나가고 그 가지 위에 단어나 이미지를 그려나감

3단계 부 가지 그리기

· 주 가지(주제)에서 부 가지(소주제)로 뻗어 나가는 가지를 그리며 단어와 이미지를 그려나감

4단계 세부 가지 그리기

· 부 가지를 자세히 설명할 수 있도록 세부 가지를 만들고 그림, 글자를 혼합하여 그려나감(가짓수의 제한은 없으나 되도록 구체적으로 작성)

5단계 세부사항 첨가하기

· 주 가지, 부 가지, 세부 가지에 그림, 단어, 화살표 등을 첨부해 구체화시킴

Tip ● 각 단계별로 연계성이 있어야 함

연구주제의 유형

(1) 문제점 해결과 해결방안 연구

선정된 연구주제를 되짚어가는 탐구 형태이다. 대부분 현재의 연구주제에 관련된 상황을 되짚어가는 과정에서 문제점을 파악하기 위한 비판의식을 가지고 접근한다. 비판만 하기보다는 이에 최선의 대안까지 제안하는 연구주제 유형이다.

> **예시**
> · 고등학교의 진로실태 및 해결방안 연구
> · 학생들의 수학 증명 기피 현상에 대한 해결방안 모색 연구
> · 장애인 인권 문제에 대한 실태와 인식 개선에 관한 연구
> · 청소년 화장품사용 실태 현황과 개선방안 및 부작용 해결에 관한 연구

(2) 비교연구

유사하거나 반대인 주제를 평행하게 설정하고 공통점과 차이점을 서로 비교한다. 이 과정에서 단순 비교만 하는 것보다 연구주제에 대한 발전적 방향을 찾기 위한 최선의 대안을 제시한다.

> **예시**
> · 온라인 마케팅 커뮤니티의 현황과 비교
> · 코로나 19 바이러스 백신 현황과 백신별 차이점 비교
> · 드라마(사극)와 실제 역사에 대한 비교 연구
> · 반응속도에 영향을 미치는 요인과 분석 및 교과서 실험과 SSC 실험의 비교

(3) 다른 관점에서 연구주제 확인

별도의 관찰 시점을 정하고 그 관점에서 선정한 연구주제를 분석한다. 연구주제에 대한 상세한 분석과 설명의 방법으로 접근하지만, 이 과정에서 기준은 처음의 관찰 시점으로 한정한다. 그렇기 때문에 관찰 시점을 정하는 것이 연구주제를 풀어내는 데 중요하다.

예시

· 교권침해 사례 분석을 통해 본 교권 확립 방안 연구
· 언론의 공공성으로 본 종합편성채널 선정의 문제점 연구
· 설문지 분석을 통해 본 여성 이민자를 위한 한국어 교재 분석
· 사회적 기업의 유형 분석을 통한 RCY 봉사활동의 발전적 방향 모색
· 수학의 심미적 요소를 중심으로 한 학생들의 흥미도 증감 연구

(4) 연구주제에 영향을 준 것에 대한 연구

특정 관점에서 연구주제를 분석할 때 연구주제에 영향을 끼친 과정의 과거에 대한 연구를 한다. 이 과정의 과거는 연구주제의 내부시점에서 이미 정해진 것으로 처음의 유형과는 다른 유형을 의미한다.

예시

· 고등학교 선택에 영향을 주는 요인에 관한 연구
· 명성황후와 대원군이 고종에게 끼친 정치적 영향에 관한 연구
· 감각 통합치료가 발달 장애 아동의 행동에 미치는 영향 연구
· 토론 활동과 신문 스크랩 활동이 청소년에게 미치는 긍정적 영향 연구
· 문화 콘텐츠에 영향을 미친 BTS의 마케팅 분석

가) 연구문제 설정

일반적인 연구주제, 연구 쟁점, 연구 목적, 연구문제 등은 구체적으로 명시되어야 한다. 명료한 질문형식의 표현으로 명료한 변인(독립변수, 종속변수, 매개변수, 조절변수), 변인 간의 관계로 서술해야 한다.

추출된 키워드를 바탕으로 연구문제를 설정한다.

독립 변수	조작 변수
변인 중 다른 변인들의 원인이 되거나, 실험 결과에 영향을 줄 수 있다고 판단되는 변인.	독립변인 중 가설의 참과 그릇의 여부를 알아보기 위해 의도적으로 변화시키는 변인. 어떤 모델을 세워서 현상 설명을 시도하느냐에 따라 달라질 수 있다.

키워드 간의 관계성 및 연구 모형

학생의 수면시간이 학업성적에 미치는 영향
: 성별, 나이, 학교급을 중심으로

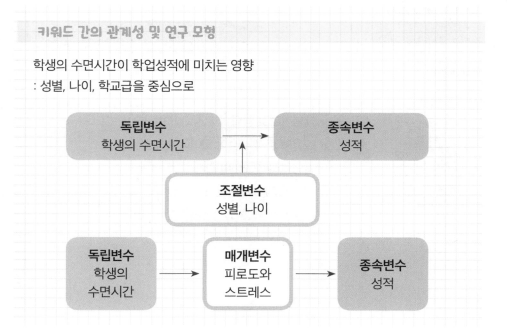

학생들의 수면시간은 남학생과 여학생에 따라 성적에 영향을 줄 것인가?
학생들의 수면시간은 학생들의 나이(중학생, 고등학생)에 따라 성적에 영향을 줄 것인가?

예) 학교폭력의 발생비율은 어떠한가?
→ 학교폭력의 발생비율은 학생의 성, 학년, 지역에 따라 다른가?

연구주제	독립변수	종속변수
대중문화가 독서에 미치는 영향을 연구	대중문화	독서
스키니진이 혈액순환에 미치는 영향에 대한 연구	스키니진	혈액순환
게임 중독이 청소년들의 폭력성에 미치는 영향	게임 중독	청소년 폭력성
카페인 섭취가 학생들 성적에 미치는 영향	카페인	성적

나) 연구가설

연구가설은 어떤 사실에 대한 설명을 미리 시사해주고, 조사연구의 방향을 제시해준다.

좋은가설

✔ 개념적으로 명확히 구성되어야 한다.
✔ 경험적 준거 대상이 있어야 한다.
✔ 특정화되어 있어야 한다.
✔ 이론적 체계에 관련되어야 한다.
✔ 사용될 기술, 방법과 관련되어야 한다.

1 1단계

연구문제 확인

· 연구가설이 필요한
  연구문제 선별
· 연구문제의 변수
  찾기

2 2단계

이론적 검토

· 변수 간의 상호관
  계 확인
· 변수 간의 역할 및
  영향력 확인

3 3단계

연구가설 진술

· 변수 간의 관계 제시
· 통계적 분석이 가
  능한 서술문 형태
  로 작성

현재형 또는 미래의 서술문으로 작성한다. 변인 간의 기대되는 관계를 제시한다.

> **예시**
>
> · 학생들의 수면시간은 남학생과 여학생에 따라 성적에 영향을 줄 것이다.
> · 학생들의 수면시간은 학생들의 나이(중학생, 고등학생)에 따라 성적에
>   영향을 줄 것이다.
> · 자녀의 성에 따라 남자 교사의 필요성에 대한 부모의 인식은 차이가 있을
>   것이다
> · 인터넷 중독과 또래 관계의 질은 상관이 있을 것이다.

연구주제 Wee센터(학생위기상담 종합지원서비스센터) 이용자의 프로그램 만족
도에 관한 연구

연구문제 · 이용자의 개인적 특성에 따라 프로그램 이용 만족도에 차이가 있을 것인가?
· 프로그램의 특성에 따라 프로그램 만족도에 차이가 있을 것인가?

연구가설 · 이용자의 개인적 특성에 따라 프로그램 이용 만족도에 차이가 있을 것
이다.
· 프로그램의 특성에 따라 프로그램 이용 만족도는 차이가 있을 것이다.

3) 연구방법

가) 선행연구 분석

　모든 주제탐구는 연구주제에 대한 선행연구를 검토하면서 시작한다. 연구주제에 대해 앞선 연구자는 어떠한 성과를 냈는가를 먼저 확인해야 한다. 이런 과정을 통해 탐구 보고서를 작성할 때 내용의 중복을 피할 수 있고, 연구 주제에 대한 다양한 논증적 자료를 찾을 수 있으며, 내용 구성에 참고할 수 있는 다양한 아이디어를 찾을 수도 있다. 또한, 최근까지의 연구 동향의 이해와 탐구 주제를 구체화할 수 있고, 시행착오를 줄일 수 있다.

선행연구 검토방법

· 탐구 주제의 탐구주제의 핵심 연구주제와 관련된 키워드를 추출한다.
　관련된 키워드를 추출한다.
· 키워드를 검색어로 원문정보서비스를 검색한다.
· 연구주제와 관련된 내용이 담긴 것으로 생각되는 학술논문 제목을 검토한다.
· 연구주제와 관련된 논문의 초록과 목차를 검토한다.
· 연구주제와 연결이 된다면 서론-결론-본론 순서로 읽어본다.
· 선정된 자료의 참고 문헌 및 함께 이용한 자료로 관련된 주제를 확대시켜본다.

나) 디비피아(DBPia) 활용

키워드를 활용한 디비피아 검색

1. 디비피아(www.dbpia.co.kr)에 접속한다.

2. 관심 키워드를 입력한다. (키워드는 여러 개 함께 검색해도 상관은 없으나 2개 이상은 하지 말자)

3. 해당 키워드에 대한 추천 논문이나 보고서 들이 검색된다.

4. 좌측의 주제분류를 통해 검색된 자료의 범위를 좁혀보자.

5. 주제분류에 따른 해당 영역의 자료들만 필터링 되어서 확인할 수 있다.

주제분류에 따른 주제 선정(관련 분야의 선행연구를 통한 탐구 주제 확장)

1. 디비피아(www.dbpia.co.kr) 에 접속해보자.

2. 스크롤을 통해 주제분류로 이동해 보자.

3. 해당 영역을 선택한 후 스크롤을 통해 해당 분야의 등재 학술지들을 확인해보자.

4. 관심 학술지를 선정하여 해당 학술지로 이동해보자. (학술지 발행연도와 학술단체 이름을 참고한다)

5. 학술지로 이동하면 학술지에서 가장 많이 이용된 10편의 추천 논문이 뜬다. 여기서 나의 관심사와 주제를 확장해 보자.

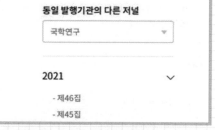

6. 해당 학술지의 최근 논문을 확인하고 싶다면 좌측에 발행 연별 학술지를 선택할 수 있다.

7. 최근 동향에 대해 알아보고 싶으면 최근 발간된
   학술지를 클릭해서 확인해 볼 수도 있다.

주제별 Best 논문검색을 통한 확장

1. 주제별 Best로 이동하여 관심 주제를 선정한다.

2. 주제별 TOP20 논문이 선정되는데 관심 있는
   주제를 살펴보자.

다) 추천 사이트

국내 도서관

국립중앙도서관	http://www.nl.go.kr
국회전자도서관	http://dl.nanet.go.kr
한국과학기술정보연구원	http://www.kisti.re.kr
국가전자도서관	http://www.dlibrary.go.kr

사전

위키백과	https://ko.wikipedia.org
국립국어원 표준국어대사전	http://stdweb2.korean.go.kr

지식정보

RISS(학술연구정보서비스)	http://www.riss.kr
SCIENCE ON(KISTI 논문검색)	https://scienceon.kisti.re.kr/
KOLIS-Net(국가종합자료목록)	http://www.nl.go.kr/kolisnet
기초학문자료센터	https://www.krm.or.kr
한국학술지 인용 색인	https://www.kci.go.kr/kciportal
한국전통 지식포탈	http://www.koreantk.com
천문우주 지식정보	http://astro.kasi.re.kr

원문정보

디비피아	http://www.dbpia.co.kr
한국학술정보(주)	http://kiss.kstudy.com
교보문고 스콜라	http://scholar.dkyobobook.co.kr
국가정책연구포털(NCIS)	https://www.nkis.re.kr
학지사 뉴논문	http://newnonmun.com

역사/인물

한국역사정보통합시스템	http://www.koreanhistory.or.kr
한국사데이터베이스	http://db.history.go.kr
조선왕조실록	http://sillok.history.go.kr

통계

국가통계포털	http://kosis.kr
통계지리정보서비스	http://sgis.kostat.go.kr

법률

국회정보시스템	http://likms.assembly.go.kr
국가법령정보센터	http://www.law.go.kr

표준/특허

KIPRIS(특허정보넷)	http://www.kipris.or.kr

예술

문화포털	http://www.culture.go.kr
문화셈터	http://stat.mcst.go.kr

환경

KONETIC (국가환경산업기술정보시스템)	http://www.konetic.or.kr

라) 연구방식

자료의 수집 방법, 자료의 특성, 자료의 분석 방법, 결과 제시 방식에 따라 양적 연구와 질적 연구를 구분한다.

질적 연구가 이루어지는 인문과학 분야의 탐구는 장의 구분을 거의 하지 않는다. 처음부터 끝까지 탐구 보고서가 서론, 본론, 결론의 형식으로 끊이지 않고 연결되어 있다. 장 구분이 되어 있다 하더라도 자연과학 탐구보고서처럼 분명하고 자세하게 나누어져 있지 않다. 질적 연구는 인류학과 민속학에서 이용하는 방법으로 변인 통제를 할 수 없다.

반면 양적 연구가 이루어지는 자연과학의 대부분과 인문사회과학의 일부 분야인 언어학, 심리학, 정치학, 행정학, 교육학, 지리학 등과 같이 분석, 실험, 통계 활용 등이 잦은 분야의 논문에서는 서론, 재료의 방법, 결과, 논의, 결론과 같이 본론의 장 구분을 분명하고 자세하게 하고 있다. 양적 연구는 심리학 특히 행동 심리학에서 사용하는 방법으로 변인 통제가 가능하고 실험실에서 주로 이루어진다.

주제 분야마다 독특한 전개 양식 사례	
수학	서론, 정의, 정리, 적용
물리학, 화학, 생물학, 생화학	서론, 재료와 방법, 결과, 고찰, 결론
지질학	서론, 지질, 중력탐사, 해석 방법, 해석, 토론, 결론
천문학	서론, 재료, 방법, 결과, 고찰, 결론
대기과학	서론, 재료, 방법, 분석, 예상 및 예상도, 결과, 고찰, 적용
전산과학	서론, 시스템에 대한 설명, 시스템 설계, 시스템 구현, 시스템 평가 및 결론
가정학	서론, 이론적 배경, 가설 설정과 연구방법론 결과, 논의, 결론
공학	서론, 장치 및 재료, 방법, 성과, 고찰
의학, 간호학	서론, 검사대상 및 방법, 결과, 고찰, 결론

(1) 양적 연구(실증적 연구방법)

양적 연구는 "보편적인 법칙에 의해 가치 중립적으로 서술되어야 한다."는 실증주의자들에 의해 발전된 연구방법이다. 가시적인 자료 분석결과를 통해 객관적인 관점에서 가설을 지지 혹은 반박하는 과정을 거치는 것이 양적 연구라 할 수 있다.

·· 양적 연구의 절차 ··

1 가설설정

· 가설 : 변수 간의 관계에 대한 잠정적인 진술
· 가설은 이론적·경험적 배경에 의해 설정

2 연구상황설정

· 가설의 경험적 결과 추론을 위해 실제 상황이나 유사 상황 설정
· 다른 변수의 영향을 배제하기 위해 인위적으로 연구상황을 설정해야 할 필요가 있음

3 자료수집

· 객관적 절차에 의해 증명 가능한 원리를 발견하는 것이 양적 연구
· 연구상황을 통해 발생하는 가시적 자료수집

4 연구상황설정

· 수집된 자료를 분석하여 가설의 참·거짓 증명

양적 연구는 가설을 설정할 때, 이미 특정 이론에 의존하기 때문에 연구가 이론에 종속될 가능성이 있다. 객관적인 관점이라고 해도 연구자가 원하는 연구 방향이 있는 경우, 객관성과 중립성을 유지한 채 연구를 진행해야 하는 어려움이 있다. 관찰이나 질문지와 같이 자료수집이 가능한 방법으로만 수행이 가능하다.

서울 지역 가구 소득별 월평균 사교육비

월평균 소득	월평균 사교육비 지출액
199만 원 이하	24만 5,600원
200만~399만 원	39만 6,400원
400만~599만 원	63만 100원
600만 원 이상	80만 7,600원

예체능을 제외한 교과(국·영·수 등) 사교육비 지출액>

서울 지역 가구당 월평균 사교육비가 소득 규모에 따라 최대 3.3배나 차이가 나는 것으로 나타났다. 서울시 교육청이 배OO △△대 교수(교육학)팀에 연구 용역을 의뢰해 공개한 '서울 교육 비전 2030 보고서'를 보면, 설문 조사에 참여한 서울 시내 학부모 1,760명 가운데 사교육비 지출 현황에 대해 답한 706명의 학부모 중 가구당 월평균 소득이 199만 원 이하인 가구에서 지출하는 월평균 일반 교과 사교육비 지출액은 자녀 한 명당 24만 5,600원인 것으로 나타났다. 반면, 월평균 소득이 600만 원 이상인 가구의 사교육비 지출액은 80만 7,600원으로, 199만 원 이하 가구의 3.29배나 됐다.

(2) 질적 연구(해석적 연구방법)

양적 연구에 대한 비판이 생기면서 질적 연구에 대한 필요성이 대두되었다. 인간 사회를 연구하기 위해서는 특정 이론에 얽매이지 않는 다양한 연구방법이 필요하다는 주장에서 시작되었다.

질적 연구는 연구절차의 기본 틀이 없는 특징이 있다. 질적 연구는 현상기술에 숫자보다는 언어를 많이 사용한다. 연구의 목적은 현상을 이해하기보다는 해석하는 경우가 많다. 따라서 구체적인 가설을 세우지 않고 일반적인 문제로 시작하여 인간의 경험에 대한 주관성을 인정하는 것이 특징이다.

양적 연구에 비해 질적 연구는 연구방법이 정해진 것이 없으나 일반적으로 현지 관찰법, 집단 면접법, 심층 분석법, 사례 연구법 등으로 구분할 수 있다.

현지 관찰법	자연스러운 상태에서 현상 분석 가능
집단 면접법	깊이 있는 정보의 수집 가능
심층 분석법	적은 수의 응답자로부터 자세한 정보 수집 가능
사례 연구법	특정 대상의 특징이나 문제를 종합적으로 분석 가능

질적 연구는 연구 대상, 내용, 시기에 따라 다양한 연구가 수행된다. 그리고 연구자의 능력이 연구에 반영된다. 연구방법, 절차, 수집이 주관적으로 이루어지기 때문에 연구자의 개인판단에 따라 연구 결과에 영향을 줄 수 있다는 지적도 있다.

예시

실업자들에 대한 면접을 통해 알 수 있었던 것은 이들이 거창한 꿈을 가지고 자신의 미래를 개척하거나 장밋빛 전망을 꿈꾸고 있는 것이 아니라는 점이었다. 그들은 자신의 처지를 정확하게 판단할 수 있을 만큼 현실적인 모습이었다. "자신이 생각하는 행복이란 무엇인가?"라는 질문에 대하여 `남들에게 손 안 벌리는 것', `애들 건강하게 잘 크고 남들이 하는 만큼 하는 것', `나중에 자식들에게 짐이 되지 않는 것', `우리끼리 화목하게 사는 것' 등 현실적인 답변을 하였다. 다만 경제적으로 다소 궁핍하고 실업 이전보다 할 수 있는 사회적 기회가 줄어든다고 하더라도 지금보다 더 나빠지지 않기를 바라고 있었다. 이렇게라도 최소한의 생활을 유지할 수만 있다면 다시 용기를 내서 미래를 개척해 볼 수 있다는 희망도 품고 있었다.

- 박철민, "현실적 위기로서의 실업과 일상생활의 재구성"

(3) 양적 연구와 질적 연구의 비교

양적 연구와 질적 연구는 어떻게 다를까?

양적 연구가 객관적 연구를 강조하는 반면 질적 연구는 일반화된 본질에 대한 연구를 하기 위해서는 총체적인 연구를 해야 한다고 강조한다. 따라서 양적 연구와 질적 연구는 서로 상호보완적 관계가 되어야 하며, 질적 연구는 양적 연구의 기초 조사 자료로 쓰이기도 한다.

··· 양적 연구와 질적 연구 비교 ···

	양적 연구	질적 연구
연구 목적	• 일반적 원리와 법칙발견 • 인과 관계 혹은 상관관계 파악	• 특정 현상에 대한 이해 • 특정 현상에 대한 해석이나 의미의 차이 이해
연구 대상	• 대표성을 갖는 많은 수의 표본 • 확률적 표집 방법을 주로 사용 • 연구 대상과 가치 중립적 관계 유지	• 적은 수의 표본 • 비확률적 표집 방법 주로 사용 • 연구 대상과 가치 개입적 관계 유지
자료 수집	• 다양한 측정 도구 사용 • 구조화된 양적 자료수집	• 연구자가 중요한 연구 도구 • 비구조화된 질적 자료수집
자료 분석	• 통계적 분석	• 질적 분석(내용분석) • 기술통계분석
연구 방법	• 설문지를 활용한 조사연구 • 실험 설계에 의한 실험 연구 • 점검표를 활용한 관찰 연구	• 관찰과 면접법을 활용한 사례 연구 • 문화 기술적 연구
일반화	• 일반화 가능	• 연구 자체의 특이성으로 일반화 불가

출처 : 성태제, 시기자(2006), 연구방법론, 서울 :학지사

연구방법 정리

문헌연구

역사적 문헌, 공식 문건, 신문, 잡지, 통계 자료 등 자료를 수집, 분석하는 연구방법.
동일한 연구문제에 대한 기존 연구 결과와 연구 동향을 파악할 수 있는 모든 연구
활동의 기초가 되는 연구

자료수집 방법 ▤ 문헌 연구

실험연구

특정한 문제를 개선하기 위한 연구방법.
독립변수를 조작하여 종속변수에 미치는 영향을 검증하는 연구

자료수집 방법 ▤ 문헌 연구 + 실험

조사연구

사회학적, 심리학적, 교육학적 변수들의 상대적 영향력과 분포, 상호관계를 밝히
기 위한 연구방법.
전체 집단을 대표할 수 있는 연구 대상에게 설문 조사, 인터뷰 등의 방법으로 연구
문제에 관련된 사람들의 속성이나 행동, 태도 등을 연구

자료수집 방법 ▤ 문헌 연구 + 설문 조사 + 인터뷰

사례연구

어떤 현상에 대해 자세히 기술하고 가능한 모든 것을 설명하며 평가하는 연구방법.
특정 연구 대상의 특성이나 문제를 진단하고, 문제해결 방안을 찾고, 사례 연구를
통해 발견된 사실을 이론으로 발전시키는 연구

자료수집 방법 ▤ 문헌 연구 + 설문 조사 + 인터뷰

연구방법 절차		문헌 연구	실험	설문 조사	인터뷰
연구문제 확인		연구문제 확인	연구문제 확인	연구문제 확인	연구문제 확인
		연구 핵심 키워드 정리	연구가설 구체화		
		연구 핵심 키워드 이해 및 확장	변수의 특징 분석		
연구 대상 선정		-	연구 대상 선정 (실험 집단과 통제집단 구분)	연구 대상 선정	연구 대상 선정
측정	측정 도구 개발	-	종속변수의 변화를 측정할 도구 개발	설문지 제작	질문지 제작
	예비 측정 실시	-	예비 측정 실시	예비 설문 조사 실시	예비 인터뷰 실시
	측정 도구 수정	-	예비 측정에서 나타난 문제점 제거	설문지 수정	질문지 수정
	측정 실시		실험 실시	설문지 배포	면접 실시
자료수집		연구 핵심 키워드로 자료수집	자료수집	자료수집	자료수집
결과 분석		자료 분석	결과 분석	결과 분석	결과 분석

사) 설문 조사 방법

설문지 작성방법과 설문 문항 유형 및 작성방법에 대해 알아본다. 네이버 폼이나 구글 독스를 이용하면 편하게 설문을 작성하여 조사할 수 있다. 구글 설문 작성 방법을 살펴보도록 하자.

(1) 설문지 작성 과정

1단계 설문주제 분석
설문주제는 설문의 방향성을 제시하기 때문에 정확한 주제가 선정돼야 설문 내용을 작성할 수 있음.

2단계 문항 작성
질문 문항 작성 기본 원칙에 따라 간결하면서도 체계적인 설문 문항 작성이 필요함

3단계 질문 순서 결정
질문 문항 순서 결정의 기본 원칙에 따라 응답자에게 최상의 설문이 진행될 수 있도록 순서 결정

4단계 사전 테스트
사전에 점검하지 않고 진행한 설문 조사는 차후 문제가 발생할 수 있는 경우가 많아 사전 테스트가 필요

5단계 설문지 완성

(2) 질문 문항 작성

질문지는 응답자의 입장을 고려하여 이해하기 쉽게 작성되어야 한다.

> **문항 작성 기본 원칙**
> - 질문의 뜻을 명확히 하여 질문은 짧고 간결하게 작성한다.
> - 응답자가 잘 모르는 전문적인 용어를 사용하지 않는다.
> - 이중부정형 문장을 사용하지 않는다. (부정문의 사용을 피한다.)
> - 모호한 이중질문을 피한다.
> - 감정이 실리거나 응답자의 자존심을 건드리는 질문은 피한다.
> - 특정한 답을 얻기 위한 유도 질문을 피한다.
> - 한 질문에 두 가지 이상의 요소가 포함되어서는 안 된다.

Q. 자동차는 이동수단으로 사용되고 있지만 보유하고 있으면 유지 관리비 및 세금으로 인해 많은 지출이 발생됩니다. 자동차를 구입할 경우 차 크기가 크고 무게가 많이 나가는 비싼 차를 선호하는지, 차가 작고 활동성이 좋은 차를 선호하는지 선택해 주십시오.

➡ **장황한 질문** : 장황한 질문은 응답자가 질문을 이해하기 어려울 뿐만 아니라 응답률을 저해시키는 요인이다. 그래서 내용의 핵심이 담긴 간결한 질문으로 수정이 필요하다.

➡ (변경) **Q.** 자동차를 구입할 경우 어떤 제품을 더 선호하십니까?

1. 중형차(　　) 2. 소형차(　　)

Q. 내세포괴테라토마 검사를 통한 기형종 형성 여부를 분석하고, DNA 검사와 조직 적합성 검사를 시행하는 일련의 과정을 거친 클론 연구방식에 대하여 귀하는 동의하십니까?

➡ **전문용어 사용** : 응답자가 질문을 이해하기 어려울 뿐만 아니라 응답자가 무시당하는 느낌을 받을 수 있는 문장을 지양하고, 쉽고 간결한 질문으로 수정할 필요가 있다.(필요시 주석으로 용어 설명에 응답자의 수준을 고려한 질문 문항을 작성할 필요가 있다).

➡ (변경) **Q.** 줄기세포 연구에 대해서 귀하는 동의하십니까?

1. 동의함(　　) 2. 동의하지 않음(　　)

주석 : 줄기세포란 인간의 몸을 구성하는 서로 다른 세포나 장기로 성장하는 세포

Q. 농약을 사용하지 않는 제품을 구하지 않겠습니까?

➡ **이중부정** : 하나의 문장에 부정어가 두 번 또는 그 이상 반복되는 경우를 말하며 중복 부정이라고 한다. 이중부정이 사용된 질문은 응답자가 질문을 이해하기 어려워서 쉽고 간결한 질문으로 수정이 필요하다. (필요시 주석으로 용어 설명) 질문 문항은 긍정적인 표현으로 작성해야 한다.

➡ (변경) **Q.** 유기농 제품을 구입하시겠습니까?

1. 구입함(　　) 2. 구입하지 않음(　　)

주석 : 유기농법이란 화학 비료와 농약을 사용하지 않은 농사 방법

Q. 아파트의 내부 인테리어와 가격은 어떻게 생각합니까?

① 매우 나쁘다 ② 나쁘다 ③ 보통이다 ④ 우수하다 ⑤ 매우 우수하다

➜ **한 질문에 한 가지 내용만** : 두 가지 내용이 하나의 질문에 포함되어 있는 경우 답을 선정하는 데 어려움이 있으므로 두 문항으로 분리하여 질문해야 한다. 한 질문에는 한 가지 내용만 담는 것이 좋다. (질문이 쉽고 간결하게 바뀐다.)

➜ **(변경) Q.** 아파트의 내부 인테리어는 어떻게 생각합니까?

① 매우 나쁘다 ② 나쁘다 ③ 보통이다 ④ 우수하다 ⑤ 매우 우수하다

Q. 아파트의 가격은 어떻게 생각합니까?

① 매우 비싸다 ② 비싸다 ③ 적당하다 ④ 약간 싸다 ⑤ 매우 싸다

Q. 현재 트렌드로 자리 잡고 있으며 대도시에 거주하는 소비자들이 사용하고 있는 스마트 TV가 없다면 구입할 의사가 있습니까?

➜ **편견 없는 질문** : 응답자를 비하하거나 무시하는 표현을 질문에 담아서는 안 된다. 질문 문항에는 편견이 포함되거나 응답자를 무시하는 질문은 사전에 미리 확인하여 수정을 해야 하고 편견이 내포된 질문은 설문의 진행을 방해, 응답자의 기분을 상하게 할 수 있다. 질문 문항에 좋지 않은 영향을 주는 문구로는 종교, 정치, 성, 빈부격차 유발, 학력 차별 등이 있다.

➜ **(변경) Q.** 스마트 TV(인터넷TV)를 구입할 의사가 있습니까?

1. 구입함(   ) 2. 구입하지 않음(   )

(3) 질문의 유형

개방형 질문(open-ended question)과 폐쇄형 질문(close-ended question)

개방형 질문
open
ended
question

응답자에게 보기와 같은 답변이 없이 질문만 주어지기 때문에 응답자가 자유롭게 자신의 의견을 제시할 수 있는 질문

> 특징

· 답변에 대한 제한이 없는 자연스러운 질문과 답변이 오가는 방식
· 개방형 질문은 주로 최종의 질문지를 계획하기 위한 사전 단계로 사용하는 경향
· 소규모 조사에 유리함

> 장점

· 응답자의 대답이 자연스러워 창의적이고 다양한 답을 기대할 수 있음
· 다양한 의견을 수렴할 수 있음

> 단점

· 결과에 비해 시간/경비가 많이 들 수 있음
· 성의 없는 답변이 나올 가능성이 많음
· 응답자가 응답자체를 거부할 수 있음(민감한 주제에 대해서는 답변 거부)
· 응답자마다 답변의 길이가 모두 다름

폐쇄형 질문
close
ended
question

응답자에게 질문을 제시하고 사전에 조사자가 만들어 놓은 번호를 선택하여 응답하는 방식으로 일반적으로 조사에서 가장 많이 사용되는 방법이다. (객관식 형태의 질문)

> 특징

· 응답 항목을 미리 제시해 놓고 그중에서 선택하도록 구성된 질문
· '예, 아니요' 등과 같은 특정하고 제한된 응답을 요구하는 것

· 답변이 제시되기 때문에 응답하기 쉬움
· 무응답률이 낮고, 수집된 자료를 처리하거나 분석하기가 용이해 시간과 비용이 절감됨
· 민감한 주제에도 적합하며 신상 노출에 대한 부담이 적음
· 응답 항목이 명확하고 신속한 응답이 가능함

· 응답자의 충분한 의견을 반영하기 어려움
· 응답 항목의 배열에 따라 응답이 달라지며, 주요항목이 빠지면 결과의 오류가 많음
· 개방적인 정보를 얻기 어려움

(4) 질문의 배치

질문의 순서에 따라 설문의 결과가 달라질 수 있으며, 응답자의 집중력도 영향을 준다.

문항의 배치 순서 결정

· 쉽고 흥미를 끌 수 있는 질문부터 먼저 시작
· 동일주제의 경우, 단순한 질문에서부터 복잡한 질문으로 진행
· 단답형식 질문을 먼저 시작하고, 서술형식 구체적인 질문은 나중에 진행
· 질문의 범위가 넓은 것에서부터 점차 구체적으로 좁혀가는 질문으로 진행
· 개인적으로 민감한 질문은 가장 뒤에 배치
· 지시문은 일반적으로 질문 시작 전에 배치
· 연관성 있는 질문은 같은 부분에 모아서 진행

(5) 사전 테스트(Pre-test)

사전 테스트는 질문지를 검증하여 문제를 사전에 예방하는 단계이다.

설문 조사는 설문지가 모두 완성되고 응답자와 대면했을 때 오류를 발견하는 경우가 많다. 일단 가상적 응답자를 대상으로 사전 조사를 실시하여 설문에 대한 검증이 필요하다. 사전에 조사대상이 되는 모집단의 5~10명 정도에게 설문지를 테스트한다. 사전 테스트를 진행하며 문제가 발생한 내용을 체크하여 수정 및 보완한다.

사전 조사 항목

· 질문 항목에 대해 응답자가 쉽게 이해할 수 있는가?
· 질문에 잘못된 표현은 없는가?
· 질문에 대한 답변 항목이 누락되거나 중복되지는 않았는가?
· 오탈자가 있지 않은가?
· 질문의 순서상 문제는 없는가?
· 질문 내용이 응답자를 무시하지는 않는가?

(6) 설문지의 구성

설문지의 구성

· 설문지 내용설명
· 인적사항
· 간략한 인사말
· 설문 문항
· 응답에 대한 감사 인사

(6) 설문지의 구성

구글 설문지 작성하기

구글에서 '구글 설문지' 검색

Google 설문지 클릭 후, '개인' 아래의 Google 설문지로 이동하기 버튼을 누른다.

크롬 홈 화면에서 들어가기

크롬을 사용하면, 오른쪽 상단에 '이미지'와 프로필 사진 사이의 점 9개 버튼을 클릭한다. 하단으로 스크롤 하여 설문지를 클릭한다.

새 양식 시작하기를 눌러 설문지 작성을 시작하면 된다.

4) 연구계획

연구계획은 향후 진행하는 연구 방향과 내용을 계획하는 과정이다.

제목을 만들고 연구의 필요성과 목적을 말한다. 연구 문제 및 연구 방법, 연구 결과와 참고 문헌을 정리한다. 이는 연구의 일관성 유지와 연구를 위한 자료를 효과적으로 활용하기 위해서다.

가) 제목 만들기

간결하고 명확한 제목은 내용을 대변한다. 연구의 핵심 단어를 제시하여 간결하고 분명한 제목을 완성해보자.

예시

고등학생의 심리 및 수면 상태에 따른 멜라토닌과 코솔티 농도의 변화

제목이 길어 부제를 사용할 경우 부제를 통해 연령, 지역, 내용 범위 등을 한정하여 강조한다.

예시

식품첨가물의 칵테일 효과
· 안식향산나트륨과 아스코르빈산을 중심으로

나) 제목 다듬기

선행연구들의 제목을 보며 나의 보고서 제목을 다듬어 본다. 선행연구들의 연구방법과 논문의 제목을 보면서 자신의 보고서 제목을 정교화한다.

제목은 키워드를 통해 선행연구를 검색하고, 연구주제와 비슷한 선행연구를 정리한다. 이후 제목 초안을 작성하고, 검색한 선행 연구의 연구방법을 정리한다. 마지막으로 연구방법을 분석하며 제목을 최종 결정한다.

다) 연구의 필요성과 목적 작성

연구의 의미와 연구의 내용을 통해 연구의 유용성에 대해서 설명을 한다. 앞으로 진행할 연구의 범위를 설정하여 연구의 일관성을 유지한다. 현 상황을 토대로 비판적이고 창의적인 아이디어로 새로운 것을 개발하거나 특정 상황에 대해 알아보고자 연구한다.

예시

작년 봄 시장에서 본 꽃게의 움직임에 호기심을느껴 헤엄치는 넓적다리와 7개의 마디로 구성된 꽃게를 보며 꽃게의 헤엄다리는 어떠한 과학적인 원리가 숨어 있어 빠르게 헤엄칠 수 있는지를 몸 구조와 관련해서 그 원리를 밝혀보고 싶었다. 그리고 그 원리를 적용한 생체모방을 통해 우리 생활 속 물 위에서 움직이는데 필요한 배의 '노' 모양도 발전시켜 제작할 수 있지 않을까? 하는 생각을 하게 되어 본 연구를 하게 되었다.

라) 연구문제, 방법, 결과, 참고 문헌 정리

각 단계에서 설정한 연구주제, 연구문제, 연구방법을 정리하고 연구 계획서를 세우면서 보았던 참고 문헌을 정리한다. 이 과정을 통해서 연구의 기틀을 마련한다.

예시

연구문제
1. 꽃게에 대해 알고 유영각의 유영형태를 파악하여 패턴을 찾아 기본개념화 하며 노에 적용한다
2. 효율적인 힘의 사용으로 기존의 노보다 효율적인 노의 형태를 제하고, 모형 제작을 통해 효용성을 검증한다.

연구방법
관련 이론 학습, 탐구 설계 및 수행

▸ **이론적 배경** : 게의 형태, 노의 원리(지레의 원리, 작용 반적용, 물의 저항)

▸ **탐구 수행** :

· 꽃게의 제4 걷는 다리의 형태 및 구조를 관찰하고 각 마디별로 길이 및 무게 비교를 통하여 물에서 유영하기에 알맞은 꽃게의 조건을 알아본다.

· 유영다리 마디별 관절을 비교 관찰한다. (왼쪽, 오른쪽 움직임 각도, 움직인 방향).

· 게의 유영 동작 패턴을 분석한다.

· 유영다리 관절 단순화를 통한 노 모형을 설계하고 제작하여 실험을 통해 효용성을 확인한다.

결론

탐구를 통해 나타난 결과로부터 연구자의 유의미한 견해를 밝힌다

· 꽃게의 몸통은 유선형이고 제4 걷는 다리는 유영하기에 알맞은 구조이며 걷는 다리 중에서 무게 비율이 가장 많다.

· 2관절에서 A(바깥쪽) 20도 ,B(안쪽) 10도로 했을 때 프로펠러의 가장 빠른 값이 나왔다.

· 현재 사용하고 있는 일반 노의 형태와 비교하였을 때 꽃게 유영 각의 핵심은 발목마디, 앞 마디, 발가락 마디를 휘었을 때 물에 닿는 시간이 길어지고, 물을 모아서 미는 효과로 인해 힘의 효율이 높은 노를 제작하여 활용할 수 있다.

마) **연구목차**

연구목차는 서론, 본론, 결론 그리고 참고 문헌으로 구성한다.

연구목차

I. 서론
  1. 연구 동기
  2. 연구 목적

II. 본론
  1. 이론적 배경
  2. 연구 과정
      가.
      나.
  3. 결과

III. 결론
  1. 결론
  2. 기대효과(제언)

IV. 참고문헌

글쓰기의 구조

1. 가장 일반적인 구조
  1) 주제의 발견(정의, 예시, 인용, 연구 대상에 대한 설명)
    · 문제 설명
    · 배경 정보 제시
    · 논제 설명의 틀 제시
  2) 주제분석 (비교, 논거 제시, 역사적 추이 등)
    · 첫 번째 문제 검토

· 두 번째 문제 검토

· 세 번째 문제 검토

3) 자신이 발견한 사항 논의

· 자신의 논제 재진술 및 그것을 넘어서 함의 제시

· 발견한 사항 해석

· 해결책, 최종적 견해 제시

2. 자신의 아이디어나 이론을 주장하는 구조

1) 서론

· 문제 제기 또는 의문 제시

· 주제의 가치(의미) 언급

· 배경 정보 제시

· 해당 문제를 제기한 선행 연구자 소개

· 새로운 관점을 통한 자신만의 논제 제시

2) 본론

· 이슈평가

· 현재까지의 연구 성과 발전

· 하위 문제 비교/분석

· 동일한 주제에 대한 연구자 견해 소개

3) 결론

· 본론에서 발전시킨 자신의 이론 방어

· 방향이나 행동 제안

· 향후 연구 과제 제안

3. 예술작품 분석하는 구조

1) 서론

· 작품 제시

· 한 문장 정도의 요약

· 논제와 관련된 배경 정보 제공

· 해당 논제와 관련된 작가의 전기적 사실 제시

· 인용이나 전적 제시

· 필자의 관심을 보여주는 논제 문장 제시

2) 본론

· 평가를 위한 분석 (이미지, 주제, 인물, 구조, 상징, 언어 등의 요소 분석)

3) 결론

· 본론에서 제시한 분속 요소뿐만 아니라 작가에 근본적인 초점을 유지

· 논제문을 바탕으로 작가의 공헌을 설명하는 제시

4. 논쟁이나 설득을 위한 구조

1) 서론

· 문제나 논쟁적 이슈 제시

· 이슈 요약

· 주요 쟁점 제시

· 주제의 논쟁적 성격을 드러내는 인용

· 배경정보제시

· 자신의 입장을 드러내는 논제 제시

2) 본론

· 주제의 한 측면을 옹호하는 주장 발전

· 이슈에 대한 찬반 의견 분석

· 자료를 통한 논거 제시

3) 결론

· 주장을 명확하게 하는 결론 제시

5. 역사 분석을 위한 구조

1) 서론

· 사건 제시

· 사건의 역사적 배경 제시

· 선행 연구자의 견해

· 자신의 논제 제시

2) 본론

· 사건의 역사적 배경 분석

· 하나의 역사적 에피소드에서 다른 에피소드로 사건 추이 추적

· 하나의 사건이 다음 사건과 어떻게 직접 연관되는지 연대기적 서술

· 이 사건을 고찰한 연구자 인용

3) 결론

· 자신의 논제 다시 제시

· 해당 사건의 의미 논의

6. 비교를 위한 구조

1) 서론

· 대상 A

· 대상 B

· 간단한 비교

· 중심이슈 도입

· 원전 자료 설명

· 자신의 논제 제시

2) 본론(선택)

(1) A 분석 - B 분석 - A, B 비교 대조

(2) A, B 비교 - A, B 대조 - 중심이슈 논의

(3) 이슈 1 : A, B 논의 - 이슈 2 : A, B 논의

3) 결론

· 유의미한 이슈 논의

· 순차적 또는 특성별 결론 제시

탐구보고서 작성은 제목이 결정되면 목차와 개요를 작성한다. 이후 본론을 쓴 이후 결론과 서론을 작성하는 것이 일반적이다.

작성 분량은 서론 10~20%, 본론 60~80%, 결론 10~20%의 분량으로 작성한다.

1) 서론 작성하기

서론은 연구의 필요성 및 목적에 대한 언급과 연구문제의 제기, 연구의 방향이나 방법을 제시한다. 서론 첫 부분은 읽는 사람으로 하여금 관심이 생길 만한 내용으로 시작한다. 서술 방법은 연구의 필요성이나 목적을 먼저 언급하고, 연구의 문제, 마지막으로 연구의 방향 및 방법을 언급하는 순서로 작성한다.

서론 작성 Tip

· 시작 부분에 연구문제와 관련된 사회의 넓은 배경이나 격언 인용, 크게 이슈가 된 기사 내용, 연구의 필요성 및 목적을 강조할 수 있는 선행연구를 활용하여 시작하면 좋다.
· 연구의 방향성 및 기대효과와 함께 연구 말미에는 꼭 해결하겠다는 약속으로 독자에게 연구에 몰입할 수 있도록 한다.
· 연구문제의 범위를 제한함으로써 논지의 타당성을 높일 수 있다.

서론의 ✔ 체크리스트

· 연구의 필요성 및 목적이 명확히 진술되어 있나요?
· 연구문제와 선행연구 간의 관계가 명료하게 진술되어 있나요?
· 연구문제가 분명하게 진술되어 있나요?
· 연구의 제한점이 분명하게 진술되어 있나요?

초등학생의 직업 인식 실태와 진로교육 방향

출처: 66회 전국과학전람회- 국립중앙과학관

I. 서 론

초등학교 수준은 학생 개인의 학습 능력이나 인지 능력과 더불어 자아의 기반을 형성하는 시기이므로 직업 교육을 통한 자아 및 직업의 세계에 대한 이해를 바탕으로 올바르게 직업을 선택할 수 있도록 교육해야 하고 학생에게 근로의 소중함과 건전한 직업의식의 정착에 있어 다양한 정보를 제공해주는 역할을 해야 한다(정철영, 2011). 초등 고학년 시기는 자아와 직업에 대한 기본적인 인식을 통해 직업적 자아 개념을 형성하는 중요한시기로(이종범, 2005) 직업세계에 대한 바른 인식과 건전한 직업 가치관의 형성을 바탕으로 여러 직종의 직업 세계를 탐색할 수 있도록 체계적인진로 교육 프로그램의 적용이 요구된다. 마찬가지로 초등학교의 직업교육은 학생 개인의 소망과 국가적인 요구를 충족시켜 줄 수 있는 중요한 교육이라고 말할 수 있으며, 학생 개인의 삶의 수준에 큰 영향을 미치는 중요한 교육이라고 할 수 있다. 4차 산업혁명이 시작되면서 인공 지능과 로봇기술의 발전으로 10년 내에 1,800만 명이 넘는 사람들이 실직의 위협을 받을 것이다. 사라지는 직업은 약 714만 개, 새로운 직업은 200만 개로 예측되는데, 결국 514만여 개의 직업이 쇠퇴하고 없어질 것으로 전망하고 있다(윤현종, 2016). 변화하는 시대에 맞는 미래 직업 변화를 미리 간파하는 진로·직업교육이 더욱 절실한 시점이고 대책을 마련하기 위해 심각한 고민을 해 볼 시점이다. 이와 같은 이유로 본 연구는 초등학교 학생들의 진로직업 인식실태를 살펴보고, 이를 바탕으로 미래 교육이 추구하여야 할 진로 교육의 방향을 제시해 보고자 한다.

본론 작성하기

본론은 주제에 대한 정보와 연구에 대한 논지를 작성한다. 특정 자료에만 의존하기보다는 여러 참고자료의 내용을 자신만의 방식으로 정리하고 해석하는 것이 좋다. 참고자료는 참고문헌 및 각주를 통해 언급하고 본론 말미에는 자신만의 결론, 해석, 분석이 제시되어야 하며 본론의 대부분 내용은 이 결론의 타당성을 입증하기 위한 자료의 서술이다.

본론의 구성

1. 이론적 배경
· 정의
· 특징
· 동향

2. 연구방법
· 연구 대상
· 측정 도구
· 연구절차
· 자료 분석 방법

3. 연구 결과 분석

연구 대상 : 누구(무엇)를, 얼마나, 언제, 어디에서, 어떻게 선정할 것인가를 구체적으로 기술한다.

연구 설계 : 실험 변인의 통제나 연구 디자인에 대한 설명이 명확해야 한다.

측정 도구 : 실험, 조사 또는 평가에 사용되는 도구의 신뢰도, 타당도, 객관성이 인정되어야 하며, 논문의 성격에 따라 도구의 방법 등이 서술되어야 한다.

연구절차	연구를 진행하면서 분리되는 각 단계를 요약하여 제시하고 진행 과정에 대해 구체적인 방법 등을 서술해야 한다.
자료 분석 방법	자료 처리 방법, 검증 방법, 통계 처리 소프트웨어 등이 정확히 기술되어야 한다.

✔ 체크리스트

· 학생으로서 실천 가능한 연구방법인가?

· 연구방법이 타당한가?

· 연구문제와 관련된 선행연구 결과와 관련 이론이 구체적으로 고찰되었는가?

· 자료수집을 성실하고 풍부하게 하였는가?

· 내용이 충분히 통일성을 지키고 있는가?

· 연구문제와 관계없는 분석결과를 제시하고 있지는 않은가?

· 예상치 못했던 결과에 대해 정직하게 진술하였는가?

예시

II. 이론적 배경

교육부(2012)는 진로교육의 목표를 "학생 자신의 진로를 창의적으로 개발하고 지속적으로 발전시켜 성숙한 민주시민으로서 행복한 삶을 살아갈 수 있는 역량을 기른다."로 설정하고 있다. 이를 바탕으로 약 91%의 초등학교가 진로교육 연간 계획이 수립되어 있었으나 이와 관련된 예산은약 50%의 학교가 마련되어 있지 않아서 진로교육 활동이 잘 이루어지지 않는 실정이다(김나라, 방재현, 정진철, 2012). 초등학교 진로교육의 목표를 달성하기 위한 다양한 프로그램이 개발되어 왔으나, 연구 또는 시범시행만 이루어지고 학교 진로교육에서 실행된 적은 없다(정철영 외 6인, 2015). 선행연구에 지적된 바와 같이 진로교육이 교육부의 정책으로 수립되어 학교 현장에서 활발히 진행되기를 기대하지만, 실제 학교 현장의 진로교육은 체계적이지 않고 교육 정책 목표를 달성하고 있지 못하다. 지금까지의 진로교육은 대체로 중·고등학교에 집중되어 있고, 초등학교는 진로교육과는 거리가 있었다고 생각하여 초등 진로교육의 활성화 방안을 고민해 보아야 한다(최승복, 2014).

일과 직업 세계 인식을 함양하는데 도움이 되는 정보·통신 프로그램을 체험한 학생들은 생소한 정보·통신 관련 직업에 대하여 폭넓은 지식을 가지고 있었으며 긍정적인 반응을 보였다(오지현, 이철현, 2015). 이와 같이 진로교육의 목표인 일과 직업 세계 인식을 함양시키기 위해서는 학생들이 직업을 체험을 통해 경험하게 한다면 진로교육의 목표를 달성하는 데에 효과적인 결과를 기대할 수 있을 것이다. 또한 진로교육의 목표인자기 이해 영역을 발달시키는 데에 있어서는 흥미 있는 활동 위주의 진로캠프를 참가하는 것이 큰 기여를 한다. 특히 되고 싶은 사람, 하고 싶은것, 가지고 싶은 것, 가고 싶은 곳, 가슴이 뛰고 즐거운 일로 구성된 5개의 항목인 꿈의 목록을 작성해 본 것이 자아를 이해하는 데에 긍정적인 영향을 미친다(김종운, 이태곤, 2014). 또한 진로 교과가 개설된 중등학교의 진로교과 선택률 조차 저조한데(박행모, 2013) 초등학교에서는 진로교육에 특화된 교과목이 개설되어 있지 않고 고학년만 배우는 실과 교과에만 직업·진로에 관한 내용이 이루어진다는 점에서 초등학생들의 직업 인식에 대하여 알아볼 필요성이 있다.

Ⅲ. 연구방법

1. 연구 대상

진로발달이론을 정립한 Super(1953: 배서윤, 김현진, 2016에서 재인용)와 Ginzberg(1961: 배서윤, 김현진, 2016에서 재인용)는 일반적으로 만 11~12세가 되면서 학생들은 자신의 흥미를 중심으로 미래를 생각하며 장래희망을 선택하게 되며, 이후 자신의 능력이나 가치, 현실적 요건을 고려하여 직업을 선택하는 기반이 된다고 하였으며, 초등학교 진로 관련 교과인 실과교과를

5, 6학년 학생들이 배운다는 점에서 연구 대상 집단을 설정하였다. 본 연구는 광주광역시 북구에 소재하고 있는 2개 초등학교 5~6학년 학생 176명을 대상으로 설정하였다.

2. 자료 수집 및 분석

<표 1> 설문지 구성

하위영역	문항 수	문항 번호
직업의 필요성	4	1-4
자신의 장래희망	9	5-13
직업 편견	3	14-16
직업 선호도	1	17

본 연구에서 사용된 설문지는 고택권(2000)이 초등학교 5, 6 학년 학생들을 대상으로 직업 세계 인식을 측정하기 위하여 제작한 설문지를 수정하여서 제작하였다. 연구 대상인 5학년 학생들과 6학년 학생들의 학급수가 각각 다섯 개, 세 개로 다르다는 점에서 5학년은 101부, 6학년은 75부가 회수되었다. 설문지는 총 17문항으로 위와 같이 4가지 하위영역인 '직업의 필요성','자신의 장래희망','직업 편견','직업 선호도'로 구분할 수 있다.

분석을 위해서 설문지 176부를 엑셀 2016을 사용하여 선택형 16문항 각각에 대한 응답의 빈도수와 백분율을 산출하였으며, 서술형 1문항에 대해서는 상위 10개의 직업의 빈도수와 백분율을 산출하였다.

IV. 연구결과

본 연구는 초등학교 5, 6학년 학생 176명을 대상으로 설문 조사를 실시하였다.

첫 번째, 직업의 필요성에 대한 분석 결과, 전체적으로'꼭 필요하다' 141명(80.1%), '약간 필요하다' 34명(19.3%)으로 175명(99.4%) 학생이 사람이 살아가는데 직업이 필요하다고 응답하였다. 학년별로 살펴보면, '꼭 필요하다.' 에 대하여 5학년 학생 81명(80.2%)이 6학년 학생 60명(80%)보다 높게 나타났으며, '약간 필요하다'에 대하여는 6학년 학생 15명(20%)이 5학년 학생 19명(18.8%)보다 높게 나타났다. '별로 필요 없다'에 답한 학생은 없었고 '전혀 필요 없다'에 응답한 학생은 전체 1명(0.6%)으로 극소수의 학생들만이 이 선지에 답하였으며, 이유로는'일을 하지 않고 놀고 싶어서, 일에 얽매이지 않고 여행가고 싶어서' 등의 답변이 있었다. 하지만 이와 같은 학생들의 의견은 매우 단순한 것으로 직업 가치관이 형성되고 정신적인 성숙을 이루면서 자연스럽게 사람이 살아가는데 직업이 필요하다는 생각으로 변화될 것 같다.

<표 2> 사람이 살아가는데 직업이 꼭 필요한가?

	가. 생계유지	나. 돈	다. 지위나 명예	라. 취미와 소질	마. 봉사, 보람	전체
5학년	31(30.7%)	7(6.9%)	5(5.0%)	16(15.8%)	42(41.6%)	101
6학년	35(46.7%)	10(13.3%)	3(4.0%)	7(9.3%)	20(26.7%)	75
전체	66(37.5%)	17(9.7%)	8(4.5%)	23(13.1%)	62(35.2%)	176

<표 3> 사람들이 직업을 가지는 중요한 이유는 무엇인가?

	가. 꼭 필요하다.	나. 약간 필요하다.	다. 별로 필요 없다.	라. 전혀 필요 없다.	전체
5학년	81(80.2%)	19(18.8%)	0(0%)	1(1.0%)	101
6학년	60(80.0%)	15(20.0%)	0(0%)	0(0%)	75
전체	141(80.1%)	34(19.3%)	0(0%)	1(0.6%)	176

사람이 직업을 가지는 이유로는 위의 <표 3>처럼 전체적으로 '생계를 유지할 수 있기 때문에 66명(37.5%)', '봉사하고 보람을 찾을 수 있기 때문에 62명(35.2%)', '취미와 소질을 살릴 수 있기 때문에 23명(13.1%)', '돈을 많이 벌 수 있기 때문에 17명(9.7%)', '지위나 명예를 얻을 수 있기 때문에 8명(4.5%)' 순으로 응답하였다. 이를 통해 생계유지, 봉사와 보람에 큰 차이 없이 응답하여 직업의 중요성에 대한 인식은 건전한 측면을 보여주고 있다. 지위나 명예를 얻을 수

있기 때문 선지는 5학년 학생과 6학년 학생 모두 비슷한 반응을 보였다. 반면, 6학년 학생들이 5학년 학생들보다 현실에 대한 부정적 인식을 가지고 있어 다, 라, 마 문항보다는 물리적 요소와 관련 있는 가, 나 문항의 선택률이 높은 것으로 보인다.

다음, 성적이 구직에 미치는 영향에 대해서는 전체적으로 '매우 중요하다'와 '약간 중요하다'가 각각 76명(43.2%), 61명(34.7%)으로 학교의 성적이 직업을 얻는데 중요하다는 반응을 보였다. 학년별로 살펴보면, '매우 중요하다'는 5학년 학생 46명(45.5%)이 6학년 학생 30명(40%)보다 높게, '전혀 중요하지 않다'는 6학년 학생 8명(10.7%)이 5학년 학생 5명(4.9%)보다 높게 응답했다. '약간 중요하다'와 '별로 중요하지 않다'는 5학년 학생은 81명(49.6%)으로 6학년 학생은 56명(49.4%)으로 매우 유사하게 응답하였다(표 4). 설문결과, 대부분의 학생들은 학교 성적을 직업에 얻는 중요한 요인으로 여기고 있다. 이는 교과 외의 활동이나 직업체험 등을 통해 다양한 재능을 발견할 수 있는 기회를 해할 수 있다. 또한, 앞서 교육부가 강조하고 있는 진로 교육의 목표와 학교에서 학생들이 실제 느끼는 바가 다르다는 것을 알 수 있다.

<표 4> 학교에서의 성적이 직업을 얻는데 중요한가?

	가. 자주 생각한다.	나. 가끔 생각한다.	다. 어쩌다 한번 생각한다.	라. 생각해 본 적이 없다.	전체
5학년	81(80.2%)	19(18.8%)	0(0%)	1(1.0%)	101
6학년	60(80.0%)	15(20.0%)	0(0%)	0(0%)	75
전체	141(80.1%)	34(19.3%)	0(0%)	1(0.6%)	176

부모의 직업에 대한 인식 조사 결과, 전체적으로 '아주 잘 알고 있다'가 111명 (63.1%), '약간 알고 있다'가 61명(34.7%)으로 비교적 높게 반응하였고 '거의 모른다.', '생각해 본적 없다' 가 각각 3명(1.7%), 1명(0.6%)으로 매우 낮게 응답한 결과로 보아 부모의 직업에 대하여 대체적으로 깊은 관심을 갖고 있음을 알 수

있다. 학년별로 살펴보면, '아주 잘 알고 있다'에서 6학년 학생 49명(65.3%)이 5학년 학생 62명(61.4%)보다 약간 높게 나타났으며, '약간 알고 있다'에서는 5학년 학생 38명(37.6%)이 6학년 학생 23명(30.7%)보다 높게 나타났다.

<표 5> 부모님의 직업과 하는 일에 대하여 얼마나 알고 있는가?

	가. 아주 잘 알고 있다.	나. 약간 알고 있다.	다. 거의 모른다.	라. 생각해 본 적이 없다.	전체
5학년	62(61.4%)	38(37.6%)	1(1.0%)	0(0%)	101
6학년	49(65.3%)	23(30.7%)	2(2.7%)	1(1.3%)	75
전체	111(63.1%)	61(34.7%)	3(1.7%)	1(0.6%)	176

<표 6> 미래 자신의 직업에 대하여 생각해 보았는가?

	가. 매우 중요하다	나. 약간 중요하다	다. 별로 중요하지 않다	라. 전혀 중요하지 않다	전체
5학년	46(45.5%)	35(34.7%)	15(14.9%)	5(4.9%)	101
6학년	30(40.0%)	26(34.7%)	11(14.7%)	8(10.7%)	75
전체	76(43.2%)	61(34.7%)	26(14.8%)	13(7.4%)	176

자신의 미래직업에 대하여 생각하는 시기 분석 결과, 전체적으로 '자주 생각한다'가 85명 (48.3%)로 가장 높게 나타났으며 다음으로 '가끔 생각한다'가 59명(33.5%)으로 나타나 연구 대상 학생들 대부분이 미래 자신의 직업에 대하여 생각하고 있다고 볼 수 있다. 자신의 직업을 생각하는 것에서 확대하여 학생들의 자신의 미래 직업을 설계하고 성취하기 위해 체계적인 노력을 한다면 미래사회에 매우 긍정적인 영향을 끼칠 것으로 보인다. 학년별로 살펴보면, '자주 생각 한다.' 및 '가끔 생각 한다.' 에서 5학년 학생 50명(49.5%)이 6학년 학생 35명(46.7%)보다 높게 나타났다. 또한 '생각해 본적 없다' 에서는 6학년 학생 5명(6.7%) 5학년 학생 3명(3.0%)보다 높게 나타났다.

<표 7> 미래에 어떤 직업을 가진 사람이 되고 싶다고 처음 생각한 때는 언제입니까?

	가. 초등학교 전	나. 초등학교 1~2학년	다. 초등학교 3~4학년	라. 초등학교 5~6학년	마. 생각해본 적이 없다.	전체
5학년	43(42.6%)	10(9.9%)	32(31.7%)	13(12.9%)	3(3.0%)	101
6학년	30(40.0%)	12(16.0%)	18(24.0%)	10(13.3%)	5(6.7%)	75
전체	73(41.5%)	22(12.5%)	50(28.4%)	23(13.1%)	8(4.5%)	176

위의 <표 7>을 보면 전체적으로 '초등학교 전(41.5%)', '초등학교 3~4학년 때 (28.4%)', '초등학교 5~6학년 때(13.1%)', '초등학교 1~2학년 때(12.5%)', '생각해 본 적이 없다(4.5%)' 순으로 나타나 대부분의 학생이 초등학교 들어오기 전에 자신의 미래 직업에 대하여 생각하고 있음을 알 수 있다.

학생들이 이른 시기에 자신의 직업에 대해 관심을 갖고 생각해 본다는 유의미한 결과를 도출한다. 학년별로 살펴보면, '초등학교 1~2학년 때'가 6학년 학생 12명(16%)이 5학년 학생 10명(9.9%)보다 높게 나타났다. 반면 '초등학교 3~4학년 때'는 5학년 학생 32명(31.7%)이 6학년 학생 18명(24%)보다 높게 나타났다. '초등학교 5~6학년 때'는 5학년 학생 13명(12.9%), 6학년 학생 10명(13.3%)으로 거의 비슷한 수치가 나타났다. '생각해 본 적이 없다' 는 5학년 학생 3명(3.0%)이 6학년 학생 5명(6.7%)보다 낮게 나타났다. 직업의 귀천 의식에 대하여서는, 전체적으로 '약간 그렇다 (42.0)'에 답한 학생들이 가장 많았으며, '정말 그렇다 (25)' 선지가 그 뒤를 따랐고 '전혀 그렇지 않다 (11.9)' 선지가 가장 적은 비율을 차지하였다.

이를 통해 다양한 많은 직업이 생기고 구시대의 좋은 직업이라고 인식했던 직업의 인기도 식고 있는 시대에도 초등학생들이 직업의 귀천의 식을 약간 가지고 있다는 것을 알 수 있다.

<표 8> 직업에는 좋고 나쁨이 있다고 생각하는가?

	가. 정말 그렇다	나. 약간 알고 있다.	다. 별로 그렇지 않다	라. 전혀 그렇지 않다	전체
5학년	25(24.6%)	42(41.6%)	24(23.8%)	10(9.9%)	101
6학년	19(25.3%)	32(42.7%)	13(17.3%)	11(14.7%)	75
전체	44(25.0%)	74(42.0%)	37(21.0%)	21(11.9%)	176

<표 9> 직업에는 주로 머리를 쓰는 정신노동과 몸을 써서 하는
육체노동직업이 있는데 어떤 직업을 원하는가?

	가. 정신노동	나. 육체노동	전체
5학년	73(72.3%)	28(27.7%)	101
6학년	40(53.3%)	35(46.7%)	75
전체	113(64.2%)	63(35.8%)	176

정신노동과 육체노동의 선호도를 보면, 5, 6학년 학생 모두 '정신노동'을 73명 (72.3%), 40명(53.3%)로 '육체노동'보다 훨씬 선호하는 것으로 나타났다. 육체노동의 선호 비율은 5학년 28명(27.7%), 6학년 35명(46.7%)로 6학년 학생들이 더 높게 나타났다. 이와 같은 결과는 <표8>에서 학생들이 직업의 귀천의식을 가지고 있다는 결과와 매우 부합하게 나왔으며, 학생들은 '육체노동' 직업에 대한 부정적인 인식을 갖고 있다. 이를 통해 초등학교 직업 교육에서는 직업의 귀천의식을 약화 시킬 수 있는 교육을 해야 한다고 본 연구자는 제시한다.

문항 8번에서 학생들이 '정신노동'을 선택한 이유는 전체적으로 가. '육체노동보다 편해서(46.9%)', 나. '많은 돈을 벌 수 있어서(31%)', 다. '남들의 시선 때문에 (8.8%)', 라. '승진의 기회가 많아서(13.3%)' 순서로 응답하였다.

<표 11> 육체노동을 선택한 이유는 무엇인가?

	가. 흥미	나. 소질	다. 능력과 적성	라. 운	마. 가정환경	전체
5학년	32(31.7%)	21(20.8%)	36(35.6%)	7(6.9%)	5(5.0%)	101
6학년	23(30.7%)	15(20.0%)	27(36.0%)	8(10.7%)	2(2.7%)	75
전체	55(31.3%)	36(20.5%)	63(35.8%)	15(8.5%)	7(4.0%)	176

직업 선택의 중요한 기준에 관한 조사 결과, 학생들은 직업을 선택할 때 다. '능력과 적성(35.8)'을 가장 중요하게 여긴다는 것을 알 수 있다. 그 뒤는 가. '흥미(31.3%)', 나. '소질(20.5%)', 라. '운(8.5%)', 마. '가정환경(4%)'이 따랐다. 가. 나. 다 선지가 상대적으로 응답 비율이 높았고 라, 마 선지가 상대적으로 응답 비율이 낮았다. 학생들이 운, 가정환경 등 외부적 요인보다 자신의 흥미, 소질, 능력과 적성 등 내부적 요인을 중시 한다는 점이 주목할 만하다.

<표 12> 직업을 선택할 때 가장 중요한 기준은 무엇인가?

	가. 직업을 쉽게 구할 수 있기 때문에	나. 직업을 쉽게 바꿀 수 있기 때문에	다. 특별한 기술이 필요 없기 때문에	라. 높은 학력이 필요 없기 때문에	전체
5학년	13(46.4%)	1(3.6%)	6(21.4%)	8(28.6%)	28
6학년	17(48.6%)	2(5.7%)	4(11.4%)	12(34.3%)	35
전체	30(47.6%)	3(4.8%)	10(15.9%)	20(31.7%)	63

<표 13> 대학을 졸업하지 않아도 좋은 직업을 선택할 수 있다고 생각하는가?

	가. 반드시 그렇다	나. 약간 그렇다	다. 별로 그렇지 않다	라. 전혀 그렇지 않다	전체
5학년	7(6.9%)	48(47.5%)	39(38.6%)	7(6.9%)	101
6학년	12(16.0%)	20(26.7%)	33(44%)	10(13.3%)	75
전체	19(10.8%)	68(38.6%)	72(40.9%)	17(9.7%)	176

직업을 선택할 때 대학 졸업의 필요 여부 인식을 살펴보면, '별로 그렇지 않다(40.9%)'가 가장 많은 비중을 차지하였으며 그 뒤는 '약간 그렇다(38.6%)'가 그 뒤를 따랐다. '전혀 그렇지 않다' 9.7%로 가장 적은 비중을 차지하였는데, 이는 대부분의 학생들이 좋은 직업을 선택하는데 대학을 졸업해야 한다고 생각한다는 것을 보여준다.

학년별로 보면, 5학년 학생들은 나. '약간 그렇다(47.5%)'가 가장 큰 비중을 차지하였고 6학년 학생들은 다. '별로 그렇지 않다(44%)'가 가장 큰 비중을 차지하였다. 5학년 학생들이 6학년 학생들보다 상대적으로 좋은 직업을 선택하는 데 있어 대학이 영향을 미친다고 생각하는 경향을 보인다. 이는 학교의 진로 교육이 미래 직업에 초점이 맞추어져 있지 않고 좋은 대학에 진학하는 데에 초점이 맞추어져 있다는 데에서 문제점을 찾을 수 있을 것이다.

<표 14> 직업을 선택할 때 어떤 직업에 기준을 두겠는가?

	가. 보수가 많은 직업	나. 소질에 맞는 직업	다. 인기가 많은 직업	라. 지위가 높은 직업	마. 타인을 돕는 직업	전체
5학년	15(14.9%)	50(49.5%)	8(7.9%)	7(6.9%)	21(20.8%)	101
6학년	11(14.7%)	32(42.7%)	9(12.0%)	8(10.7%)	15(20.0%)	75
전체	26(14.8%)	82(46.6%)	17(9.7%)	15(8.5%)	36(20.5%)	176

어떤 직업의 종류를 선호하는 지에 관하여서는'소질에 맞는 직업' 선지가 46.6%로 가장 높았고'타인을 돕는 직업','보수가 많은 직업','지위가 높은 직업','인기가 많은 직업'이 20.5%, 14.8%, 9.7%, 8.5%로 뒤를 따랐다. 학생들이 직업의 인기, 지위, 보수 보다 자신의 소질과 직업의 봉사 정신을 더욱 중요시 한다는 것을 보여준다. 이는 학생들의 꿈 실현이 사회에 기여한다는 것과 간접적으로 연결 된다.

<표 15> 성별에 따라 잘 할 수 있는 직업이 다르다고 생각하는가?

	가. 전혀 그렇지 않다	나. 별로 그렇지 않다	다. 대체로 그렇다	라. 매우 그렇다	전체
5학년	60(59.4%)	21(20.8%)	10(9.9%)	10(9.9%)	101
6학년	42(56.0%)	19(25.3%)	8(10.7%)	6(8.0%)	75
전체	102(58.0%)	40(22.7%)	18(10.2%)	16(9.1%)	176

직업의 성차별적인 인식을 보면 '전혀 그렇지 않다' 선지가 58%로 압도적으로 큰 비율을 차지하였다. 대다수의 학생들이 남녀의 성 역할에 따른 직업 구분 의식이 거의 없다는 것을 보여준다. 하지만 '매우 그렇다' 선지에 9.1% 의 응답률이 있는 것으로 보아 아직도 몇몇 학생들이 고정관념이 있다는 것을 보여준다. 선지에 응답한 학생들의 의견을 들어보니 남성이 더 잘 할 수 있는 남성 지배적 직업으로는 군인, 경찰, 축구선수를 말하였고 여성이 더 잘 할 수 있는 여성 지배적 직업으로는 간호사, 승무원, 유치원 선생님을 말하였다. 이는 초등 실과교과 '진로와 직업' 단원에서 카드를 통한 직업 교육을 할   때 남자 전용 직업카드, 여자 전용 직업카드를 가지고 남녀를 구분하여 활동하게 하는 등 성별에 구분을 두어 직업 교육을 한 것에서 비롯된 결과로 예상된다.

이에 대한 연장선으로 직업의 평등 분배 여부를 보면, 전체적으로 다. '대체로 그렇다(42.6%)', 라. '매우 그렇다(36.9%)', 나. '별로 그렇지 않다(11.9%)', 가. '전혀 그렇지 않다(8.5)' 순서로 큰 비율을 차지하였다. 이는 위 <표 15>에서의 결과와 상통한다. 학년 별로 살펴보면 5학년 학생들은 다. '대체로 그렇다' 선지의 응답 수가 가장 많았으며, 6학년 학생들은 라. '매우 그렇다' 선지의 응답 수가 가장 많았다.

<표 16> 남녀가 일자리를 공평하게 나누어 가진다고 생각하는가?

	가. 전혀 그렇지 않다	나. 별로 그렇지 않다	다. 대체로 그렇다	라. 매우 그렇다	전체
5학년	9(8.9%)	10(9.9%)	47(46.5%)	35(34.7%)	101
6학년	6(8.0%)	11(14.7%)	28(37.3%)	30(40.0%)	75
전체	15(8.5%)	21(11.9%)	75(42.6%)	65(36.9%)	176

다음 성별에 따른 승진의 기회에 관한 문항에서는, 나. 별로 그렇지 않다 문항의 응답 수가 가장 많다. 이는 위의 <표 15>에서의 '성별에 따라 잘 할 수 있는 직업이 다르다고 생각하는가?'라는 질문에 '전혀 그렇지않다'에 응답 비율이 가장 높고, <표 16>에서 '남녀가 일자리를 공평하게 나누어 가진다고 생각하는가?'라는 질문에는 '대체로 그렇다'에 응답 비율이 가장 높았는데 문항 16번에서는 남녀 간에 높은 자리에 오를 수 있는 기회가 별로 공평하지 않다고 생각하는 학생의 비율이 높다는 것에서 모순점이 발견된다. 문항 17번에서 장래에 갖기를 희망하는 직업을 있는 대로 자유롭게 쓰도록 하였는데 크게 56종의 직업이 나왔으며, 빈도수가 많은 순으로 10종의 직업을 선정한 결과 102명의 응답 결과를 분석하였으며 분석결과는 다음과 같다.

<표 17> 남녀 간에 높은 자리에 오를 수 있는 기회가 공평하다고 생각하는가?

	가. 전혀 그렇지 않다	나. 별로 그렇지 않다	다. 대체로 그렇다	라. 매우 그렇다	전체
5학년	19(18.8%)	29(28.7%)	28(27.7%)	25(24.8%)	101
6학년	17(22.7%)	29(38.7%)	16(21.4%)	13(17.3%)	75
전체	36(20.5%)	58(33%)	44(25%)	38(21.6%)	176

<표 18> 문항 17. 초등학생들의 직업 선호도

직업명	응답 수	비율(%)	순위
운동선수	23	22.5	1
의사	21	20.6	2
요리사	14	13.7	3
선생님	11	10.8	4
과학자	9	8.8	5
제빵사	7	6.9	6
크리에이터	6	5.9	7
경찰	6	5.9	8
화가	3	2.9	9
공무원	2	2.0	10
계	102	100	

운동선수, 의사, 요리사, 선생님, 과학자, 제빵사, 크리에이터, 경찰, 화가, 공무원 순으로 학생들이 직업을 높게 선호 하였다. 운동선수, 의사, 선생님, 과학자, 경찰 같은 과거 학생들의 선호도가 높은 직업(고택권, 2000)은 여전히 학생들 사이에서 선호도가 높은 것이 확인된다. 최근 학생들의 선호도가 높은 직업으로는 크리에이터가 있는데 크리에이터는 스마트폰의 보급으로 인해 학생들이 유튜브에 직접적으로 노출되어 많은 영상을 접하고 이 직업을 선망하게 된 것으로 보인다.

결론은 연구의 시사점과 의의를 분석하여 작성한다. 연구결과를 요약하고, 시사점과 의의에 대한 분석 그리고 한계점 및 후속 연구 방안을 제안하다.

연구결과, 시사점 및 의의, 후속 연구 방향의 순서로 작성한다. 본론의 결과와 표현 방식에 다른 연구 전체에 대한 연구자의 해석과 의견도 반영한다. 분량은 한 쪽 정도로 작성한다.

 결론 작성 Tip

· 제기한 연구문제와 연구절차, 성과 등을 요약 정리하여 논점을 잃지 않고 명확하게 연구 논의를 펼치기
· 논의는 연구의 가치를 강조하며 시사점과 의의를 제시함. 특별히 연구문제의 연구결과 에서 드러난 사실을 기반으로 논의하기
· 연구 설계와 범위가 가진 한계점을 구체적으로 명시해주기
· 연구의 한계점을 보완할 수 있는 새로운 후속 연구에 대한 연구 방향을 제안하기

✔체크리스트

· 연구 전체를 간략하게 요약하여 제시하였나?
· 연구결과 도출 및 결론이 합리적이고 논리적인가?
· 결론이 분명하게 진술되어 있는가?
· 결론 도출 시 연구의 제한점이 적절하게 고려되었나?

V. 논의 및 결론

본 연구의 목적은 초등학생의 직업 인식 실태를 조사하고 초등진로교육의 개선 방향을 제시하는 데 목적이 있다. 본 연구의 결과를 통하여 다음과 같은 결론을 얻었다. 첫째, 초등학생들은 직업의 필요성에 대해서는 대부분의 학생들이 긍정적으로 인식하고 있으며, 80.1%의 학생이 직업이 꼭 필요하다고 생각하고 있다. 둘째, 직업의 귀천 의식에 대해서는 67%의 학생들이 직업의 좋고 나쁨이 있다고 답하였고 이와 상통하게 64.2%의 학생들이 육체노동보다 정신노동을 육체노동보다 편해서, 많은 돈을 벌 수 있어서 등의 이유로 선호하였다. 그러나 직업을 선택할 때 이와 같은 이유로 막연하게 정신노동 직업을 선호하는 것은 취업이 어려운 우리 사회의 부정적인 일면이 반영되어 있다고 생각된다. 따라서 올바른 직업세계관의 설립을 위한 직업교육이 강화되어야 한다. 셋째, 성별에 따라 잘 할 수 있는 직업이 전혀 다르지 않다고 58%의 학생이 대답하였다. 그러나 남녀 간에 높은 자리에 오를 수 있는 기회가 별로 공평하지 않다고 33%의 학생들이 답하였다는 것에서 위의 결과와 모순을 이루고 있다. 넷째, 초등학생들이 희망하는 직업은 전체적으로 운동선수, 의사, 요리사, 선생님, 과학자, 제빵사, 크리에이터, 경찰, 화가, 공무원 순으로 나타났다.

크리에이터, 공무원 같은 직업이 나타난 것으로 보아 정보의 홍수가 일어나고 취업난으로 인한 안정적인 직업을 선호하는 시대적 특성을 반영되었다고 생각된다. 초등학생들의 직업 인식 실태를 바탕으로 본 연구자는 진로 교육 교과서 개발 및 정규 교육과정 편성하고 초등학교에 진로 전담교사를 배치하여야 한다고 제안한다.

본 연구자는 먼저 진로교육 교과서를 개발하고 정규 교육과정 편성을 제안한다, '진로와 직업' 교과서로 진로, 직업 교육을 하는 중고등학교와 달리 초등학교는 진로, 직업 교육에 특화된 교과서가 없고 5, 6학년들만 배우는 실과 교과서의 작은 부분에만 진로, 직업 교육을 할 수 있는실정이다. 뿐만 아니라 초등학교 실과 교과서는 각종 체험 활동과 진로와 직업 단원으로 구성되어 있는데 대부분의 교사들은 음식 만들기, 방석 만들기 같은 아이들이 흥미로워 하는 활동을 중심으로 실과 수업을 꾸려나간다. 이와 같은 교육이 지속되면 아이들은 자신의 진로를 고민할 때 한정된 범위 내에서만 생각하게 되고 자연스럽게 직업의 편견이 생기고 귀천의식을 갖게 될 것이다. 또한 각종 매체에서 다양한 직업의 종류를 접한 학생들은 교사가 제공한 직업정보를 신뢰 할 수 없게 될 수도 있다.

초등학생들의 직업에 관한 관심이 증가하고, 자신의 장래희망을 고민하는 시기가 더 빨라짐에 따라 학생들에게 다양한 진로, 직업정보를 제공해 주어야 하고 올바른 직업관을 형성할 수 있도록 교육해야 할 것이다. 따라서 초등학교에서도 진로, 직업 교육교과서를 개발하여 정규 교육과정에 편성하는 것이 바람직할 것으로 보인다.

둘째, 초등학교 진로 전담교사 배치를 제안한다. 진로교육법 제 9조와 진로교육법 시행령 제 5조에 의해 중, 고등학교뿐만 아니라 초등학교에도 진로교육을 전담하는 진로 전담교사가 배치되게 되었다. 진로교육법 제 10조의 초등학생을 대상으로 한 진로 심리검사가 초등학교에서도 실행될 수 있도록 하였고, 진로교육법 제 11조에서는 학생들을 위한 진로, 직업 상담이 초등학생에게도 제공되어야 한다고 하였고, 제 13조에 의해 진로교육 집중 학기제를 초등학교에서도 운영할 수 있는 것들이 담임교사를 중심으로 진행되었던 초등학교 진로교육의 범위를 넘어서게 되었다. 중학교의 '자유 학기제'의 효과적인 적용을 위해 초등학교에서 '자유학기제 대비' 라는 새로운 진로, 직업 교육의 개념이 제시될 필요성이 있다. 이와 더불어서 초중고 진로교육의 연계성 증가를 위해서도 현재 보직교사를 중심으로 하는 초등 진로교육을 넘어 진로교육을 전문으로 하는 진로 전담교사의 배치가 논의되어야 한다고 제안한다. 앞서 제시한 바와 같이 학교 진로교육은 중, 고등학교를 중심으로 전개되고 있다. 진로, 직업 교육을 전담하는 시도교육청 이외에 대전과 부산 교육청에서는 중등교육과가 진로교육업무를 전적으로 담당하고 있고, 초등교육과가 진로교육업무를 담당하는 교육청은 한 곳도 없다. 그만큼 진로, 직업 교육이 초등학교에는 매우 적은 비중을 차지하고 중, 고등학교를 중심으로 시행되어 왔다는 것이 보여 진다. 학교 진로교육이 초중고에서 적정한 비율로 이루어 질 수 있도록 진로교육에 대한 교육자들의 관점의 전환이 있어야 한다고 본 연구자는 제안한다.

하지만 본 연구는 광주 소재의 초등학교 5, 6학년 학생 176명만을 연구 대상으로 설정했다는 점에서 연구 결과의 전국적 확대 해석과 초등학교 전 학년에 일반화시키기에는 한계가 있다고 볼 수 있으며, 후행 연구를 통해 이를 보완하도록 할 것이다.

4) 참고문헌 작성하기

연구 보고서 작성을 위하여 참고한 문헌을 일정한 순서대로 정리하여 제시한다.

참고문헌 기재방식

단행본	저자명(출판연도). 도서 제목. 출판사.
학위논문	저자명(출판연도). 논문 제목. 학위논문. 학위 수여기관
학술지	저자명(출판연도). 논문 제목. 학회 이름, 권(호), 수록페이지
신문	기자명(발행 연. 월. 일). 기사 제목. 신문사명, 페이지.
인터넷 자료	웹 사이트명(작성연도). 자료 제목. [검색날짜].<사이트 주소>

예시

참고 문헌

고택권(2000). 초등학생 직업선호도에 관한 연구. 전남대학교 교육대학원 석사학위논문.

교육과학기술부(2012). 학교 진로교육 목표와 성취기준. 교육과학기술부

김나라·방재현·정진철(2012). 진로진학상담교사가 인식한 학교 진로교육 실태와 요구. 진로교육연구, 25(2), 183-201.

김종운(2014). 직업체험이 초등학교 학생들의 진로발달, 학습동기, 창의성 및 사회성에 미치는 효과. 진로교육연수, 25(3), 1-17.

박행모(2013). 초등학교 교사의 진로교육에 대한 의식 분석. 한국실과교육학회지, 26(4), 187-197.

배서윤·김현진(2016). 진로탐색 집단교육 프로그램이 초등학교 고학년 학생의 진로인식과 자아존중감에 미치는 효과. 한국청소년연구, 27(4), 59-85.

이종범 외 7인(2005). 직업체험이 초등학교 학생들의 진로발달, 학습동기, 창의성 및 사회성에 미치는 효과, 진로교육연구 25(3), 1-17.

정철영(2011). 초등학교 진로교육의 새로운 패러다임. 한국실과교육연구학회,17(4), 1-30.

정철영 외 6인(2015). 우리나라 진로교육 현황 및 발전 방향 연구. 진로교육연구, 28(3), 155-171.

최승복(2014). 초등학교 진로교육의 현황과 과제. 2014년 한국실과교육학회 동계학술대회, 1-14.

윤현종(2016, 1월). '직업의 종말' 선언한 테크부호 5인, 그들이 만들 일자리는 몇 개?. 슈퍼리치섹션

5) 부록 작성하기

설문 조사 및 인터뷰 항목을 첨부한다.

설문 조사 및 인터뷰가 진행되었을 경우만 첨부하도록 한다.

예시

직업 세계 인식 조사

1) 사람이 살아가는데 직업이 필요한가? (해당 문항에 ☒표 해주세요~)

가. 꼭 필요하다.

나. 약간 필요하다.

다. 별로 필요 없다.

라. 전혀 필요 없다.

2) 사람들이 직업을 가지는 중요한 이유는 무엇인가?

가. 생계를 유지할 수 있기 때문에

나. 돈을 많이 벌 수 있기 때문에

다. 지위나 명예를 얻을 수 있기 때문에

라. 취미와 소질을 살릴 수 있기 때문에

마. 봉사하고 보람을 찾을 수 있기 때문에

3) 학교에서의 성적이 직업을 얻는데 중요한가?

가. 매우 중요하다.

나. 약간 중요하다.

다. 별로 중요하지 않다.

라. 전혀 중요하지 않다.

4) 부모님의 직업과 하는 일에 대하여 얼마나 알고 있는가?

가. 아주 잘 알고 있다.

나. 약간 알고 있다.

다. 거의 모른다.

라. 생각해 본 적이 없다.

5) 미래 자신의 직업에 대하여 생각해 보았는가?

가. 자주 생각한다.

나. 가끔 생각한다.

다. 어쩌다 한 번 생각한다.

라. 생각해 본 적이 없다.

6) 미래에 어떤 직업을 가진 사람이 되고 싶다고 처음 생각한 때는 언제인가?

가. 초등학교 들어오기 전.

나. 초등학교 1~2학년 때.

다. 초등학교 3~4학년 때.

라. 초등학교 5~6학년 때.

마. 생각해 본 적이 없다.

7) 직업에는 좋고 나쁨이 있다고 생각하는가?

가. 정말 그렇다.

나. 약간 그렇다.

다. 별로 그렇지 않다.

라. 전혀 그렇지 않다.

8) 직업에는 주로 머리를 써서 하는 정신노동 직업과 몸(노동)을 써서 하는 육체
노동직업이 있는데 어떤 직업을 원하는가?

가. 정신노동

나. 육체노동

9) 정신노동 직업을 선택한 이유는 무엇인가?

(8번에서 가. 정신노동을 선택한 학생들만)

가. 육체노동에 비하여 편하기 때문에

나. 돈을 많이 받을 수 있기 때문에

다. 남들이 육체노동보다 좋게 생각하기 때문에

라. 승진의 기회가 많기 때문에

10) 육체노동 직업을 선택한 이유는 무엇인가?

   (8번에서 나. 육체노동을 선택한 학생들만)

가. 직업을 쉽게 구할 수 있기 때문에

나. 직업을 쉽게 바꿀 수 있기 때문에

다. 특별한 기술이 필요 없기 때문에

라. 높은 학력이 필요 없기 때문에

11) 직업을 선택할 때 가장 중요한 기준은 무엇인가?

가. 흥미

나. 소질

다. 능력과 적성

라. 운

마. 자신의 가정환경

12) 대학을 졸업하지 않아도 좋은 직업을 선택할 수 있다고 생각하는가?

가. 반드시 그렇다.

나. 약간 그렇다.

다. 별로 그렇지 않다.

라. 전혀 그렇지 않다.

13) 직업을 선택할 때 어떤 직업에 기준을 두겠는가?

가. 보수(돈)가 많은 직업

나. 소질에 맞는 직업

다. 많은 사람에게 인기가 있는 직업

라. 사회적으로 지위가 높고 권력이 많은 직업

마. 다른 사람을 도울 수 있는 직업

14) 성별에 따라 잘 할 수 있는 직업이 다르다고 생각하는가?

가. 전혀 그렇지 않다.

나. 별로 그렇지 않다.

다. 대체로 그렇다.

라. 매우 그렇다.

15) 남녀가 일자리를 공평하게 나누어 가진다고 생각하는가?

가. 전혀 그렇지 않다.

나. 별로 그렇지 않다.

다. 대체로 그렇다.

라. 매우 그렇다.

16) 남녀 간에 높은 자리에 오를 수 있는 기회가 공평하다고 생각하는가?

가. 전혀 그렇지 않다.

나. 별로 그렇지 않다.

다. 대체로 그렇다.

라. 매우 그렇다

17) 자신이 미래에 갖기를 희망하는 직업을 3가지 적어주세요~

(더 있으면 더 적어도 돼요^^)

감사합니다

단원을 마치며

대입 공정성 강화 방안에 따라 대입 서류 항목과 분량이 줄었다. 2025학년도 대입에서 영재교육 실적, 자율동아리, 개인 봉사 활동, 수상 경력, 독서 활동은 반영되지 않는다. 2024학년도부터 자기소개서 또한 폐지된다.

학생은 성적 이외에 자신의 역량을 보여줄 수 있는 방법과 기회가 줄어든 것이다. 이를 해결할 수 있는 방법은 탐구 활동이라고 할 수 있다. 수업에서 호기심 해결이나 심화된 내용의 조사, 수행평가 등을 활용해 자료를 조사하고 주제에 따른 주제탐구를 통해 학생의 탐구역량과 학업역량 및 전공에 대한 관심을 드러낼 수 있는 유익한 활동이 된다.

학생부 종합전형으로 선발하고 싶은 학생은 어떤 학생일까?
대학의 입장에서 생각해보자.
대학 입학 후 성실히 학업을 이어갈 학생일 것이다. 그리고 대학을 졸업한 후 대학을 빛내줄 학생이다. 지적 활력과 활동력이 있는 학생, 자기 주도적 학습 태도가 잘 갖춰진 학생, 미래환경에 적합한 학생, 창의적 도전정신과 협업능력을 갖춘 학생이다. 이러한 인재를 창의 융합형 인재라고 한다. 이러한 인재는 어떤 특징을 지닐까?

학교생활을 충실히 한 학생이라고 대학은 말한다.

학생부 종합전형에서 평가 요소를 살펴보면 학업역량, 진로역량, 공동체 역량이 된다. 학업역량이라고 하면 일반적으로 교과성적만 생각하는 학생들이 있다. 교과 성적만으로 학업역량을 평가하는 자료가 아니다. 학업역량을 평가할 때 교과 성취도 뿐만 아니라 학업태도, 탐구력을 평가한다.

우리는 가끔 듣는다. '내신 4등급 학생이 수도권 K대에 합격했다 하더라....'
대학에서 학생의 학업역량을 평가할 때 학업 성취도에서 다른 친구에 비해 부족할 수 있다. 하지만 이 친구에게는 부족한 학업 성취도를 보완할 만한 학업 의지나, 또는 탐구력을 학생부에서 충분히 보여줬다고 할 수 있다.
깊이 있는 탐구 활동을 하고 싶다면 진로선택과목인 <수학 과제탐구>, <사회문제탐구>, <융합과학탐구>, <과학과제연구>, <사회과제연구> 과목을 선택해보자.

학교생활기록부는 학생 개개인의 특성과 역량을 보여주는 서류이다.
창의적 체험활동과 세부능력 및 특기 사항에 주제탐구를 통해 나만의 학교생활기록부를 만들어 가보자.

학생이 한 활동에는 의미 없는 활동이 없다. 그 활동에 의미를 부여하고 역량을 보여주도록 해보자. 한 번의 탐구 활동을 이벤트라고 한다면, 후속을 통한 탐구 활동은 성장으로 이어질 것이다.

나의 학생부에서 나의 역량이 잘 보여질 수 있도록 스스로 노력해보자.

5.

합격 세부능력 및
특기사항과 자기소개서

합격 세부능력 및 특기사항과 자기소개서

계열별 세부능력 및 특기사항 안내

학생은 학교에서 다양한 활동을 한다. 이러한 다양한 활동을 기록한 것이 생활기록부이다. 생활기록부는 학생의 종합적인 모습을 볼 수 있는 소중한 자료이다. 이에 따라 대학에서도 학생부 종합 전형에서는 생활기록부를 통해 학생을 바라보고 평가한다.

많은 사람이 생활기록부에 교과 성적이 매우 중요하다고 말을 한다. 틀린 말은 아니지만, 이를 잘못 해석하여 교과 성적만 중요하다고 생각하는 사람이 있다. 이는 잘못된 것이다. 생활기록부는 적게는 15명에서 많게는 40명 이상의 고등학교 선생님들이 학생을 글로 평가한 귀중한 서류이다. 학생의 교과에 대한 이해, 진로에 관한 관심, 인성 등을 각 교과 선생님과 담임선생님이 학교생활기록부에 작성한다. 이러한 글을 생활기록부에서는 세부능력 및 특기사항, 창의적 체험활동, 행동특성 및 종합의견이라고 한다.

중요도가 계속 높아지는 현실에 학생이나 학부모는 어떠한 생활기록부 기록이 중요한지 궁금하고, 고등학교 선생님도 우수한 생활기록부는 무엇이며 어떤 방향으로 생활기록부에 글을 써야 할지 고민을 많이 하는 상황이다. 이에 따라 해당 단원은 생활기록부를 분석하는 방법과 기재 방향에 대한 도움을 주고자 가상의 학생 생활기록부를 제공한다.

제공할 생활기록부는 교과 성적보다는 생활기록부의 기록을 위주로 내용을 담았다. 해당 내용을 통하여 우수한 생활기록부는 어떤 것인지 살펴보길 바란다. 내용 순서는 생활기록부 순서를 적용하였으며, 구성은 아래 예시와 같다.

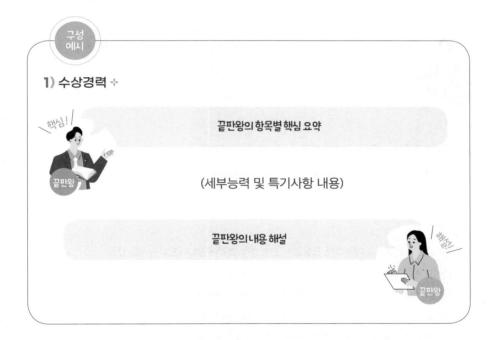

요약부터 내용, 해설까지 모두 작성하였으니 많이 배우고, 얻어 가길 바란다.

단, 기록에서 '꿈구두'라는 칭호는 출판사의 칭호이기 때문에 작성하였을 뿐, 원래 생활기록부에는 기업명을 사용할 수 없음을 감안하고 보기 바란다.

가. 수학교육과 세부능력 및 특기사항

학생의 진로희망은 수학교사이며, 수학교육과를 준비한 생활기록부를 만들어 보았다.

1) 수상경력 ⁂

수상경력에서는 학생의 관심사와 해왔던 노력의 결실을 확인할 수 있다. 2023학년도 대입에서 학기당 수상 1개 제공을 끝으로 이후 대입에서는 상급학교에 수상경력을 제공하지 않는다. 즉, 2024학년도 대입부터는 대학에서 학생의 수상 경력을 볼 수 없다. 이에 따라 학교에서 주최하는 대회 참가가 의미 없다고 생각할 수 있다.

하지만 **생활기록부가 대입만을 위한 기록물이 아니며, 수상을 위해 학생이 노력하여 발전하는 것은 교육적인 면에서 매우 긍정적**이다. 또한 대회 형식이 아니라 학교 행사 형식으로 진행해 볼 수 있기에 수상에 관한 내용을 정리하였다.

1학년 ◎ 수리도서탐구대회 (최우수상)/ 표창장(모범상)
2학년 ◎ 과학토론대회(최우수상) / 수학주제탐구대회(최우수상)
3학년 ◎ 표창장(봉사상)

정리!

수상은 수리와 과학 대회 수상, 표창장이 있다. 수학, 과학에 강점이 있다는 것을 강조하려는 학생임을 알 수 있다. 해당 수상과 관련된 내용도 자기소개서와 연계하여 작성하였다. 수학 및 과학교육과 등에 입학하고 싶은 학생이라면 **수학과 과학 관련 대회에 도전해보길 추천**하며, 어문 및 사회교육과 등에 관심 있는 학생들이라면 언어 및 사회 영역과 연계된 대회에 도전해보길 바란다.

표창장은 모든 계열에서 받는 것을 추천한다. 더 나아가 **교육 계열에서는 표창장에 좀 더 의미를 부여**할 수 있다. 교대와 사범대는 학생을 교육하는 교사를 양성하는 곳이다. 인성 평가에 중요도가 높기 때문에 표창장을 받길 추천하며, 학생은 스스로 왜 받게 되었는지 이유를 정리해 보면 좋을 것 같다.

2) 자율 활동 ✧

자율활동은 학교에서 자치, 적응, 학교 특색활동에 학생이 참여한 모습을 기록하는 곳이다. 학교에서 주도하여 시작하기 때문에 학생의 자기주도성이 다른 영역에 비해 적게 드러날 수 있다. 하지만 각 활동에서도 **뚜렷하게 보이는 기록**이 어떻게 되어야 할지 아래내용을 참고하길 바란다.

1학년 ◉ 자기주도학습반에 참여하여 스스로 설정한 목표(수학과목 오답 노트 작성하기)를 성공적으로 달성함. 전날 배운 수학 과목의 복습 및 각종 문제 풀이를 영역별, 단원별 오답노트를 만들어 체계적으로 작성 후 관리함. 목표 달성 기간 동안 다양한 방법으로 자신의 목표를 달성하고자 하는 노력의 흔적이 결과보고서에 나타나 있었으며, 그 과정에서 스스로 당면한 문제점을 슬기롭게 해결하는 능력을 키울 수 있었음. 위 과정을 통해 자신이 설정한 목표에 대한 실천 의지와 자신감을 갖게 되었으며 자기관리역량을 키우고 효율적인 시간 관리 방법에 대해 알게 됨.
신뢰 서클 나눔에 참여하여 학교생활 돌아보기, 비폭력 대화수업 분위기 조성 및 친밀감 형성 공동체 놀이 등을 참여하여, 학급의 문제점을 객관적으로 바라볼 수 있게 되었음.
수학페스티벌 행사에 수학 교구 설명 도우미로 참여하여 자신이 담당한 교구의 수학적 개념과 교구 사용법을 알기 쉽게 설명해 주어 친구들이 수학적 원리를 이해하면서 흥미 있게 교구를 체험할 수 있도록 도움을 줌.
성폭력예방교육을 통해 스스로 일상생활에서의 성폭력 사고 발생의 잠재적 가능성을 인식함.

2학년 ◉ 학급자치회장으로 리더십과 책임감을 가지고 학급을 위해 학급자치 부회장과 더불어 학급에 기여함. 담임교사와 학급 친구들 사이의 가교 역할을 하며 상호 존중하는 학급 문화를 형성하였으며, 민주적 의사 공동체로서의 학급을 만드는 데 공헌함.
장애학생인권교육을 통해 장애인들도 혼자서 충분히 할 수 있고, 조금은 힘든

점들을 가지고서도 열심히 살아가는 우리보다 더 대단한 사람들인데, 도움이 필요한 사람이라고 생각하고 있었던 게 부끄럽다고 느낌. 나중에 선생님이 되어 혹시나 장애가 있는 학생을 가르치거나 할 때 아주 큰 도움이 될 것 같다는 소감을 남김.

독서릴레이를 완주함. 수학과 교육 분야에 대한 관심을 바탕으로 관련 독후활동을 통해 수학을 재미있게 가르치는 방법을 모색하고, 책에 등장하는 수학자들의 모습을 통해 어떤 교사가 될 것인지 고민하는 모습을 보여줌.

또래멘토링에 수학 멘토로 참여하여 급우의 수학 학습을 돕고, 학습 계획의 필요성과 기본기의 중요성을 알게 되었으며 멘티가 설명하게 하는 방식을 고안함.

3학년 ◎ 학급자치회장으로서 책임감이 뛰어남. 학급 프로젝트에 참여하여 '미래 교육과 나의 모습'이라는 주제 하에 기획안을 작성함. 코로나 시기에 원격수업을 경험하며 느낀 점과 원격수업 관련 기사 및 인터뷰 형식을 통해 원격수업의 문제점 및 개선점을 찾아보는 학급활동을 기획하며 본인의 진로를 심도 있게 고민해 봄.

자기주도학습 프로젝트에 자발적으로 참여하여 매일 계획성 있게 공부하며 복습 습관을 갖게 되었고, 궁금한 내용을 교과 선생님께 질문하기 등의 생활 태도의 긍정적인 변화가 있었으며, 학업에 자신감을 보임. 특히 도전적인 자세로 생활에 임하는 자세가 돋보임. 수업시간에 배운 여러 교과의 중요 내용을 문제로 만들어 칠판에 게시하여 친구들이 학습하는 데 도움을 줌.

또래멘토링 활동에 자발적으로 참여하여 가르치며 배운다는 것을 느끼며 멘티와 함께 더불어 성장함에 행복해하는 모습을 보임.

'우리가 만드는 차별 없는 세상' 수업에서 관련 영상을 시청하며 이모티콘이 피부색에 따라 여러가지로 나뉘는 부분이 인상 깊었고 더 나은 대한민국을 위해 서로의 다름을 인정하고 수용하며 존중하는 배려의 태도가 필요하며 본인도 이런 사회를 만들기 위해 노력해야겠다는 소감문을 작성함.

　　자율활동 기록을 정리하면 **학급 자치 위원, 인성 교육, 수학 연계 활동, 교육 관련 활동**으로 구분해 볼 수 있다.

　　학급 자치 위원으로 학급자치 회장을 2년간 지내면서 학급 활동이 원활하게 진행될 수 있도록 주도하는 모습을 확인할 수 있다. 코로나로 인한 팬데믹 상황에서 학급 회장이 할 수 있는 역할을 해내고, 이를 관찰하여 작성된 특기사항이다.

　　성폭력예방, 장애학생 인권교육 학교에는 **인성 교육**이 창의적 체험과정 내에 포함되어있다. 이때 교대 및 사범대학교를 희망하는 학생들은 해당 교육을 통하여 느낀 점을 잘 기록해 놓을 필요가 있겠고, 교사는 학생의 발표 및 자기평가서 등을 통해 이를 확인하면 좋겠다. 또한 학생들은 인성 교육에 이어 확장되는 활동을 디자인해보길 바란다.

　　수학 연계 활동으로는 수학 페스티벌 행사 도우미 참여, 독서 릴레이가 있다. 학교 내에서 이루어지는 행사 및 활동 중에 수학과 관련된 활동에 적극적으로 참여했음을 알 수 있다. 독서 릴레이는 수학뿐만 아니라 다른 교과와도 충분히 연결될 수 있는 행사인 만큼 이를 다른 전공과목에서도 활용해 보길 추천한다.

　　교육 관련 활동으로는 2년간 또래 멘토링, 자기학습반, 3학년 학급 프로젝트 등을 꾸준히 했음을 확인할 수 있다. 학생이 어떻게 공부했는지 확인할 수 있는 활동으로 특히, 3학년 특기사항에서는 **예비교사**로서 어떠한 교사가 되고 싶은지 등을 확인할 수 있는 내용이 기재되어 있다.

　　자율 특기사항에서는 학교뿐 아니라 학급에서 학생 개개인에 맞추어 활동을 기획하여 실천해볼 수 있다. 위에 제시한 활동 및 특기사항을 참고해 **기재 방향에 대한 다양한 고민**을 해보길 바란다.

3) 동아리 활동 ✛

동아리 활동은 학교 내에서 **자신의 관심사**를 가장 높게 드러낼 수 있는 부분이다. 따라서 대학에서도 학생이 어떤 동아리를 했는지 관심이 많다.

1학년 🖊 **(중등티쳐벨1)** 교육 분야의 꿈을 키우며 동아리의 모든 활동에 적극적으로 성실하게 참여함. 교육봉사 경험 나누기 활동에서 중학생에게 수학을 가르치는 멘토링 활동을 하며 수업 전 준비를 철저히 하고 최대한 멘티의 입장을 고려하며 학업, 진로 상담을 하는 과정이 의미 있었다고 이야기함. 교육관련 독서 활동 시 '공부는 내 인생에 대한 예의다(이형진)'를 읽고 자신과 작가의 공통점에 주목하며 고난을 극복하며 얻어내는 성취감을 통해 자신도 목표를 달성하고 싶다는 소감을 밝힘. 교육관련 영화를 감상한 후 주인공의 성장 사례를 통해 자신이 생각하는 교사상에 관해 생각해보는 계기가 되었다는 소감문을 작성함. 교내 동아리 발표 행사에서 타로상담 부스를 맡아 타로카드로 학생들이 고민하는 부분에 관해 상담을 해주는 과정에서 타로카드 해석은 물론 고민에 관해 진지한 조언을 아끼지 않아 방문하는 학생들의 만족을 얻음. 마지막까지 남아 부스 활동 뒷정리를 하는 모습에서 학생의 성실함과 책임감을 확인함.

2학년 🖊 **(중등티쳐벨2)** 수학교육에 관심이 많고 창의적인 아이디어로 동아리 활동에 크게 기여한 학생임. 교육 주제 발표 활동에서 수학 과목의 교육과정을 주제로 체계적인 발표를 진행함. 간단한 퀴즈로 수학에 대한 생각을 물어보고 수학 학습에 대한 동기부여를 한 후 고등수학에 관한 내용으로 전환함. 수학과 교육과정에 대한 깊은 이해를 바탕으로 수학 학습에 대한 로드맵을 그릴 수 있도록 단원별 내용과 위계를 이해하기 쉽게 설명함. 전공도서 '신 교육학개론(이정원 외)'을 발췌독하고 교육의 정의, 교육학적 관계를 중심으로 내용을 요약한 후 관련 내용을 추가 검색함. 교육봉사 경험 공유 활동에서 중학생에게 수학과 영어를 가르친 이야기를 공유함. 처음엔 무기력한 학습태도를 보이던 학생이 맞춤형 수업과 친밀한 관계 형성을 위한 노력으로 점차 학습의

욕을 보이고 학습능력이 향상되어 보람을 느꼈다는 소감을 나눔. 교육 이슈 토론 활동에서 '학생부 종합전형은 축소되어야 한다'라는 주제로 토론함. 세다 토론 방식을 숙지하고 반대측 1번 토론자 역할을 맡아 적극적으로 토론에 임함. 팀원과 협력하여 입론서를 작성하고 실전 토론에서 교차조사, 반론 시 논리적으로 자신의 주장을 잘 전개함.

3학년 ● **(중등티쳐벨3)** 동아리 부반장으로서 동아리 조직에서부터 계획 수립 및 모든 활동의 진행까지 적극적인 리더십을 보여줌. 수학에 대한 흥미가 높고 수학적 의사소통을 즐기므로 다양한 형태의 수학 문제를 나누고 토론하는 활동을 주체적으로 이끎. 특히 수학 넌센스 퀴즈, 스도쿠 풀기, 수학 관련 영화에 등장하는 수학 문제 풀기 등을 제안하여 수학에 친구들이 보다 친숙하게 수학을 접하면서 재미를 느낄 수 있도록 활동을 계획한 점이 돋보임. 관심 있는 교과목 책 읽기 활동에서 '수학의 확실성(모리스 클라인 저)'을 선정해 읽은 후 2학년 수학 II 교과 시간에 배운 페아노 공리계의 정리를 좀 더 깊이 있게 공부할 수 있었다는 내용으로 자기평가서를 작성함. 미적분에서 정적분과 급수와의 관계를 배우면서 교육과정의 변화에 따라 달라진 정적분의 정의에 대해 흥미를 갖고 연구함. 함수의 연속성, 도함수의 활용에 대한 문제를 선택하여 자신의 해법을 친구들에게 소개함. 변수에 따라 그래프를 추측하는 것에 어려움을 겪은 경험을 친구들과 공유하며 수학적 사고력이 돋보임.

정리!

학생은 **3년간 교육 관련 동아리**를 하였다.

1학년 동아리 활동에서는 교육봉사 나누기 활동, 독서 활동, 영화 감상 활동, 타로 상담 등을 통해 **미래 교육자를 꿈꾸는 학생**이 동아리에서 경험한 내용을 특기사항으로 작성하였다. 특히, 교육봉사 경험 나누거나 활동지를 같이 제작해 본 것은 유의미한 활동으로 볼 수 있다.

2학년 동아리에서는 수학 과목과 관련된 내용이 언급되어 있다. **수학 교육과정에 대해 공부한 것은 매우 의미 있는 특기사항**이라고 할 수 있을 것 같다. 특히 교육과정 분석을 통해 해당 과목 학습 증진 효과도 가져올 수 있었는데 앞으로 사범대를 지원하는 학생들은 희망하는 과목의 교육과정을 분석해보고 자신의 것으로 습득해나가길 바란다.

3학년 동아리에서는 친구들에게 **수학의 재미와 더불어 교과 지식을 알려주려고 시도**해보는 학생의 모습을 볼 수 있다. 이를 고려한다면 각 중등 교과별 학생을 모아서 관심 교과를 동아리원과 나누고 시도해보는 활동을 추천한다. 또한, 각 과목을 왜 좋아하게 되었는지 자신이 가장 흥미로운 교과 부분이 어디인지 발표하는 활동을 통해 학생의 진정성을 드러낼 수 있으므로 꼭 해보길 바란다.

4) 봉사 활동 ✦

핵심!

끝판왕

봉사 활동의 특기사항은 기본적으로 작성하지 않는다. 또한 2024 대입부터는 학생이 외부에서 한 개인 봉사 활동은 상급학교에 제공하지 않는다. 따라서 학교 계획에 따른 알찬 봉사 활동이 중요하다. 그리고 오해하면 안 되는 부분이 어떤 봉사 활동이 해당 학과에 가장 적합한 봉사 활동인지 질문이 많은데 그런 봉사 활동은 있을 수 없다. 학생이 하는 **모든 봉사 활동이 다 의미가 있다는 점**을 꼭 유념하고 내용을 참고하길 바란다.

1학년 🗨 교내 환경정화활동 3시간

급식 배식 및 정리 도우미 10시간

청소년 1:3학습멘토링 25시간

2학년 🗨 교내 환경정화활동 3시간

분리수거 도우미 10시간

청소년 1:3학습멘토링 25시간

3학년 🗨 교내 환경정화활동 3시간

급식 배식 및 질서지도 10시간

자원봉사의 날 비대면 캠페인 봉사 5시간

정리!

기본적으로 학교에서 열심히 봉사를 했을 때 받는 봉사시간과 급식 도우미 및 분리수거 도우미처럼 자진하여 신청한 봉사활동을 토대로 작성해 보았다. 또한 청소년 1:3 학습 멘토링, 비대면 캠페인 봉사를 작성하였다.

청소년 1:3 학습 멘토링은 예비 중등교사를 목표로 하는 학생에게는 유의미한 봉사활동이다. 직접 체험해보고 **자신의 진로에도 맞는지 확인**할 수 있는 봉사활동이다.

코로나19로 인한 비대면 활동이 많아진 만큼 비대면 캠페인을 통해서 봉사 활동을 할 수 있다. 이를 참고하여 시도해보길 바란다. 또한, **비대면 캠페인**의 장점은 장소에 구애를 받지 않는다는 것이다. 예를 들어 학생이 서울에 있더라도 광주에서 실시하는 비대면 봉사에 신청하여 봉사활동을 해볼 수 있다.

해당 개인 봉사 등은 계획을 잘 세우고 **학교에서 프로젝트 봉사**로 시도해보길 바란다.

해보기

끝판왕

5) 진로 활동 ✧

1학년 ◉ 행복한 삶과 진로 시간에 자신의 행복 지수를 계산해보고 모둠원들과 토의하며 느낀 점을 공유하였으며, 행복한 삶을 위해 필요한 요소를 나타내는 '행복 뇌지도 그려 보기' 활동에 적극적으로 참여함.

꿈 들여다보기 시간에 하고 싶은 일, 가고 싶은 곳, 갖고 싶은 것 등의 꿈 지도를 나이대별로 마인드맵으로 잘 표현하였으며, 이를 바탕으로 모둠원들과 자신의 꿈을 이루기 위해 해야 할 일들에 대해 토의함.

자아 정체성 확립 시간에 자아존중감 정도를 알아보는 질문지를 작성하여 자신의 자존감 정도를 알아보았으며, 이를 바탕으로 감사꺼리, 자랑꺼리, 행복꺼리를 작성하는 '칭찬노트 쓰기' 활동에 적극적으로 참여하여 자존감을 높임.

꿈구두초청프로그램에 참여하여 흥미와 적성, 가치관 등 개인적 특성과 연계한 관심학과 정보탐색 및 전공 지식을 사전에 체험함으로써 학과에 대한 이해도를 높이고, 자기주도적 진로설계를 할 수 있는 기회를 가짐.

나의 강점 찾아보기 시간에 자신의 적성, 흥미, 성격, 가치관, 학습 능력 등을 고려하여 자신에게 가장 적합한 직업을 조사해 보고, 그 직업을 갖는 데 필요한 관련 대학, 학과, 자격증 등의 준비 사항을 적극적으로 조사함.

미래 사회와 직업 시간에 유망 직종, 이색 직업, 신생 직업 등 다양한 직업에 대한 정보를 수집해보고, 자신에게 어울리는 직업을 찾기 위한 탐색 활동에 적극적으로 참여함.

나의 진로 관련 학과 탐색하기 시간에 자신이 관심 가지고 있는 학과의 입학 전형, 교육 과정, 졸업 후 진로 등에 대해 다양하게 탐색하고 적극적으로 분석하여, 자기주도적으로 직업을 탐색할 수 있는 능력을 기름.

2학년 💬 진로 독서활동 시간에 '교사와 학생사이(하임G.기너트)'를 읽고 독서 일지를 작성함. 수학교사의 꿈을 가진 학생으로 책을 통해 학생과의 적절한 의사소통, 교사가 가져야 할 올바른 태도에 대해 생각해보는 계기가 됨. 책에 등장하는 한 교사의 모습을 통해 자신이 생각하는 이상적인 교사의 모습을 그려보고 롤 모델로 삼고자 함을 작성함.

학생이 자신에 진로와 관련 있는 기업 및 박물관, 연구소 등에 홈페이지와 관련 사이트를 탐방하며 본인이 배우고 느낀 점을 작성하는 사이버 탐방 보고서에 성실히 참여하였음. 직접 방문할 수 없는 곳을 온라인으로 5곳을 탐방하면서 본인의 꿈을 키움.

진로에서 학습의 중요성 조사하기에서 공부하지 않거나 못하는 이유에는 공부의 이미지가 불편, 딱딱하며 학습자가 흥미를 느끼지 못하기 때문이라고 말함. 공부를 열심히 혹은 잘하는 이유에서는 공부 자체를 즐기고 공부하면서 재미를 느끼기 때문임을 이야기함. 공부를 잘하기 위해서는 누구나 처음부터 공부를 즐길 수 없으니 인내심을 가지고 학습에 임하면서 그 속에 숨어 있는 재미를 찾아야 한다고 발표함.

일의 정의 내리기 활동에서 학생은 직업이란 생계를 유지하는 데 필요하지만, 자신이 하고 싶은 일을 하면서 느끼는 만족과 스스로 능력을 마음껏 발휘하는 성취감이 있기 때문이라고 말함. 학생이 꿈은 수학 교사로서 수학 선생님께서 수학을 재미있게 가르쳐 주시고, 학생을 가르치는 일에 애정이 있다는 것을 너무 느낄 수 있어서 그 선생님을 동경하게 되었고 꿈을 선정하였다고 함. 친구들에게 수학 설명해 주었을 때 친구들이 고맙다고 할 때의 뿌듯함과 기쁨이 수학 교사를 꿈으로 정하는 데에 큰 원인 중 하나라고 이야기함.

3학년 💬 학급 진로활동 주제탐구보고서작성 활동에 적극적으로 참여함. 수학교육에 관심이 많은 학생으로 교구를 이용해 수학 개념을 알려주면 좋겠다는 생각으로 수학 교구를 조사함. 조사하면서 교구의 단점을 보완한 새로운 교구를 고민하며 '수학 교구를 만들 수 있는 신소재'를 주제로 정함. 교구란 서로 형태가 비슷하지 않아야하고, 그 종류가 다양하며, 가볍고, 내구성이 뛰어나며, 여러 형태로 변형시킬 수 있어야 한다는 생각으로 그래핀, 결정화 유리, 파인 세

라믹 등 신소재 활용의 가능성을 제시함. 그래핀을 사용한 공간도형 모형교구를 구상하여 그림으로 실제 선보임. 기존 공간도형 교구는 기하와 미적분 수업을 하면서 머릿속에 바로 그림이 그려지지 않았으나 본인이 구상한 교구는 친구들의 이해도 향상에 도움이 될 것이라고 설명함. 이번 활동을 통해 수학 교구에 대해 많이 알게 되었고 추후 교수 사용에 많은 도움이 될 것 같다는 소감을 발표함.

'2022학년도 대입전형의 이해'와 '2022학년도, 수험생이 꼭 알아야 할 5가지 포인트' 진로탐색 시간에 영상을 통해 얻은 정보를 바탕으로 본인의 수시 전형 유형을 구체적으로 정리하고 대입전형 관련 정보와 자료를 찾는 방법을 익힘.

'자기소개서 작성하기' 특강에 참여하여 학교생활기록부를 학업역량, 전공적합성, 인성, 발전가능성 등으로 나누어 분석하는 방법과 자기소개서 각 문항별 주요 내용을 정리하는 방법을 배우며 자기소개서에 꼭 들어가야 하는 요소들을 알고 앞으로 할 일에 대한 방향성을 잡을 수 있는 유익한 시간이었다는 소감을 밝힘.

정리!

　1학년부터 3학년까지 학생의 이야기가 잘 드러난 특기사항이다.

　1학년 특기사항에서는 학교에서 운영되는 프로그램에 열심히 참여하여 자신이 희망하는 직업이 맞는지를 찾아가는 내용이 기재되어 있다. 진로 검사 및 직업인 프로그램을 통해서 학생이 희망한 직업과 현실성에 차이가 있다면 방향을 전환하는 **담대한 전략**도 필요하다.

　2학년 특기사항에서 **진로 독서 프로그램과 사이버 탐방보고서 프로그램, 진로수업의 특기사항**을 작성하였다. '교사와 학생사이'라는 책은 교사가 해야 할 좋은 예와 안 좋은 예를 들어가면서 교사로서 어떻게 학생을 대할지 안내하는 내용이다. 미래 교사를 희망하는 학생으로서 꼭 읽어보길 추천한다. 사이버 탐방보고서는 비대면 상황에서 인터넷을 활용해 진로 수업을 할 수 있는 방안으로 학생 또는 교사는 꼭 시도해보길 바란다. 이후 '학습의 중요성~', '일의 정의 내리기 활동'은 진로 수업에서 학생의 꿈을 학급 친구들과 공유하면서 학생은 자신을 구체화하였음을 확인해 볼 수 있는 좋은 특기사항의 사례이다. 해당 특기사항을 참고하여 수업을 디자인하거나, 해당 활동으로 진로 시간에 참여해보길 바란다.

3학년 특기사항에서 **주제탐구보고서**는 수학교사로서 교구에 관심이 많아 해당 교구를 만들어 본다면 어떻게 할지 고민하였고, 그 내용을 보고서로 만들어 발표한 것을 작성하였다. 해당 특기사항은 1학년 자율 특기사항과 2학년 화학Ⅰ, 기하 교과특기사항에서 연계되는 부분으로 학생의 독특한 점을 강조할 수 있는 좋은 내용이다. 이후 대입정보 확인 및 자기소개서 작성 활동을 통해 **원하는 학과에 지원하는 학생의 모습을 보여주는 좋은 특기사항**이다.

6) 교과 세부능력 및 특기사항 ✤

학교에서 학생이 과목을 배울 때, 수업하는 선생님께서 학생을 서술형으로 평가를 해 놓은 부분이다. 학교 수업에서는 교과 수업의 비중이 가장 크기 때문에 생활기록부 기록에서 많은 부분을 차지한다.

1학년 ◉ **국어** : 국어부장으로 수업 준비 및 진행에 도움을 제공함. 모둠활동 시 주도적인 역할을 하며 모둠원이 모두 과제를 수행할 수 있도록 격려해주는 학생으로 공동체 의식이 높음. 정보전달 말하기 활동에서 희망 진로인 수학 선생님을 소재로 자진하여 발표함. 진로를 정한 이유, 꿈을 위해 해야 할 일 등을 설명하고 목차를 먼저 언급하여 발표의 체계성을 높임. 청중이 궁금해 하는 교사와 강사의 차이점을 언급하며 청중을 사로잡는 탁월한 발표능력을 보임. 소설 '아홉 켤레의 구두로 남은 사내' 건의문 작성하기 활동에서 문제 상황으로 물질만능주의를 제시하고 보건복지부 장관에게 인성 교육 강화와 빈민층 지원이라는 구체적인 요구 방안을 담은 한 편의 건의문을 작성함. 작품 해석 능력이 탁월하여 '진달래꽃' 모둠활동 시 시에 나타난 역설법과 반어법의 의미를 구체적인 시행을 들어 설명함. '설득하는 글 쓰기' 활동에서 '개인주의 극복을 위해 아파트 주민끼리 배려하기'를 소재로 선택하고 '인사주간'이라는 구체적인 사례를 제시한 글을 작성함. 주장의 설득력을 높이기 위한 방법을 숙지하고 있으며 통일성있는 글쓰기 능력이 우수함. 사회 문제에 관심이 많으며 교과 시간에 배운 내용을 삶과 연결지어 활용하는 모습을 보임.

수학 : 수학 독서 수업에서 '데카르트가 들려주는 함수이야기'라는 책을 읽고 자신이 관심있는 부분을 자신만의 생각으로 정리하고 팀원들과 함께 생각을 조율해 조별 과제를 수행하고 신문기사를 제작하고 발표해 큰 호응을 얻음. 수학적 원리나 증명에 대한 이해가 빠르고 정교하며 개념 적용력과 문제 분석력이 있어 문제 해결 전략을 잘 세움. 교우들의 질문을 잘 받아주고 논리적으로 쉽게 설명하여 주는 모습이 보기 좋음. 고차원적인 문제에 도전해 사고하기를 좋아하고 수학적 아이디어를 탐구하고 추론하는 데 있어 사고가 유연하

여 정형화된 해법에서 벗어나 창의적이고 논리적인 해법을 구사하는 능력이 있음. 함수라는 주제로 자신의 풀이를 친구들에게 소개하고 또 창의적 사고와 문제해결 능력이 뛰어나며 적극적으로 수업에 참여함. 문제해결의 결과뿐만 아니라 문제해결 방법과 과정, 문제를 만들어보는 활동도 중시함. 생활 주변 현상, 사회 현상, 자연 현상 등의 여러 가지 현상에서 수학적 문제 상황을 제시하고 문제를 해결하는 과정을 통해 수학적 개념, 원리, 법칙을 탐구하고 이를 일반화함.

영어 : 영어로 롤모델 발표하기에서 수학교사가 되고 싶다는 자신의 꿈을 발표하고 본인을 가르쳤던 수학 선생님처럼 친절하고 재미있게 학생들을 지도하고 싶다는 포부를 밝힘. 자신감 있고 명확한 영어로 유창하게 발표함. 차분하고 성실한 태도로 영어 시간마다 한 번의 흐트러짐 없이 수업에 참여함. 조별활동에서 다른 친구가 모르는 부분을 친절하게 설명해주는 등 타 학생의 모범이 되는 학생임. 영어 에세이쓰기 활동에서 자신만의 스트레스 해소법 3가지와 그 이유를 잘 설명하면서 논리적 영어 쓰기 능력을 보여주었음. 영어어휘 테스트에서 매우 탁월한 어휘력을 보여주었고 평소 꾸준하게 영어단어 습득을 위해 노력해온 학생임. 미니북만들기에서 주인공 프레드릭의 이야기를 통해 예술의 중요성을 다시 한번 느끼게 됨. 포트폴리오 및 조별 발표 활동에서 수업 중 진행된 내용이해 쓰기 활동을 매우 성실하게 수행하고 조별 퀴즈 활동 및 발표에 적극적으로 참여하여 학급 전체에서 가장 많은 스탬프를 모은 학생 중 한명임.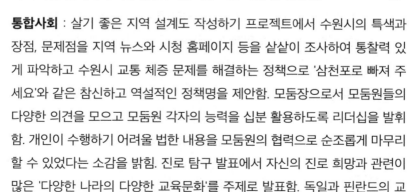

통합사회 : 살기 좋은 지역 설계도 작성하기 프로젝트에서 수원시의 특색과 장점, 문제점을 지역 뉴스와 시청 홈페이지 등을 샅샅이 조사하여 통찰력 있게 파악하고 수원시 교통 체증 문제를 해결하는 정책으로 '삼천포로 빠져 주세요'와 같은 참신하고 역설적인 정책명을 제안함. 모둠장으로서 모둠원들의 다양한 의견을 모으고 모둠원 각자의 능력을 십분 활용하도록 리더십을 발휘함. 개인이 수행하기 어려울 법한 내용을 모둠원의 협력으로 순조롭게 마무리할 수 있었다는 소감을 밝힘. 진로 탐구 발표에서 자신의 진로 희망과 관련이 많은 '다양한 나라의 다양한 교육문화'를 주제로 발표함. 독일과 핀란드의 교

육제도를 한국 교육의 현실과 비교하고 바람직한 교육의 방향을 다루는 등 수준 높은 PPT를 작성함. 유창하게 발표하여 급우들로부터 호평을 얻음. 사회 불평등에 대한 카드 뉴스 만들기 프로젝트에서 우리나라의 교육 불평등에 대해 연도별 강남 8학군의 전국 대비 대학 입학 비율, 소득 구간별 명문대 진학 비율 등의 신문기사 자료를 통해 소득 수준에 따라 교육 격차가 나타나고, 교육 격차에 따라 임금 격차가 나타나는 악순환이 반복됨을 밝힘. 카드뉴스를 마치 한 편의 논문처럼 작성함으로써 탁월한 탐구능력을 보임.

통합과학 : 능동적인 수업 태도를 가진 학생으로 논리적인 사고력을 바탕으로 고난이도 문제의 해결력이 매우 우수함. 어려운 내용을 공부할 때 손쉽게 교사에게 질문하기 보다는, 혼자서 깊이 생각하고 뚝심 있게 문제에 집중하는 경향이 있음. 운동량, 충격량 등 물리적인 개념에 대한 이해력이 특히 뛰어나고, 다양한 상황에 적용하는 능력도 뛰어남. 그래프 해석 능력이 탁월하고, 각 단원별 내용을 유기적으로 잘 연결하는 편이며, 보통의 학생들이 어려워하는 부분을 재미있게 생각하는 등 뛰어난 발전 가능성을 보임. 원소들의 주기성과 화학 결합을 주제로 한 자료해석 활동지를 논리적이고 창의적으로 작성함. 사전조사 및 탐구 활동을 바탕으로 중력과 물체의 운동에 관한 실험 보고서에서 높은 성취수준을 기록함. 지구 시스템 각 권의 상호 작용에 해당하는 자연 현상을 잘 구분하고, 이러한 현상이 일어나는 과정을 논리적으로 설명함. 산과 염기를 섞었을 때 일어나는 변화를 해석하고, 중화 반응에서 나타나는 이온 수 변화를 그래프로 정확하게 표현함. 모둠별 주제탐구 시간에 교과 내용에 대하여 충분히 이해를 하고, 자신의 언어로 설득력 있게 설명하여 다른 학생들이 흥미를 가지고 발표에 집중하도록 만듦.

과학탐구실험 : 탐구 과정에서 모둠원들과 적극적으로 의견을 주고 받으며 변인으로 사용할 수 있는 요소를 많이 찾아내고, 토론 활동 시 정확한 과학 용어와 개념을 사용하여 논리적으로 자신의 의견을 발표하고 반론하여 다른 학생들에게 좋은 본보기가 됨. 대멸종 가설의 타당성에 대한 토론 시간에 지층과 화석의 직접적인 관찰(경계층에서 변동이 나타난 광물, 유공충 등)을 통해 얻

은 자료를 바탕으로 중생대-신생대 경계층의 특징을 일반화하는 귀납적 탐구를 바르게 수행함. 더 나아가 중생대에서 신생대로 넘어가는 시기에 있었던 시나리오를 작성하며 지식으로 알고 있는 운석 충돌에 의한 공룡 멸종 가능성 등 자료에 드러나지 않은 상황을 예측하는 것은 주의해야 한다고 견해를 밝힘. 자유 낙하와 수평 방향으로 던진 물체의 운동을 비교하는 실험 시간에는 두 물체의 운동 경로의 차이와 바닥에 동시에 떨어지는 모습을 스마트폰을 이용해 동영상으로 촬영하여 모둠원들에게 보여주며 수평 방향과 연직 방향의 시간에 따른 이동 거리값을 분석하여 구간 거리가 시간에 따라 어떻게 변하는지를 막대 그래프로 표현하고 이를 속도와 관련지어 설명하는 등 자료를 해석하는 능력 또한 뛰어남.

★★★
정리!

1학년 때 배우는 과목은 필수 과목으로 대부분의 학생이 수강하는 과목이다. 필수 과목이다 보니 학생의 선택권이 없다. 하지만 그 속에서도 해당 학생은 모든 과목에서 열심히 한다는 것을 특기사항을 통해 알 수 있다.

국어, 영어, 통합사회 특기사항은 학생의 **장래 희망은 교육분야**이며, 수학 교사임을 알 수 있게 해 준다. 또한 해당 과목에서 학생의 전달력이 높다는 것도 특기사항을 통해 확인할 수 있다. 꼭 희망 전공과목이 아니더라도 다른 과목에서도 진로 희망과 연결되는 활동을 할 수 있기 때문에 이 점을 명심하길 바란다.

특기사항에서 자주 들어가는 내용이 **'창의적', '논리적'**이라는 것이다. 수학 특기사항에서 문제해결 때에 아이디어가 높다는 것을 특기사항을 통해 확인할 수 있다. 통합사회에서는 참신하게 보여주는 정책 제목, 통합과학에서 자료 해석 시 창의적 모습, 과학탐구실험에서 토론활동 등 여러 과목 특기사항에 제시되어 있다. 수학교사는 학생들에게 수리력과 논리적 사고력을 증진하기 위한 다양한 방법을 고민하고 교육한다. 예비 수학 교사로서 창의성과 논리성은 필요한 능력임으로 희망하는 진로와 잘 연계된 특기사항이다.

2학년 💫 **문학** : 원격 수업과 등교 수업이 병행되는 상황 속에서 자기주도적 학습 역량을 발휘하여 학업 과제를 완수한 우수한 학생임. 서평쓰기 활동 시 '나는 거꾸로 교실, 거꾸로 교사(류광모 외)'를 읽고 '뒤집힌 학교, 뒤집힌 교실'이라는 글을 작성함. '뒤집힌 수업, 뒤집힌 현재, 나는 선생님'이라는 소제목 아래, 거꾸로 수업 방법에 대해 깊이 있게 이해한 결과를 글에 담아냄. 수학 교사라는 꿈을 이루기 위해 지식적인 측면과 함께 학생들의 내면을 진심으로 이해하고 도움을 주는 것이 중요하다는 생각을 서술하였고, 수학 교사의 꿈을 이뤄 학생들의 흥미와 호기심을 이끌어낼 수 있는 수업 방법을 개발해야겠다는 다짐이 드러난 점이 인상적이었음. 서평쓰기 활동 과정에서 독서의 즐거움을 느끼는 모습을 관찰할 수 있었으며, 탁월한 논리적 사고력과 창의적 글쓰기 능력을 확인할 수 있었음. '즐거운 편지(황동규)'를 감상한 후 순수했던 어린 시절에 대한 그리움을 주제로 한 패러디 시 '나의 어린시절

에게'를 창작하면서 작품을 주체적으로 수용하고 창의적으로 표현하는 능력을 발휘함. '광장(최인훈)'을 감상한 후 남북 분단에 대한 자신의 생각을 한 편의 글로 작성하고 토론하면서 우수한 의사소통능력을 발휘함.

수학II : 수업시간에 문제가 주어지면 주어지는 풀이대로 풀이하기보다 왜라는 질문을 던지며 왜 이 경우는 되지 않는지, 왜 다음 단계에서 이 풀이가 필요한지 끊임없이 생각하고 질문하며 하나의 문제를 다양한 방법으로 해석 및 풀이하며 문제의 해답을 논리 정연하고 깔끔하게 서술함. 교과서 단원의 스스로 확인하기 문제와 마무리하기 문제를 어려움 없이 잘 해결할 수 있으며 칠판 앞으로 나와 풀이과정을 꼼꼼히 모든 친구들이 잘 알아볼 수 있도록 정확하고 상세하게 풀이과정을 제시함. 함수의 증가와 감소를 그래프를 통하여 이해하며 미분계수의 부호 사이의 관계를 통하여 함수의 그래프를 직접 그려봄. 함수의 최댓값과 최솟값을 이용하여 실생활과 관련된 응용문제를 다룸. 기하 시간에 배운 공리의 개념을 확장시켜 자연수의 공리를 조사해보고 공리가 수학의 다양한 분야에 쓰인다는 것을 ppt로 발표함. 수학주제탐구 보고서 활동으로 부정적분과 정적분의 역사와 유래에 대해 조사하였으며 적분의 실생활의 예로 유토 곡선을 설명함. 문명과 수학 동영상을 시청하며 미적분의 역사

적 배경과 수학자들의 이야기들을 알게 되어 매우 유익하고 수학의 재미를 느끼게 된 시간이었다고 발표함.

기하 : 수학교사의 꿈을 갖고 다양한 수학 분야를 접하고 싶어 기하를 선택한 학생으로 바른 자세로 수업에 성실히 참여하며 긍정적인 수업분위기 조성에 기여함. 이차곡선 디자인 활동에서 동아리 멘티에게 받은 열쇠고리 여우 모형을 타원과 포물선으로 표현함. 포물선 모양의 수신기가 전파를 초점에 모으는 파라볼라 안테나와 타원의 원리로 초점의 위치에 있는 두 사람이 멀리서 대화하는 속삭이는 회랑에 대해 조사함. 이 활동으로 기하에 흥미를 느꼈고 주어진 것이외에 스스로 찾아보며 공부하고 싶다는 소감을 작성함. 여러 가지 벡터를 연산할 수 있고 역으로 한 벡터를 다른 여러 벡터의 합으로 나누어 표현하여 다양한 문제풀이에 적용할 수 있음을 이해함. 두 사람이 무거운 짐을 같이 들 때 힘을 벡터로 표현하면 두 힘의 합이 위를 향해 짐을 들 수 있음을 발견하고 생활 속에서 벡터를 찾아내는 활동이 즐거웠다는 기하일기를 작성함. 한 직선 위에 있지 않은 세 점이 한 평면을 결정하는 원리로 카메라의 삼각대가 평평하게 놓임을 조사함. 우리의 일상 공간이 3차원인만큼 공간좌표의 활용도가 매우 높겠다는 생각이 들었고 특히 3D 프린터를 이용하여 수학교구를 만들어보고 싶다는 생각을 수업소감문으로 작성함.

영어 II : 영어학습을 즐기는 학생으로 꾸준한 어휘의 반복학습 및 단어과제의 성실한 완수로 매 단원 반 아이들 전체가 참여하는 온라인 단어 배틀 게임 활동에서 늘 상위권을 유지하였음. 좋아하는 과목 및 전공분야 소개하기 영작 활동에서 수학 과목을 가장 좋아하고 수학 교육 분야를 전공하여 효과적인 교수법과 학생들과 소통하는 법을 배워 존경받는 교사가 되고싶다는 생각을 표현함. 어법 오류가 전혀 없고 잘 선별된 어휘를 사용하여 자신의 아이디어를 명확하게 전달함. 'The Lemonade Club(Patricia Polacco)' 읽기 전 활동으로 순서가 뒤섞인 삽화를 재배열한 후 독창적인 아이디어로 이야기를 구성함. 모둠별 독해 활동 후 새로운 어휘 및 표현을 정리하고 줄거리를 5컷 만화로 재구성하여 표현하였으며 작품에 대한 감상을 담은 북리포트를 영어로 잘 작성함. 주제 발표 수업에서 교과서 5과 내용을 심화탐구하여 빅데이터와 교육을 주제로 빅데이터의 정의, 실제 미국 대학에서의 학사 관리 데이터 활용 프로젝트 사례, 빅데이터 기반 개별화 교육 프로그램을 소개하며 교육계에서의 빅데이터 활용에 대한 심도깊은 이해와 분석이 드러나는 발표를 함. 발표자료의 구성이 훌륭하고 청중의 집중을 이끌어내는 전달력이 탁월함.

화학 I : 화학 결합 물질의 사례 발표하기 시간에 탄산 칼슘과 스테인리스, 흑연을 설명함. 각 물질의 특징과 사용하는 곳에 대하여 이야기함. 모두 학교에서 사용되는 물질임을 이야기하고 화학의 중요성을 학급 친구에게 말함. 신소재 소개하기 시간에는 그래핀을 선정하여 발표함. 그래핀을 특징에 대해 이야기하고, 그래핀을 수학 교구 재료로 사용하면 좋겠다고 소감을 이야기함. 과학자의 인물사를 공부하고 전문가의 태도 발표하기 시간에 참여함. 교사 직업을 선정하였고 학생을 사랑하고 존중해야 한다고 이야기함. 그리고 학생이 어떤 교육을 원하는지에 고민과 평등하게 대해야 한다고 발표함. 식초의 아세트산 함량 구하기 실험과정을 정확히 알고 보고서를 작성하였으며, 식초의 농도를 수산화 나트륨의 적정 실험을 통해 계산함. 미지의 세 가지 물질을 구분할 수 있는 실험을 설계하였으며 실험 결론을 통해 각 결합 물질을 찾아낼 수 있음을 작성함.

정보 : 코드의 문장을 해석하는 능력이 뛰어나고, 문법에 대해 명확하게 이해하고 있어서 작은 변화를 통해 다양한 프로그램을 제작하는 창의력을 발휘함. 코딩에 대한 배경지식이 없음에도 불구하고 프로그래밍 언어 문법에 대한 습득력이 매우 우수함. 연산자, 자료형, 변수, 제어문에 대한 개념을 명확하게 인지하여 무결점에 가까운 문제해결력을 발휘하였으며 주변에 어려운 고비를 만난 친구들에게 문제를 해결할 수 있는 실마리를 제공하여 스스로 프로그램을 완성할 수 있도록 유도하는 안내자의 역할을 완벽하게 수행함. 소프트웨어 저작권 보호 기술 중에서 디지털 워터마킹, 필터링 기술, DRM에 대해 구체적인 사례와 함께 발표하였으며, 이러한 기술처럼 많은 사람들의 재산과 권리를 지켜주는 가치 있는 것들을 개발하고 싶다는 목표를 제시함.

2학년 특기사항에서도 학생이 **수업을 열심히 참여**하였고 해당 **과목에 이해가 높다**는 것을 알 수 있다. 또한 다양한 과목에서 **학생이 수학교사를 희망하고 있음을 확인**할 수 있다.

문학 특기사항에서는 자기주도적 학습 역량이 뛰어나다는 것과 거꾸로 수업 방법의 이해, 수학 수업 방법 개발 필요성이 있다.

수학II와 기하 특기사항에서는 수학 문제를 어떻게 해결하는지 자세히 묘사되어 있다. 학생을 자세히 관찰하고 작성된 특기사항으로 매우 가치 있는 특기사항이다. 또한 기하 시간에 내용을 수학II에서 심화 발표하는 학생의 모습도 유의미하게 볼 수 있으며, 수학 교구에 대한 학생의 의지를 엿볼 수 있다.

영어II에서는 영어시간에 학습하는 학생의 모습과, '좋아하는 과목 및 전공 소개하기'를 통해 학생이 수학교사를 희망한다는 것을 알 수 있다. 또한 주제 발표 수업은 교사가 특정 분야를 집어주기보단 학생의 진로에 맞추어서 다양하게 발표할 수 있도록 하는 수업이다. 특기사항을 작성하기에도 좋은 수업이니 참고하길 바란다.

화학I은 앞선 기하와 3학년 진로특기사항에서 수학 교구를 만들고 싶다는 내용과 연결돼 있다. 또한, '전문가의 태도 발표'는 과학자뿐만 아니라 다양한 전문인을 준비하는 학생의 입장을 보여줄 수 있는 내용을 작성할 수 있는 수업이기 때문에 시도해보길 바란다.

정보 특기사항에서는 코드 문장 해석이 뛰어남을 나타내 있는데 수학을 전공하고자 하는 학생에게 코드 알고리즘을 짜는 것은 매우 가치 있는 활동이므로 해당 활동을 학교에서 열심히 하여 인정을 받길 바란다.

3학년 ✏ **독서** : '코로나 시대의 교육(실천교육교사모임)'을 읽고 우수한 서평을 작성함. 서평쓰기 전 준비 단계에서 팬데믹으로 인해 각급 학교와 학생들은 어떤 영향을 받았고, 실무 현장에서 어떤 어려움이 있었는지 등 팬데믹 전후 상황의 변화와 이와 관련하여 교육에 대해 어떤 대처가 있었는지 인과관계를 고려하여 요약함. 교사를 희망하는 학생으로서 팬데믹으로 인해 야기된 행정 업무를 감내하는 현직 교사들의 노고를 간과했던 부분을 성찰할 계기를 가짐. 교육의 본질이 입시 준비가 아니라는 저자의 말에 깊이 공감을 표하며 교사가 되어 동료 교사들과 이 부분을 지속적으로 함께 고민해 나가길 희망함. 교사가 되기 위해 실제 학교 현장에서 어떤 일을 하는 지 실제적인 부분을 더 잘 알아나가기 위해 노력하고 이를 바탕으로 교사가 되기 위해 더 내실 있게 준비하겠다고 다짐함. 진로 희망분야 읽기활동에서 '유클리드 기하학과 비유클리드 기하학'에 관한 글을 읽고 내용을 요약함. '공리'라는 개념을 보다 섬세하게 이해하기 위해 '중학교 기하에서의 공리와 증명의 취급'이라는 글을 스스로 선택해 읽고 내용을 요약하고 깨달은 점, 이 분야에 대한 학문적 열의와 지적 호기심을 논리 정연하게 글로 작성함.

미적분 : 수업 태도가 매우 성실하고 항상 올바른 자세로 수업에 집중하는 태도가 모범적이며, 수학에 대한 높은 흥미를 바탕으로 깊이 있는 수학적 사고력이 눈에 띄게 좋은 학생임. 문제 풀이 및 발표 활동에 적극적으로 참여했으며, 이차방정식의 근과 계수와의 관계를 활용하여 등비급수를 구하는 문제를 해결하고 풀이과정을 발표함. 핵심을 정확히 짚어내어 체계적으로 설명하는 모습에서 완벽한 문제 분석력이 돋보임. 또한 고난이도의 문제 풀이에 도전하는 수업 활동에서 친구들과 함께 토론하며 이해를 확장하고 발전시켜 나가는 과정을 즐겨함. 도형에서 삼각함수의 덧셈정리를 활용하는 논술형 문제, 치환적분법을 활용하여 입체의 부피를 구하는 논술형 문제 등을 완벽하게 해결하고 풀이 과정을 논리적으로 서술함. 사용하는 수학적 표현이 명확하고 풀이가 불필요한 부분 없이 논리정연함. 이 같은 점이 친구들에게도 인정받아 태블릿 필기를 통해 자신의 풀이를 멘토 답안으로 자주 소개함.

확률과 통계 : 수업태도가 바르고 집중력이 뛰어나며 다양하고 도전적인 문제를 연습함. 발표하는 자세가 진중하며 다른 친구들의 발표에도 경청하고 긍정적인 호응을 보여주며 용기를 북돋아 줌. 모든 단원에서 문제 분석이 매우 정확하고, 조건이 달라짐으로써 문제 상황이 어떻게 달라지는지 엄밀하게 예측하고 추론함. 이런 과정에서 모호한 구석이 남아있지 않을 때까지 인내를 가지고 세부적인 것을 차례차례 점검하는 자세를 지님. 하나의 문제를 다양한 시각으로 접근해 보려는 노력의 자세가 훌륭함. 다양한 수준의 문제를 친구들과 서로 의견을 나누며 해결하는 것을 좋아하는 등 타인과 의사소통이 잘 되

는 학생임. 이항분포의 확률을 정규분포를 이용하여 근삿값으로 구하지만, 이 것이 과연 옳은 것인지에 의구심을 가짐. 왜 그런지 의문점을 해결하기 위해 조사한 결과 이산확률변수에서 연속확률변수로 근사시킬 때는 연속성 수정 이 있어야 정확한 확률값이 나온다는 것을 조사함. 자신의 의구심이 합리적이 었으며 정확한 확률을 위해서 보정되는 식이 존재함을 발견하고 매우 기뻐하 였음. 내용에 대해 의문점을 갖고 해결해 나가는 과정에서 능동적이고 자기주 도적 학습태도가 잘 잡혀있음을 알 수 있었음.

영어 독해와 작문 : 글을 읽고 필요한 정보를 이해하여 구 체적인 세부 정보를 파악하는 능력을 보여줌. 읽기 수업 시 작가의 심경을 다룬 지문을 공부하여 발표함. 자신감있 는 목소리로 기본적인 구문 분석 및 해설은 물론 배경지식  과 문제풀이 방식 등을 설명하여 급우들의 좋은 호응을 이끌어내는 등 발표 능력이 뛰어남. 멘토멘티 활동 시 관계유지의 중요성을 다룬 지문을 공부하여 멘토로서의 역할을 수행함. 반복적으로 설명하면서 멘티들의 이해도 향상과 더불어 본인의 실력도 함께 향상되는 느낌을 받았으며 활동이 진행 될 수록 내용을 전달하는 본인의 기술이 늘어가는 기쁨을 느낄 수 있어 좋았다는 자평 을 함. 정확한 이해를 바탕으로 차근차근 친절하게 문장 해석 및 지문 전체의 중요 내용을 눈높이에 맞게 설명해 주어 이해가 더 잘 되었다는 멘티들의 좋 은 평가를 받음. 작문시간에 무관심에 바탕을 둔 선입견의 오류를 다룬 지문 의 내용을 오류없는 영어 문장으로 요약하고 작가의 생각에 공감한다는 내용 의 글을 본인의 경험담을 예로 들며 논리적으로 서술함. 시각화 활동 시간에 운동선수는 체계적이고 유연한 루틴이 필요하다는 지문을 읽고 글의 내용을 정확히 파악하여 그림으로 표현하는 비주얼리터러시 능력을 보여줌.

한문 Ⅰ : 성실하고 진지한 수업태도와 뛰어난 집중력으로 수업에 호응하여 긍 정적인 영향력을 줌. 특히 한자 읽기 발표시간은 한 번도 빠지지 않고 자발적 으로 읽어 수업을 주도했으며, 수업 중 이해가 되지 않는 내용은 자신이 이해 될 때까지 질문하고 알아내려 하는 지적 탐구심이 매우 돋보임. 한자와 한문 에 대한 기초지식이 뛰어나 읽기는 물론 독해에 대한 이해력도 탁월하며, 뛰어난 이해력으로 학습 내용을 분석하여 자신의 의견을 분명하게 발표하였고 누구보다 뛰어난 집중력을 보이며, 교사의 수업에 깊이 공감해 주고 호응해 주는 태도가 돋보임. 자신의 좌우명을 '사덕제신 정도지각'으로 삼고 현재 학생으로서 선생님의 가르침을 잘 배우고자 하는 마음과 미래에 자신의 꿈인 수학교사가 되었을 때 아이들을 존중하며 덕으로써 가르치는 교사가 되고싶은 마음으로 선택했음을 밝힘.

여행지리 : 자신의 진로에 대한 명확한 목표를 지니고 있으며 호기심 많고 진지한 자세로 수업에 임하는 모습이 인상적임. 평소 수학을 좋아해 수학교사를 꿈꾸는 학생으로, 진로기반 여행계획 세우기 활동에서 페르마, 코시 같은 유명한 수학자의 나라인 프랑스를 여행국가로 선정했음을 밝히고, 프랑스의 지형, 기후와 대표 축제에 대해 조사하여 발표함. 프랑스 여행 시 여행객이 자주 이용하는 장소에서의 소매치기와 절도가 빈번히 발생하므로 소지품 관리에 유의할 것과 WIFI 환경이 좋지 않으므로 비상연락수단을 마련해야 함을 이야기함. 여행일정에 여러 기하학적 원리와 아름다움이 담겨있는 건축물인 에펠탑과 수학자 파스칼이 실험을 했던 파리시청의 생자크탑을 넣어 소개하고, 프랑스의 대표 음식인 양파스프와 세계 3대 진미로 꼽히는 거위간 요리 푸아그라를 먹어볼 것을 추천함.

물리학 II : 평소 물리학에 대해 관심과 흥미가 많아 수업 태도가 바를 뿐 아니라 자기 학습력이 뛰어나 고난도 문제가 주어졌을 때 끝까지 그 문제를 해결하고자 노력하고 그 풀이 과정을 논리적으로 칠판에 기재하고 설명하여 친구들이 이해하도록 도움을 줌. 평면 운동하는 물체의 가속도를 구하는 문제에 대해 벡터의 분해와 합성을 이용하여 논리적으로 풀어서 발표함. 전기 회로를 분석한 후 각 저항에서 손실되는 전기 에너지를 관련 공식을 활용하여 논리적으로 구하여 발표함. 조원과 협력하여 단진자의 주기를 줄의 길이, 추의 질량, 단진자의 폭에 따라 측정하여 그래프로 완성하였으며 주기와 길이, 질량의 관계를 확인하는 계기를 마련함과 동시에 실험을 성실히 수행함. 역학, 전자기학 부분의 주요 개념들을 성실하게 정리하여 자신만의 포트폴리오를 완성함.

벡터의 합성과 분해를 이용하여 알짜힘을 구하여 발표함. 몽키 헌팅 문제를 수학과 물리학을 접목하여 증명할 수 있음. 수학 교사를 희망하여 관련 물리 개념으로 미적분, 기하를 이용한 운동의 분석, 좌표계, 물리학에서의 다양한 그래프 이용을 조사하고 진로와 연관지어 설명함.

정리!

독서 특기사항을 보면 교사를 준비하는 학생이 팬데믹 상황에서 교육을 어떻게 생각하는지 잘 드러냈고, 진로 희망 분야의 읽기 활동으로 앞선 2학년 때의 공리의 지식을 독서 시간에 확장하는 모습을 보이고 있다. 한 분야 가지고 **학년이 올라갈수록 지속적인 학습과 심화학습**을 해 나간다는 것은 매우 좋은 평가를 받을 수 있는 방법이라고 할 수 있다.

미적분, 확률과 통계 특기사항은 학생이 수학 수업을 열심히 참여하며 수학 문제해결을 어떻게 하고 있는지 잘 표현하였다. '**논리적**', '**분석적**'이라는 **단어**가 많이 사용되었고, 친구들과 함께 공부하고 배우는 모습이 특기사항에도 잘 반영되어 수학교사로서 손색이 없음을 잘 드러냈다.

영어 독해와 작문 특기사항에서는 발표능력이 뛰어남과 작문능력이 뛰어나다는 것도 있지만, 교과 내 멘토링 활동을 주목하길 바란다. 멘토링 활동은 학교급에서 진행할 수도 있지만 각 교과에서도 모둠장 또는 멘토링 활동을 진행할 수 있다. 같이하는 공부 경험은 교사를 희망하는 학생에게 유익한 활동이다. 만일 모둠장 및 멘토링 활동을 시도하지 못하였다면 **교과 멘토링**을 꼭 시도해보길 바란다.

한문 I 과 여행지리 역시 수학교사를 꿈꾼다는 것을 확인할 수 있는 수업을 진행하였고 이를 잘 관찰하여 기록한 특기사항이다.

물리 II 는 특기사항 내용 중 '수학과 연관 지어 설명함.'이 있다. 특기사항 내용도 중요하지만 물리 과목 자체가 수학과 매우 연관성이 높은 과목이다. 따라서 **수학과 또는 수학교육을 준비하는 학생은 물리 II 를 꼭 수강**하여 실제 수학을 적용하는 현상 해석을 잘해 나가길 추천한다.

7) 독서 활동 상황 ✤

1학년 ⬤ 이토록 아름다운 수학이라면(최영기), 이 문제를 풀 수 있겠어?(알렉스 벨로스), 100년의 난제 푸앵카레 추측은 어떻게 풀었을까?(가스가 마사히토), 쉽고 재미있는 직관 미적분(하타무라 요타로, 조윤동), 이종필 교수의 인터스텔라(이종필), 나는 넘어질 때마다 무언가를 줍는다(박인선), 신비의 타로카드 배우기(오키몬드), 상처하나, 위로 둘(동그라미), 코로나로 아이들이 잃은 것들(김현수), 코로나 이후의 세계(제이슨 셍커)

2학년 ⬤ 레디메이드 인생(채만식), 총, 균, 쇠(제레드 다이아몬드), 돌이킬 수 없는 약속(야쿠마루가쿠), 너무 재밌어서 잠 못드는 수학(도미니크 수데), 페르마의 마지막 정리(사이먼 싱), 수학자가 들려주는 수학이야기(차용욱), 수학 언어로 문화재를 읽다(오혜정), 교사가 진짜 궁금해하는 온라인 수업(손지선 외 10), 이기적 유전자(리처드 도킨스)

3학년 ⬤ 미적분의 쓸모: 미래를 예측하는 새로운 언어(한화택), 수학의 확실성(모리스 클라인), 새빨간 거짓말, 통계(대럴 허프), 통계의 미학(최제호), 핀란드 교사는 무엇이 다른가(마스다 유리야), 꿈꾸는 교사, 세사르 보나의 교실 혁명(세사르 보나, 김유경), 훌륭한 교사는 무엇이 다른가(토드 휘태커, 송형호)

8) 행동특성 및 종합의견 ✤

행동특성 및 종합의견으로 **담임교사의 추천서**이다.

이전 입시에서는 담임교사, 교과 교사 등이 해당 학생의 전반적인 학업역량, 자질 등을 높게 평가하여 원서를 넣는 대학교에 추천서를 같이 접수하였다. 그러나 대부분의 대학에서 추천서가 사라졌기 때문에 학생을 전체적으로 평가할 수 있는 서류가 사라진 것이다. 이를 대체하는 것이 행동특성 및 종합의견이다.

1학년 ◉ 항상 웃는 얼굴로 다른 이들을 대하여 원만한 인간관계를 형성하고 학급 학생들과 우정을 쌓으며 즐겁게 학교생활에 임하는 학생임. 본인의 부족한 점을 찾아 개선하려는 의지를 갖고 있으며, 스스로 학습 태도와 방법의 측면에서 부족한 점이 있다는 것을 인지하고 개선을 위해 노력하여 점차 나아지는 발전적인 모습이 보임. 대학 진학을 위해 학업 성적을 향상시키는 것이 필요함을 인식하고 친구들과 멘토링 프로그램을 계획하여 친구들의 멘토로서 쉬는 시간, 점심 시간, 방과후 시간 등을 활용하여 국어, 영어, 수학, 사회, 과학 등 교과에서 친구의 성적 향상을 돕고 본인도 학습 보충의 기회를 가짐.

생활방식이 건강하고 활동적이어서 학급 분위기를 잘 이끌어가며 급우들 사이에서 인기가 많으며, 매사에 솔선수범하는 학생임. 자신의 진로에 대해 확고한 뜻을 보이며 미래를 위해 노력해야 함을 인식하고 꾸준히 노력하는 자세를 보임. 평소에 스스로 계획하고 실천하는 자세를 꾸준히 갖춘다면 더 많은 발전이 기대됨. 청소 시간에 청소 당번이 아님에도 불구하고 여러 차례 다른 학생들을 도와 자발적으로 교실을 청소하고, 교내 스포츠클럽 활동 중 수시로 학급 학생들이 앉아있던 자리의 쓰레기를 정리하고 분리함.

2학년 ◉ 1학기 학급 자치회장으로 반 친구들이 새로 바뀐 수업 방식에 낙오되지 않도록 전체 수업 진행을 도와줌. 코로나19 상황에서 학급을 위해 할 수 있는 일을 고민하면서 학급의 단합을 시도함. 아쉽게 코로나19 상황으로 진행하지는 못하였지만, 학생의 평소 활동하는 것을 보면, 학급 학생과 잘 어울려서 학급의 단합 활동을 이루어 냈을 것이라고 판단됨. 학생은 적극적으로 자신의 학습

환경을 통제하고 수립한 학습계획을 지속해서 실천하는 자세를 가지고 있어, 더 큰 발전이 기대됨.

좋은 인상을 가지고 있고, 말을 조리 있게 하며 전달력이 높음. 학습 활동과 주어진 일을 창의적으로 잘 해결함. 책임감이 강하여 맡은 바 일 처리가 꼼꼼하고 정확함. 학급에서도 자신이 가장 잘 할 수 있는 과목인 수학을 어려워하는 친구들에게 친절하게 여러 예를 들어 최대한 쉽게 설명하기 위해 노력하는 학생이며, 수업 중 필기를 놓친 친구에게 내용을 설명하는 등 지식의 나눔을 실천하는 학생임. 긍정적 마음가짐을 가지고 생활하기 때문에 선생님을 비롯한 주위 어른에게도 많은 칭찬을 받고 있음.

2학기에는 학급에서 분리수거를 담당하면서 다른 학생이 하기 싫어하는 역할을 도맡아 하는 모습을 보임.

정리!

　행동특성 및 종합의견에서는 **학생의 교우관계, 학급 및 학교에서 참여도, 학습법** 등을 작성할 수 있다.

　1, 2학년 특기사항 모두 학생의 밝고 긍정적인 태도로 교사 및 친구들과 관계가 좋음을 확인할 수 있다. 또한, 학급에서 청소 당번을 자청하여 돕는 모습 및 체육 활동 자리정리, 학급 분리수거를 도맡아 하는 모습을 통해 수상에서 표창을 받은 이유도 확인할 수 있다.

　학습법의 경우에도 스스로 자신의 학습방법 점검, 학습 계획 수립, 친구들과 멘토링 프로그램에 참여, 수학을 친구들에게 가르치는 모습 등을 특기사항을 통해 확인할 수 있다. 자기 스스로 채찍질하는 엄격한 모습과 같이 공부하고 배우는 학생의 다정한 모습을 엿볼 수 있다.

2024학년도 입시에서 *사라지는*
자소서 예시문의
활용 방법

　자기소개서(이하 '자소서')는 2024학년도 입시부터는 사라지기 때문에 2023학년도 입시를 치르는 학생이 아니라면 제시된 예시들이 더는 필요 없다고 생각할 수 있을 것이다. 하지만 필자의 입장에서 볼 땐 학생부 기록을 위해 학생들이 자주 쓰게 되는 자기평가서 작성 능력을 기르는 데 활용 가치가 있을 것 같다. 자소서가 없다는 것은 그만큼 지원자를 평가할 때 학생부의 중요성이 커졌다고 볼 수밖에 없으며 이는 결국 학생부에 기재된 내용들이 자소서에서 기재했던 내용들과 연관성이 깊다는 것을 의미하기 때문이다.

　현재 많은 고등학교에서 과목별 세특을 기재할 때 학생 개개인의 특성이 잘 드러날 수 있게끔 이른바 맞춤형으로 기록하기 위해 자기평가서를 활용하고 있는데 양식이나 형태는 다르지만 교과 활동에서 흥미로웠던 경험, 심화 탐구활동, 배우고 느낀 점, 진로 계획이나 목표 등을 확인하는 질문을 활용하고 있는 것으로 알고 있다. 예를 들면, '교과 활동이나 수행 평가 등에서 가장 의미 있는 경험은 무엇인지?', '수업 시간에 배운 내용을 기반으로 더 깊이 있게 탐구해 보고 싶었던 것은 무엇인지?', '교과목 시간에 배운 내용을 학교생활이나 자신의 삶과 관련지은 경험이 있는지?', '특정 주제에 대해 궁금했던 것을 스스로의 힘으로 해결해보려는 노력을 한 적이 있는지?', '○○ 활동을 하면서 어려움을 어떻게 극복했고, 배우고 느낀 점이 있다면 무엇인지?' 등이 바로 그것이다.

그런데 전교생을 대상으로 세특을 기재해야 하는 선생님의 입장에서 학생들의 경험이나 생각을 평소 꼼꼼하게 관찰해 누가 기록으로 정리해 놓지 않는 한 개별 학생이 만족할 수 있을 만큼의 파악은 불가능한 실정이다.

일반적으로 학생부에 기재된 내용을 보면 '○○에 관심이 많은', '○○에 흥미가 있는', '○○을 희망하는' 등의 문구로 시작해 기준 글자수를 최대한 활용해 양적인 풍부함을 추구한 후 '참여함', '발표함', '알게 됨' 등으로 마무리하는 경우가 많은 것이 현실이다. 선생님의 입장에서만 썼을 경우 자주 볼 수 있는 내용일 텐데 학생의 의도에 부합하지 못하거나 만족도에 미치지 못하는 경우가 많을 것으로 안다.

결국 이런 한계를 뛰어넘어 경쟁력 있는 학생부를 만들고 싶다면 자신이 교과목 시간에 배운 내용 가운데 의문이나 호기심이 생긴 것을 기반으로 탐구(연구), 실험 활동 등을 통해 '지적 역량을 길러나간 경험'이 담긴 자기평가서를 작성해 봐야 한다.

이런 자기평가서를 작성하기 위해 참고할 수 있는 최선의 자료가 바로 자기소개서라고 할 수 있는데 이는 '활동 동기 - 활동 과정 - 활동 결과 - 배우고 느낀 점'이 드러나게 기술해나가는 자소서의 특성 때문이다. 자신의 진로 분야와 관련 있는 잘 쓴 자소서를 참고해 보면 자기평가서를 작성하는 요령과 방향성을 명확하게 파악할 수 있고, 자신의 역량을 잘 보여줄 수 있는 양질의 학생부를 만드는 데 큰 도움이 될 수 있을 것이다.

2024학년도 이후 입시를 준비하는 학생들이 자소서를 작성할 일은 없겠지만 이와 비슷한 성격을 가진 자기평가서를 작성하는 경험은 최소한 한 번쯤은 하게 될 것이기 때문에 이런 친구들이라면 이 책에 수록된 자소서 예시 내용들을 꼼꼼하게 읽어보고, 도움이 될 만한 부분들을 적극적으로 활용해 보기 바란다.

수학교육과
자기소개서

1. 재학 기간 중 지원한 분야와 관련하여 어떤 노력을 해왔는지 본인에게 의미가 있는 학습경험과 교내활동 등을 중심으로 기술해 주시기 바랍니다.

일상생활에 쓰이는 여러 수학을 주제로 수학 주제탐구대회가 열렸습니다. 이산수학을 활용하면 축제 동선을 짤 때 많은 도움이 되리라 생각했고, 제 생각을 선생님과 다른 친구들에게 검증받고 싶어 동선과 이산수학이라는 주제로 수학 주제 탐구대회에 도전했습니다. 발표 내용을 팀원들에게 설명할 때 팀원들이 이산수학을 이해하기 어려워했습니다. 팀원들에게 설명할 때, 'safe하고 light 한 엣지'라는 용어를 '짧고 순환하지 않는 길'로 직관적으로 설명하는 등 쉽게 설명하는 데 노력을 기울였고, 발표 때도 직관적인 표현으로 설명해 성공적으로 발표를 마쳤습니다. 발표 후, 한 선배가 크루스칼 알고리즘으로 구한 최소 신장 트리가 최적의 동선에 부적합할 수도 있지 않으냐고 질문했습니다. 그 질문에 대해 스스로 만족스럽지 않은 대답을 했고, 이후 알고리즘에 관련 서적과 각종 자료를 찾아가면서 알고리즘의 쓰임에 관한 내용을 더 공부했습니다. 크루스칼 알고리즘으로 구한 동선은 왕복이 가능한 동선이 아닐 수도 있기 때문에 사용하기에는 적절치 않다는 것을 알게 되었고, 질문을 한 선배에게 찾아가 감사 인사를 했습니다. 수학 주제탐구대회에서의 경험을 통해 공부한 내용을 많은 사람 앞에서 발표로 확장하고 구체화하는 일에서 흥미를 느꼈습니다.

2학년 기하 시간에 '공리'라는 새로운 단어를 발견해 공리에 대해 관련 자료를 검색하고, 선생님들께 질문했습니다. 공리에 관해 공부하면서 개념이 추상적이라고 느껴 개념을 쉽게 이해할 수 있는 직관적인 설명에 대해 고민했습니다. 고민 끝에 자연수 공리의 성질 다섯 가지를 '첫째. 1은 자연수이다, 둘째. 자연수에 자연수를 더한 것도 자연수이다.'라는 직관적인 언어로 바꾸어 설명하는 보고서를 제출했고, 보고서 내용을 바탕으로 공리에 대해 발표했습니다. 반 친구들이 제 발표를 들으며 기존의 공리는 받아들이기 힘들어했지만, 제 표현을 듣고 공리에 대해서 감을 잡는 모습을 보고 뿌듯했습니다. 이후 공리가 일상생활에 많이 존재한다는 것을 깨닫고, 3학년 독서 수업 시간과 동아리에서 공리를 찾았습니다. 독서 지문에서는 지문의 공리 개념이 엄밀한 공리 개념과 얼마나 다르게 쓰였는지 비교했습니다. 해당 지문에서 공리의 개념은 '증명이 없는 자명한 진리'지만, 제가 조사한 자료들에서의 공리의 개념은 자명한 진리로 '가정'한 것이라는 차이를 발견했습니다. 동아리에서 읽은 책에서는 페아노 공리계와 관련된 부분을 2학년 수학 II 시간에 쓴 보고서와 비교해가며 공부했습니다. 보고서의 표현으로 공리를 바꿀 때, '더한다'라는 표현은 그에 대한 증명이 필요하다는 것을 간과했다는 점이 부족했다는 것을 알게 되었고, '페아노 공리계의 5번 공리가 일종의 수학적 귀납법의 형태는 아닐까?'라는 제 유추는 적절했다는 것을 알게 되었습니다. 궁금한 점을 조사하고, 내 언어로 바꾸어 이해하면서 수학에서 느끼는 재미가 더욱 커졌고, 확률과 통계에서도 비슷한 경험을 할 수 있었습니다. 수학교육과에 진학하여 더 많은 심화 내용을 능동적으로 학습하고 싶습니다.

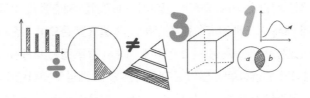

2. 고등학교 재학 기간 중 타인과 공동체를 위해 노력한 경험과 이를 통해 배운 점을 기술하시오.

중학생들을 상대로 교육봉사의 기회를 얻었습니다. 제겐 처음 모르는 사람을 가르치는 경험이라 설렘 반, 걱정 반으로 교육봉사를 시작했습니다. 처음엔 멘티들의 학습 의욕이 저조해 어려움을 겪었습니다. '내 수업이 재미없어서인가?'라는 생각에 취미인 마술을 접목해 수업해봤지만 잠깐 관심을 끌었을 뿐 길게 가지 않았습니다. 이유를 고민하다 '수업은 같이 만들어가는 것'이라 생각해 멘티들이 원하는 수업이 어떤 형태인지 묻자 원하는 수업보다는 선생님이 좀 어려워서 선생님과 친해지고 싶다고 했습니다. 저는 이 말을 듣고 정말 부끄러웠습니다. 수업은 친밀한 관계를 형성하는 것이 먼저라고 생각은 했지만 정작 실천에 옮기지 못하고 지식 전달에만 급급했기 때문이었습니다.

이후 멘티들과 친해지기 위해 수업을 10분씩 일찍 끝내며 멘티들의 이야기를 들었습니다. 교육봉사 날 학교는 어땠는지, 요즘 열중하고 있는 일은 무엇인지 등을 묻고 경청했습니다. 멘티들의 이야기를 들으면서 저는 멘티들을 더 잘 이해할 수 있었고, 멘티들에 대한 이해를 바탕으로 멘티들 각각의 맞춤 수업을 고민하면서 재미있게 준비할 수 있게 되었습니다. 그러자 멘티들은 스스로 질문하는 등 수업에 열의를 보이기 시작했습니다. 마음의 문을 열고 원하는 말을 편히 하게끔 바뀌어가는 멘티들을 보고 거리감이 많이 줄어든 것 같아 뿌듯함을 느꼈습니다. 교육봉사 날짜가 기다려졌고, 봉사활동 외에도 사적으로 만나서도 학습을 도와주는 등 좋은 인연으로 발전했습니다. 이 일을 계기로 앞으로는 가르침에 있어서는 경청과 공감을 하며 학생과 좋은 관계를 만드는 것부터 시작해야겠다고 다짐했습니다.

나. 수학교육과 자소서 분석 및 평가

제시된 자소서는 수학교육과 지원을 고려해 작성해 본 것인데 '2학년 수상경력(수학 주제 탐구대회)', '2, 3학년 교과 세부능력 및 특기사항', '3학년 동아리 활동' 등을 기반으로 1번 문항을 기술했고, '1, 2학년 봉사활동', '1, 2학년 동아리 활동'을 기반으로 2번 문항을 기술했다. **학생부에 기재된 내용 중 희망 진로를 고려한 활동들을 기반으로 자소서를 기술해나가고 있는데 잘된 점과 아쉬운 점을 중심으로 자소서 예시문을 평가해 보려고 한다.** 교육 계열을 희망하는 학생들의 경우 자신의 전공 역량과 예비교사로서의 소양을 보여주기 위해 연관성을 가진 교과 활동이나 교육봉사 활동 등을 자소서의 소재로 활용하는 경우가 많다. 이 학생처럼 수학교육과를 지원하는 학생들은 물론 교육 계열의 다른 학과 진학을 희망하고 있는 학생들이라면 소재 선정과 내용을 구성하는 데 있어서 이런 점을 고려해 본 후에 자신의 능력을 잘 보여줄 수 있는 방향으로 글을 작성해 보면 좋을 것 같다.

또한 이 학생의 학생부 기재 내용과 자소서를 꼼꼼하게 비교해 가면서 읽어보고, 본인의 자소서 작성 방향과 소재 선정 등에 대해 고민해 본 다음 초안을 작성해 보기 바란다.

1. 고등학교 재학 기간 중 자신의 진로와 관련하여 어떤 노력을 해왔는지 본인에게 의미가 있는 학습 경험과 교내 활동을 중심으로 기술해 주시기 바랍니다.
(띄어쓰기 포함 1,500자 이내 *검정고시 출신자는 중학교 졸업 후 고등학교 재학 기간에 준하는 기간의 경험 기술)

일상생활에 쓰이는 여러 수학을 주제로 수학 주제 탐구대회가 열렸습니다. ① **이산수학을 활용하면 축제 동선을 짤 때 많은 도움이 되리라 생각했고, 제 생각을 선생님과 다른 친구들에게 검증받고 싶어 동선과 이산수학이라는 주제로 수학 주제 탐구대회에 도전**했습니다. 발표 내용을 팀원들에게 설명할 때 팀원들이 이산수학을 이해하기 어려워했습니다. ② **팀원들에게 설명할 때,** 'safe하고 light 한 엣지'라는 용어를 '짧고 순환하지 않는 길'로 **직관적으로 설명**하는 등 쉽게 설명하는 데 노력을 기울였고, ③ **발표 때도 직관적인 표현으로 설명**해 성공적으로 발표를 마쳤습니다. ④ **발표 후, 한 선배가 크루스칼 알고리즘으로 구한 최소 신장 트리가 최적의 동선에 부적합할 수도 있지 않으냐고 질문**했습니다. 그 질문에 대해 **스스로 만족스럽지 않은 대답**을 했고, 이후 **알고리즘에 관련 서적과 각종 자료를 찾아가면서 알고리즘의 쓰임에 관한 내용을 더 공부**했습니다. 크루스칼 알고리즘으로 구한 동선은 왕복이 가능한 동선이 아닐 수도 있기 때문에 사용하기에는 적절치 않다는 것을 알게 되었고, 질문을 한 선배에게 찾아가 감사 인사를 했습니다.

수학 주제 탐구대회에서의 경험을 통해 **공부한 내용을 많은 사람 앞에서 발표로 확장하고 구체화하는 일에서 흥미를 느꼈습니다.** 이를 계기로 앞으로는 가르침에 있어서는 경청과 공감을 하며 학생과 좋은 관계를 만드는 것부터 시작해야겠다고 다짐했습니다.

①에서 수학 주제 탐구대회에 참여하게 된 동기를 제시한 후 대회의 성격을 고려해 '설명'과 '발표'했다는 사실을 ②와 ③을 통해 제시했는데 '직관적'이라는 키워드를 활용해 청자의 이해도를 높이려 한 점이 인상적이다. 또한 ④에서는 발표 내용과 관련된 질문을 받고 답변한 내용을 기술했는데 그 과정에서 자신이 부족했던 점을 깨닫고 보완해 나가는 모습이 잘 드러나 있다. 자신의 관심 분야에서의 역량을 길러나가기 위해 스스로 노력하는 모습을 기술했다는 점에서 긍정적이며 이를 통해 진로에 대한 흥미를 구체화했다는 점이 돋보인다.

1번 문항 첫 번째 사례 기반이 된 생기부 기재 내용

▲ **2학년 수상경력**
수학주제탐구대회(최우수상)

---

⑤ 2학년 기하 시간에 '공리'라는 새로운 단어를 발견해 공리에 대해 관련 자료를 검색하고, 선생님들께 질문했습니다. 공리에 관해 공부하면서 개념이 추상적이라고 느껴 ⑥ 개념을 쉽게 이해할 수 있는 직관적인 설명에 대해 고민했습니다. 고민 끝에 자연수 공리의 성질 다섯 가지를 '첫째. 1은 자연수이다, 둘째. 자연수에 자연수를 더한 것도 자연수이다.'라는 직관적인 언어로 바꾸어 설명하는 보고서를 제출했고, 보고서 내용을 바탕으로 공리에 대해 발표했습니다. 반 친구들이 제 발표를 들으며 기존의 공리는 받아들이기 힘들어했지만, 제 표현을 듣고 공리에 대해서 감을 잡는 모습을 보고 뿌듯했습니다.

⑦ 이후 공리가 일상생활에 많이 존재한다는 것을 깨닫고, 3학년 독서 수업 시간과 동아리에서 공리를 찾았습니다. ⑧ 독서 지문에서는 지문의 공리 개념이 엄밀한 공리 개념과 얼마나 다르게 쓰였는지 비교했습니다. 해당 지문에서 공리의 개념은 '증명이 없는 자명한 진리'이지만, 제가 조사한 자료들에서의 공리의 개념은 자명한 진리로 '가정'한 것이라는 차이를 발견했습니다.

⑨ **동아리에서 읽은 책에서는 페아노 공리계와 관련된 부분을 2학년 수학 II 시간에 쓴 보고서와 비교**해가며 공부했습니다. 보고서의 표현으로 공리를 바꿀 때, '더한다'라는 표현은 그에 대한 증명이 필요하다는 것을 간과했다는 점이 부족했다는 것을 알게 되었고, '페아노 공리계의 5번 공리가 일종의 수학적 귀납법의 형태는 아닐까?'라는 제 유추는 적절했다는 것을 알게 되었습니다.

궁금한 점을 조사하고, 내 언어로 바꾸어 이해하면서 수학에서 느끼는 재미가 더욱 커졌고, 확률과 통계에서도 비슷한 경험을 할 수 있었습니다. 수학교육과에 진학하여 더 많은 심화 내용을 능동적으로 학습하고 싶습니다.

⑤에서 수학 교과에서 배운 용어와 관련된 일화를 제시한 후 여기서 생긴 고민을 ⑥을 통해 드러내고 있는데 앞선 사례와 마찬가지로 '직관적'이라는 키워드를 다시 사용하고 있다. 청자의 이해도를 높이는 데 효과적인 방식이라는 학생의 인식을 다시 엿볼 수 있는 장면으로 이런 전달력은 교사가 갖추어야 할 자질 중 하나라는 점에서 자소서를 통해 자신의 역량을 잘 드러냈다고 볼 수 있을 것 같다. 이런 활동을 기반으로 '공리'라는 개념을 추가적으로 학습했음을 ⑦~⑨를 통해 제시하고 있는데 지적 역량을 확장해 나가고 있다는 점에서는 무난해 보이지만 글자수의 제한으로 인해 각각의 활동에 대한 구체적인 기술이 이루어지지 못한 점은 다소 아쉽게 느껴진다. 예를 들어 ⑧에서 언급한 **'제가 조사한 자료들에서의~'**와 같은 원론적인 표현만으로 한정하는 것보다는 구체적인 자료 목록이나 출처 등을 명시한 후에 비교한 결과를 정리했으면 어땠을까 하는 생각이 든다.

1번 문항 두 번째 사례 기반이 된 생기부 기재 내용

▲ 2학년 수학 II 교과 세부능력 및 특기사항
기하 시간에 배운 공리의 개념을 확장시켜 자연수의 공리를 조사해보고 공리가 수학의 다양한 분야에 쓰인다는 것을 ppt로 발표함. 수학주제탐구 보고서 활동으로 부정적분과 정적분의 역사와 유래에 대해 조사하였으며 적분의 실생활의 예로 유토 곡선을 설명함.

▶ 3학년 독서 교과 세부능력 및 특기사항
'공리'라는 개념을 보다 섬세하게 이해하기 위해 '중학교 기하에서의 공리와 증명의 취급'이라는 글을 스스로 선택해 읽고 내용을 요약하고 깨달은 점, 이 분야에 대한 학문적 열의와 지적 호기심을 논리 정연하게 글로 작성함.

▲ 3학년 동아리 활동
(중등티쳐벨3) 관심 있는 교과목 책 읽기 활동에서 '수학의 확실성(모리스 클라인 저)'을 선정해 읽은 후 2학년 수학 II 교과 시간에 배운 페아노 공리계의 정리를 좀더 깊이 있게 공부할 수 있었다는 내용으로 자기 평가서를 작성함. 확률과 통계에서 이항분포를 정규분포로 근사하는 것에 흥미를 가졌고, 관련 주제에서 의문이 생기는 부분을 정리하여 자기주도적인 탐구 계획을 세워봄.

총평

1번 문항에서 '진로와 관련하여'라는 의미는 지원자가 작성한 학습경험이나 교내활동 등이 자신의 진로와 연관성이 있는지를 묻고자 함이다. 지원 동기나 향후 진로 계획에 초점을 맞추라는 것은 아니기 때문에 글을 작성하기 전이나 초고 작성 후에 이런 부분을 점검해보아야 한다. 이런 점에서 볼 때 이 학생이 자소서는 지원학과와의 연관성이 잘 드러나 있고, 자신의 특성을 잘 보여줄 수 있는 일관된 키워드를 사용해 무난하게 정리했는데 추가로 잘된 점과 아쉬운 점을 요약해보면 다음과 같다.

잘된 점 수학교육과 진학을 고려해 수학 교과목과 관련된 전공 역량과 교육 분야에 대한 흥미를 보여줄 수 있는 발표 활동 경험을 활용하고 있는 점이 돋보인다. 무엇보다도 본문에서 언급했던 것처럼 '직관적'이라는 키워드를 활용해 효과적인 설명 방법을 찾기 위해 고민해 본 것은 매우 인상적이라 할 수 있을 것 같다. 또한 수학 주제탐구대회 수상 경력을 활용했는데 이 부분은 학생부의 다른 항목에서는 활동 내용에 대한 구체적인 기술이나 언급이 없는데 이를 구체적으로 정리했고, 이를 수학적 역량을 보여줄 수 있는 활동으로 만들었다는 점에서 자소서 작성의 취지에 부합한다고 볼 수 있을 것 같다. 이런 활동 내용들은 면접을 대비할 때 활용 가치가 크기 때문에 자소서를 활용해 사전에 예상 면접 문항을 만들어 볼 필요가 있다.

아쉬운 점 본문 내용 중에 추가 질문에 대한 답변과 탐구과정이 기술되어 있는데 이런 정리 방식보다 학생이 강조하고 있는 '직관적'이라는 부분과 관련해 상세한 설명을 해 보는 것은 어땠을까 하는 생각이 든다. 교사라면 누군가를 가르치기 위한 가장 효과적인 방법을 늘 고민해 볼 수밖에 없을 텐데 학생이 제시한 방법이 자신의 진로를 선택하는 데 결정적인 역할을 했고, 효율성이 크다면 이 부분에 대한 추가적인 설명이나 보완이 있으면 더 좋을 것 같다. 또한 지원동기나 향후 진로 계획에 초점을 맞추라는 것이 아니라는 점을 고려해 마지막 3줄을 무의미하게 기술하는 것보다 탐구활동 내용을 구체화하는 방향으로 수정해 보는 것도 좋을 것 같다.

2. 고등학교 재학 기간 중 타인과 공동체를 위해 노력한 경험과 이를 통해 배운 점을 기술해 주시기 바랍니다.

(띄어쓰기 포함 800자 이내 *검정고시 출신자는 중학교 졸업 후 고등학교 재학 기간에 준하는 기간의 경험 기술)

① **중학생들을 상대로 교육봉사의 기회**를 얻었습니다. 제겐 처음 모르는 사람을 가르치는 경험이라 설렘 반, 걱정 반으로 교육봉사를 시작했습니다. ② **처음엔 멘티들의 학습 의욕이 저조해 어려움**을 겪었습니다. '내 수업이 재미없어서인가?'라는 생각에 취미인 ③ **마술을 접목해 수업해봤지만 잠깐 관심을 끌었을 뿐 길게 가지 않았습니다.** 이유를 고민하다 ④ **'수업은 같이 만들어가는 것'이라 생각**해 멘티들이 원하는 수업이 어떤 형태인지 묻자 원하는 수업보다는 선생님이 좀 어려워서 선생님과 친해지고 싶다고 했습니다. 저는 이 말을 듣고 정말 부끄러웠습니다. 수업은 친밀한 관계를 형성하는 것이 먼저라고 생각은 했지만 정작 실천에 옮기지 못하고 지식 전달에만 급급했기 때문이었습니다.

⑤ **이후 멘티들과 친해지기 위해 수업을 10분씩 일찍 끝내며 멘티들의 이야기를 들었습니다.** 교육봉사 날 학교는 어땠는지, 요즘 열중하고 있는 일은 무엇인지 등을 묻고 경청했습니다. 멘티들의 이야기를 들으면서 저는 멘티들을 더 잘 이해할 수 있었고, 멘티들에 대한 이해를 바탕으로 멘티들 각각의 맞춤 수업을 고민하면서 재미있게 준비할 수 있게 되었습니다. ⑥ **그러자 멘티들은 스스로 질문하는 등 수업에 열의를 보이기 시작**했습니다. 마음의 문을 열고 원하는 말을 편히 하게끔 바뀌어가는 멘티들을 보고 거리감이 많이 줄어든 것 같아 뿌듯함을 느꼈습니다. 교육봉사 날짜가 기다려졌고, 봉사활동 외에도 사적으로 만나서도 학습을 도와주는 등 좋은 인연으로 발전했습니다.

이 일을 계기로 앞으로는 가르침이 경청과 공감을 하며 학생과 좋은 관계를 만드는 것부터 시작해야겠다고 다짐했습니다.

①은 활동 경험을 소개한 구절인데 '왜 교육봉사를 하고자 했는지'에 대한 부연 설명이 추가되면 좋을 것 같다. ②에서는 봉사활동을 시작하면서 생긴 문제점을 제시했는데 ③과 같은 방식으로 해결하려고 했으나 일시적이라는 것을 깨닫고 ④에서 언급한 생각을 기반으로 ⑤와 같은 해결 방법을 통해 멘티들의 행동 변화(⑥)를 이끌어내는 방식으로 기술한 후 배운 점으로 마무리하고 있다. 멘토링 활동에서 전형적으로 볼 수 있는 문제해결 방식의 자소서로 무난하게 정리했다.

2번 문항 기반이 된 생기부 기재 내용

▲ 1학년 봉사활동
청소년 1 : 3 학습 멘토링 25시간

▶ 1학년 동아리활동
(중등티쳐벨1) 교육 분야의 꿈을 키우며 동아리의 모든 활동에 적극적으로 성실하게 참여함. 교육봉사 경험 나누기 활동에서 중학생에게 수학을 가르치는 멘토링 활동을 하며 수업 전 준비를 철저히 하고 최대한 멘티의 입장을 고려하며 학업, 진로 상담을 하는 과정이 의미 있었다고 이야기함.

▲ 2학년 봉사활동
청소년 1 : 3 학습 멘토링 25시간

▶ 2학년 동아리활동
(중등티쳐벨2) 교육봉사 경험 공유 활동에서 중학생에게 수학과 영어를 가르친 이야기를 공유함. 처음엔 무기력한 학습 태도를 보이던 학생이 맞춤형 수업과 친밀한 관계 형성을 위한 노력으로 점차 학습 의욕을 보이고 학습 능력이 향상되어 보람을 느꼈다는 소감을 나눔.

2번 문항은 말 그대로 '타인'과 '공동체'를 위해 노력한 경험이라는 의미에 부합하는 내용을 기술하면 되는데 이 학생이 소재로 활용한 '교육봉사 활동'은 질문의 의도를 잘 보여준다고 할 수 있을 것 같다. 교육봉사 활동의 경우 흔히 볼 수 있는 멘토링 활동과 마찬가지로 '학습에 대한 도움을 주면서 생긴 문제점을 해결'해 나가는 형태로 기술하는 경우가 많은데 2번 문항의 잘된 점과 아쉬운 점을 요약해보면 다음과 같다.

잘된 점 교육 계열을 희망하는 학생임을 고려했을 때 적절한 소재를 선정했고, 예비 교사로서의 자질을 보여주기 위한 멘토링 활동 경험을 중심으로 무난하게 기술했다. 대부분의 학생들이 그렇듯 교육봉사 활동을 하다 보면 학습 능력을 키우려는 과정에서 문제점이나 어려움이 생기는데 이를 해결하기 위해 멘티들의 이야기에 귀를 기울이고, 개선 방안을 찾아서 상황을 긍정적으로 변화시켜 나간 점이 잘 정리되어 있다.

아쉬운 점 무난하게 정리했기 때문에 지금 정도의 글이면 적절할 것 같은데 글자수의 여유가 있다면 교육봉사를 하려는 개인적 이유나 동기에 대한 언급이 글의 시작 부분에 제시되면 좋을 것 같다. 다수의 학생들과 대동소이한 활동 경험이라면 그 안에서 자신만의 특별함을 보여주는 것도 효과적이기 때문이다.

다. 초등교육과 세부능력 및 특기사항

학생의 진로희망은 초등교사이며, 초등교육학과를 준비한 생활기록부를 만들어 보았다.

1) 수상경력 ✦

수상경력에서는 학생의 관심사와 해왔던 노력의 결실을 확인할 수 있다. 2023학년도 대입에서 학기당 수상 1개 제공을 끝으로 이후 대입에서는 상급학교에 수상경력을 제공하지 않는다. 즉, 2024학년도 대입부터는 대학에서 학생의 수상 경력을 볼 수 없다. 이에 따라 학교에서 주최하는 대회 참가가 의미 없다고 생각할 수 있다.

하지만 **생활기록부가 대입만을 위한 기록물이 아니며, 수상을 위해 학생이 노력하여 발전하는 것은 교육적인 면에서 매우 긍정적**이다. 또한 대회 형식이 아니라 학교 행사 형식으로 진행해 볼 수 있기에 수상에 관한 내용을 정리하였다.

1학년 ◉ 표창장(모범상) / 도서탐구대회(최우수상)
2학년 ◉ 표창장(봉사상) / 외국어말하기대회(최우수상)
3학년 ◉ 표창장(모범상)

수상은 도서탐구대회와 말하기대회, 표창장이 있다. 초등교육과는 학생의 전 과목을 가르치는 교사를 길러내는 학과이다. 해당 학생은 사회 중심으로 과목을 선택한 학생으로 생활기록부를 디자인했기 때문에 도서와 외국어를 넣었다. 만일 수학, 과학 대회에서 수상을 했다면 이 또한 매우 의미 있기 때문에 등록해도 된다. 특정 분야만을 잘하는 것도 매우 가치가 있지만 **다양한 대회에 참가하여 높은 평가를 받아 보는 것도 초등교육계열**을 진학하려는 학생에게는 의미 있는 생활기록부를 만드는데 큰 도움이 될 것이다.

표창장은 모든 계열에서 받는 것을 추천한다. 더 나아가 교육계열에서는 표창장에 의미가 좀 더 부여될 수 있다. 교대 및 사범대는 학생을 교육하는 교사를 양성하는 학과이다. **인성 평가에 중요도가 높아서 표창장을 받길 추천**하며, 학생은 스스로 왜 받게 되었는지 정리해보길 바란다.

2) 자율 활동 ✧

자율활동은 학교에서 자치, 적응, 학교 특색활동에 학생이 참여한 모습을 기록하는 곳이다. 학교에서 주도하여 시작하기 때문에 학생의 자기주도성이 다른 영역에 비해 적게 드러날 수 있다. 하지만 각 활동에서도 **뚜렷하게 보이는 기록**이 어떻게 되어야 할지 아래 내용을 참고하길 바란다.

1학년 ◉ 독서릴레이를 완주함. 초등학교 교사가 되기 위해 다양한 분야의 책을 깊이 있게 탐독하였으며, 그 책 내용에 접근하여 어떻게 학생과 함께 학습해야할지 고민하는 내용을 독후 활동에 담아냄.

체육한마당과 교내스포츠클럽에서 여러 종목에 참여하면서 스포츠 정신을 발휘함. 급우들과 협력하고 단합하면서 모두가 하나가 되어 어우러지는 즐거운 시간을 가짐. 학급을 상징하는 깃발 제작에 참여하여 며칠 동안 학교에 남아 창의적인 깃발을 완성하기 위해 봉사함.

수학·과학UCC제작 활동에 참여하여 직접 그린 그림 위에 전자를 손으로 움직여 가며 화학결합의 생성 원리를 알기 쉽게 보여주고 자막을 통해 과학적인 설명을 덧붙여 완성도 높은 동영상을 제작함. 그 과정에서 초등교사를 희망하는 학생답게, 효과적인 전달 방법 및 학습 방법을 고민했던 시간이 가치 있었음을 소감문에 밝힘.

장애이해교육 통해 장애란 다양한 사람의 모습들 가운데 하나이고 특별히 잘 못된 것도 틀린 것도 없는 고유한 개성중의 하나임을 이해하고 장애로 인해 차별이 생기는 상황이 없어야 함을 깨달음.

2학년 ◉ 독서첼린지에서 '그저 위로가 필요할 때 그림책이 내게 온다.'를 주제로 여러 그림책을 읽고 구연함. 그림이 있는 동화책을 읽으면서 자신의 별명과 그림으로 자신을 나타내기, 책과 관련된 이야기 나누기, 버킷리스트 작성하기 등 창의적인 활동을 실시함. 독서첼린지를 통해서 자신이 꿈꾸고 있는 초등학교 선생님이 되어서 초등학생에게 적용해 보면서 학생의 사고력과 창의력을 향상시켜보고 싶다는 소감문을 작성함.

학급 특색활동으로 '한학기 프로젝트 매두사(매일 두장씩 사회풀기)'를 실시함. 한학기 동안 매일 사회 2장씩 풀고 공부한 문제집과 노트를 사진 찍어 인증하는 활동을 진행하는 매니저 역할을 함. 같이할 친구들과 진행 방법을 결정하고 이를 실천해 나가는 과정을 통해 책임감을 느끼게 되었으며 서로 격려해주며 끝까지 진행할 수 있었다는 소감을 작성함.

학교폭력예방교육을 통해 학교폭력 유형, 학교폭력의 피해 학생과 그 가족들이 받는 상처와 고통 및 학교폭력의 심각성을 깨닫고 따뜻한 학교 및 학급을 만들기 위한 학교폭력 예방법에 대해 익힘.

3학년 독서릴레이를 완주함. 1학년 때부터 꾸준하게 3년 동안 이 프로그램에 참여하여 인문 분야, 사회 분야, 교과 관련 분야 등 다양한 분야의 독서활동을 통해 본인의 지적 호기심을 충족시키기 위해 노력하는 모습을 보여줌. 특히 교육 분야에 대한 지속적인 관심을 바탕으로 관련 책을 읽으면서 어떤 교사가 될 것인가 진지하게 고민하면서 아이들에게 평생을 살아갈 수 있는 '마음의 힘'을 주는 교사가 되어야 겠다는 다짐을 드러냄.

또래 멘토링에 참여하여 '윤리와 사상' 과목에서 배운 사상가들의 사상적 특징을 찾아 멘토가 내용을 요약하면 멘티가 정리를 하면서 이해를 확실히 하는 방법으로 진행함. 혼자 공부할 때 비하여 함께 공부하면서 더욱 내용 정리를 확실하게 할 수 있었고 이해가 쉽게 설명하는 교수법의 연습도 할 수 있었다는 소감을 밝힘.

아동학대 및 가정폭력 예방 교육을 통해 아동학대의 유형에는 신체학대, 정서학대, 성학대, 방임(유기)이 있으며, 방임의 종류에 대하여 배우고 아동학대가 일어나면 국번 없이 118에 신고해야 함을 배움.

자율활동 기록을 정리하면 **독서, 인성 교육, 교육** 관련 활동이다.

초등교사를 희망하는 학생이 진행한 독서릴레이와 독서챌린지활동이다. 독서교육 결과는 단순히 **독서활동영역에만 기록하는 것이 아닌** 생활기록부 대다수 영역에 기록할 수 있다. 학교급 및 학급에서 독서 활동에 계획을 잘 세워 예시에 소개한 사례처럼 학생별 진로에 맞춘 특기사항을 작성할 수 있으니 참고하길 바란다.

장애이해교육, 학교폭력예방, 아동학대 및 가정폭력예방 교육처럼 학교에는 인성교육이 창의적 체험과정 내에 포함되어 있다. 이때 교대 및 사범대학교를 희망하는 학생은 해당 교육을 통하여 느낀 점이 무엇인지 그 내용을 자기 평가서에 잘 기록해 놓으면 좋겠고, 교사는 발표 및 자기 평가서 등을 통해 이를 확인하길 바란다. 또한 **인성교육에 이어 확장되는 활동을 디자인해보길 바란다.** 또한 교내 체육 행사가 있다. 작성된 특기사항처럼 해당 활동을 적극적으로 참여하면서 학생의 세부적 모습도 기록하는 것은 학생별 특기사항 작성에 도움이 된다.

교육 관련 활동으로는 수학·과학 UCC제작, 2학년 학급 특색활동, 또래 멘토링을 통해 확인할 수 있다. 학생이 어떻게 공부하는지 확인할 수 있는 특기사항들이다. 혼자서 차분하게 공부하는 방법도 유의미하다. 하지만 교대 및 사범대는 학생들을 지도하는 교사를 양성하는 기관이다. 따라서 **같이 공부하고 서로 격려하는 활동**으로 생활해 나가는 모습을 보여줄 수 있는 활동 참여와 기록이 더욱 의미가 있다.

자율 특기사항에서는 학교뿐 아니라 학급에서 개개인 학생에 맞추어 기획하여 해볼 수 있는 활동이 가능하기 때문에 위에 제시한 활동으로 다양한 고민을 해보길 바란다.

3) 동아리 활동 ✧

1학년 ◉ **(초등티쳐벨1)** 장래희망이 교사인 학생으로 초등교육 봉사활동에 남다른 긍지를 가지고 더 나은 교육을 위한 방안 논의 및 소감을 나누는 동아리 활동에 최선을 다함. 초등학생을 교육할 때, 순수한 마음으로 의지하고 따르며 어려워하는 문제에 대해 살짝 힌트만 주어도 스스로 해결하며 성장해가는 어린 학생들을 대견해하고 어여삐 여기는 등 미래 초등교사로서 기본 품성과 자질이 다분함. 미래교육의 방향에 관한 다큐멘터리를 보고 미래 교육 환경 변화에 어떻게 대처해 나갈 것인가에 대해 깊이 생각해 봄. 동아리 축제를 계획하는 회의에서 참신하고 다양한 의견을 제시함. 축제 전날에 팀원들과 손발을 맞춰 한시도 쉬지 않고 준비하고 당일에는 재치와 융통성을 발휘하여 부스를 운영하는 등 열성을 다함. 동아리부스 활동에 대해 모든 동아리 부원들이 한마음 한뜻으로 움직인 점을 높이 사고 내년에 보완, 발전시킬 점을 평가해 봄으로써 매 순간 활동의 의미를 되새기며 발전을 추구함. 차기 동아리 반장 선거에 반장 후보로 출마하여 만장일치로 선출됨. 사전에 1년간 활동에 대한 동아리 부원들의 의견을 수렴, 반영해 공약을 작성, 발표함으로써 큰 호응을 얻는 등 철저한 준비성과 리더십을 보임.

2학년 ◉ **(초등티쳐벨2)** 동아리 반장으로서 전염병으로 인해 기존 방식의 활동이 불가능한 상황에서 주도적으로 계획을 변경하고 동아리 부원들의 의견을 최대한 수용하며 모든 활동이 순조롭게 진행되도록 기획하는 등 멋진 리더십을 발휘함. 특히 초등학생 대상의 봉사활동을 할 수 없던 상황에서 학습지 봉사라는 새로운 방식을 찾아냄으로써 교육봉사를 가능하게 함. 본인의 봉사활동을 위해서는 퀴즈마다 응원 메모 남기기, 자신의 경험담 기록 등의 참신한 방법을 동원함. 모의 수업 활동에서 체험 위주의 미술 심리 관련 수업을 진행함으로써 동아리 부원들로부터 큰 호응을 얻음. 동아리별 토론회 형식의 축제에서 교육 쟁점 관련한 주제를 모아 최대한 다수의 참여를 이끌고 자유로운 분위기에서 편하게 진행하여 학생들의 만족도를 극대화함. 1년간 동아리 활동을 돌아보며 동아리 활동을 이끌면서 최악의 상황에서 최선의 대안을 찾아가는 사람으로 성장했음을 뿌듯해함. 또한 진행상 서툴렀던 점도 점차 극복해나갈 수 있었다고 평가하고 동아리 부원들의 협조와 뒷받침에 고마움을 표하며 활동 마무리를 훌륭히 해냄.

3학년 ● **(초등티처벨3)** 탐구보고서 쓰기 활동에서 '다문화 사회 속 교사의 역할'을 주제로 설정하고 다문화 사회의 의사소통을 바탕으로 하여 상담, 학습지도, 생활지도의 측면에서 교사의 역할과 구체적인 지도방안을 제시한 보고서를 작성한 후 발표함. 다문화사회에서 교사는 다문화교육 프로그램 개발자, 학생 생활 상담사로 교육 속에 다양한 문화와 생각을 반영하여 학생들과 함께 다문화 감수성을 키울 수 있도록 해야한다는 자신의 진솔한 생각을 전달하며 발표를 마무리한 점이 인상 깊었음. 주제 융합 발표에서 '대중매체 속 다문화 차별문제와 해결방안'을 융합 주제로 설정하고 연극, 영화, 티브이 프로그램에서 정작 우리나라 사람은 지키지 않는 규범을 외국인과 다문화 가정에 강요하여 차별을 조장하는 경우를 예로 들며 우리나라 사람들의 세심한 주의가 더욱 필요하다는 점을 제시함. 또한 적절한 다문화 교육과 상담을 통해 인식의 변화를 도와야 한다는 점을 언급함.

학생은 3년간 교육 관련 동아리를 하였다.

1학년 동아리 특기사항에서 교육 봉사 방안과 소감 나누는 활동 및 다큐멘터리 시청을 통해서 초등교사가 지녀야 할 자세를 보여주고 있다. **학생이 실제 지도할 때 어떤 마음가짐**으로 할지 예상해 볼 수 있는 유의미한 특기사항이다. 동아리원으로서 축제에서 열심히 하는 모습을 보여주는 특기사항을 보며, 집단 구성원의 하나로 자신의 역할을 충실한 모습을 확인할 수 있다. 이에 따라 동아리원에 신임을 받아 2학년에 동아리 반장이 되는 학생의 이야기가 신빙성이 높아지는 특기사항이다.

2학년 동아리에서는 동아리 반장으로서 생각지 못한 전염병으로 인하여, 모여서 활동을 할 수 없을 때 어떻게 **유의미한 대처**를 하였는지 확인할 수 있다. 코로나19로 인해 원격 수업과 비대면 화상 수업 등이 늘어나며 봉사활동도 제약을 많이 받았다. 이에 따라 봉사를 포기하는 것이 아니라 교육봉사의 새로운 장을 만들어 진행하는 리더의 모습을 확인할 수 있는 특기사항이다. 또한, 교육 쟁점에 관한 토론 또는 발표 등은 유의미한 활동이며 대입 면접에서도 자연스럽게 질문이 이어지게 될 것이다. 따라서 해당 학과를 진학하고자 하는 학생이라면 꼭 시도하여 특기사항에 기록될 수 있도록 준비하길 바란다.

3학년 동아리에서는 **교육 쟁점을 발표**하는 모습을 작성해보았다. 다문화에 대한 고민은 2학년 생활과 윤리 과목에서 시작되었다. 이를 3학년 때는 심화하여 다문화 교육을 주제로 탐구보고서 쓰기와 주제 융합 발표 활동을 하였다. 다문화 학생은 점차 늘어날 추세이며 예비교사를 생각하는 학생으로는 꼭 자기 생각을 정립하고 대학에 진학하길 바라기 때문에 특기사항을 만들어 보았다. 해당 글을 읽는 학생 및 교사는 다문화 가정이 있는 학급 상황에서 어떻게 해야 할지 꼭 고민하길 바란다.

4) 봉사 활동 ✣

봉사 활동의 특기사항은 기본적으로 작성하지 않는다. 또한 2024 대입부터는 학생이 외부에서 한 개인 봉사 활동은 상급학교에 제공하지 않는다. 따라서 학교 계획에 따른 알찬 봉사 활동이 중요하다. 그리고 오해하면 안 되는 부분이 어떤 봉사 활동이 해당 학과에 가장 적합한 봉사 활동인지 질문이 많은데 그런 봉사 활동은 있을 수 없다. 학생이 하는 **모든 봉사 활동이 다 의미가 있다는 점**을 꼭 유념하고 내용을 참고하길 바란다.

1학년 ◉ 교내 환경정화활동 3시간

마을 축제 활동 보조 10시간

초등학생 1:1 학습 멘토링 진행 20시간

2학년 ◉ 교내 환경정화활동 3시간

헌혈인식 캠페인 12시간

초등학생 1:1 학습 멘토링 진행 15시간

3학년 ◉ 교내 환경정화활동 3시간

어린이 도서관 자료실 정리 5시간

다문화센터-무료급식 봉사 10시간

기본적으로 학교에서 열심히 봉사를 했을 때 받는 봉사시간과 개인 봉사를 토대로 작성하였다.

초등학생 학습 멘토링은 예비 초등교사를 목표로 하는 학생에게는 유의미한 봉사활동이다. 직접 체험해보고 **자신의 진로에도 맞는지 확인**할 수 있는 봉사활동이다. 마을 축제 활동, 헌혈인식 캠페인, 어린이 도서관 정리 등은 사회 구성원으로서 봉사가 필요한 분야에 나서서 시도해본 학생을 표현하고자 작성하였다. 3학년 다문화 센터-무료 급식 봉사는 **동아리 특기사항**에서 다문화 학급에 대한 생각 정리 및 실제 어떤 상황인지를 경험하고 어떤 방향으로 나아가야 할지 아이디어를 얻을 수 있을 것이라 생각하여 작성하였다.

해당 개인 봉사 등은 계획을 잘 세우고 **학교에서 프로젝트 봉사**로서 시도해보길 바란다.

5) 진로 활동 ✦

진로활동의 특기사항은 진로 희망과 관련된 학생의 자질, 수행한 활동 및 결과물을 기록할 수 있고, 진로 상담 결과 또한 작성할 수가 있다. 즉, 전반적으로 **학생이 희망하는 진로로 나아가기 위해 수행한 어떠한 활동도** 기록할 수 있다.

1학년 ◉ 꿈구두진로진학설계프로그램에 참여하여 초등학교 교사 관련 직업 특성 및 교육대학 정보를 탐색한 후 진로 방향 로드맵을 그려보며 초등학교 교사가 되기 위한 구체적인 계획을 세움.

진로박람회 체험활동에서 전통놀이지도사, 청소년지도학과 부스에 참여하여 초등학생의 전인적 교육에 필요한 다양한 직무 능력을 체험하고 직업과 관련해 실질적으로 참고해야 할 정보를 탐색하는 방법을 익힘.

자기소개서 쓰기 활동에서 초등교육 분야로 글을 쓰면서 진로 방향과 관련된 본인의 활동 경험과 노력에 대하여 진지하게 고찰해 보며 이야기를 작성함.

대학생 진로진학 멘토링 프로그램에 참여하여 대학생 선배와의 만남을 통해 구체적인 조언을 듣고 성실한 학교 생활의 중요성과 다양한 교육 봉사 활동에 대한 실천 의지를 다짐.

학부모와 함께하는 맞춤형 진로진학컨설팅에 참여하여 변화하는 대학입시의 특징을 이해하고 자신에게 적합한 지원 유형을 탐색함. 또한 자신의 꿈을 구체화하기 위하여 학교생활에서 어떤 준비 과정이 필요한지 파악하고, 학생부 관리와 학습계획에 대한 구체적인 실천 의지를 갖고 학업계획을 수립함.

2학년 ◉ 진로 독서활동 시간에 '교사와 학생사이(하임 G. 기너트)'를 읽고 독서 일지를 성실하게 작성함. '최선을 추구하는 교사들의 모습', '적절한 의사소통' 등을 명장면으로 꼽으며, 책을 통해 진실하고 공감하는 마음의 중요성, 인간관계에서 의사소통 방법 등에 대해 깊이 생각해보게 되었음을 작성함. 또한 '진솔한 마음'을 통해 학생들에게 긍정적인 영향력을 끼칠 수 있는 교사라는 직업에 다시 한번 매력을 느끼게 되었으며, 아이들의 감정을 돌볼 수 있는 교사가 되기 위해 심리학 수업을 듣는 등의 구체적인 노력하고자 다짐하는 계기가 됨.

꿈구두진로진학컨설팅에 참여하여 미래 시대를 살아가기 위한 '다양한 시각'의 필요성에 대해 생각해보는 시간을 갖게 되었음. 아이들의 마음을 중요시하는 교사가 되기 위해 '미술심리치료'와 '학교폭력'에 관련된 다양한 도서를 읽어보며 나만의 특별한 강점을 만들도록 노력하겠다는 의지를 컨설팅 후 소감을 작성함.

진로학과멘토링에서 초등교육과와 심리학과를 선택하여 진지하게 탐색하고 전공 학과에 대한 진학정보 및 학교생활에 대하여 궁금한 내용을 질문함. 진로방향의 전공 학과에 대한 정보탐색을 바탕으로 진로목표를 구체화하고 진로방향 의사결정능력 및 전공에 대한 이해도를 높임. 자기 비전과 미래계획 세우기에서 현재부터 40년 후까지 희망 목표를 5년 단위로 세우고 이를 달성하기 위한 계획들을 작성해봄으로써 구체적인 진로탐색의 계기를 마련함.

3학년 ● 초등학교 교사를 진로로 정하고 진로를 위하여 각 교육대학교 및 초등교육과의 학과 특성과 교과 과정을 탐색함. 특히 지망하는 대학들의 면접 기출문제를 연습하면서 자신의 가치관과 교직 적성을 성찰하는 계기로 삼음.

지망하는 학과의 면접 기출문제를 연습하면서 '지원자의 장단점은?'에 대하여 "장점은 공감능력으로 타인의 사소한 심경 변화도 잘 알아채며 주변 사람들이 자신에게 고민을 털어놓기 편해한다. 단점은 완벽주의 성향이 지나치다."라고 분석함. '과정과 결과 중 무엇이 더 중요한가?'라는 질문에 대하여 "결과가 좋지 않더라도 어려움을 헤쳐나가는, 실패를 극복하는 '과정'속에서 새롭게 배울 수 있는 게 무조건 하나쯤은 있을 것이다. 더 풍요로운 사람으로 성장할 수 있는 과정이 더 중요하다."라고 응답함.

멘토링 활동을 하며 자신이 맡은 멘티에게 깊은 애정과 교감을 느끼고 '이게 진짜 교사의 마음인가?' 하는 느낌을 받았다는 소감을 밝히며 자신의 꿈은 교사임을 한 번 더 확신하게 됨.

내 꿈 자랑하기 활동을 통해 초등교사는 아동에게 다양한 활동을 통해 올바른 성장을 돕고 단체생활을 통해 협동심과 배려하는 마음 등을 기를 수 있도록 돕는 역할을 하며 필요한 능력으로 관찰력, 통솔력, 대처능력, 어휘구사능력 등이 필요함을 발표함. 이를 키우기 위해 아동심리에 관련한 독서를 하고 자기 발전을 시키겠다는 포부를 밝힘.

6) 교과 세부능력 및 특기사항 ✦

1학년 ◉ 한국사 : 밝은 표정만큼 학습 활동 중 밝은 분위기를 이끌어가며, 학습 의지가 높고 여러친구에게 멘토 역할을 많이 해주는 학생임. 조선왕조실록 학습 후 '잘못된 만남'이라는 주제로 모둠별 화첩을 제작하면서 '선조와 이순신'을 소재로 갈등의 역사를 표현하였고 독도의 날을 맞아 실시한 계기교육 수업 중 독도경비대에 보내는 감사의 엽서를 정성스럽게 작성함. 매 시간 수업일기 작성에 최선을 다하였고 특히 영정법의 부가세를 피해가기 위한 방안을 강구했던 점은 가장 재치가 넘친 수업일기였음. '임오군란을 어린아이들에게 설명하기' 활동에서 우수한 지도안을 제출함. 초등교사가 되고 싶어 하는 학생으로 '일제강점기 초등교육'을 주제로 발표 수업을 진행하면서 국민학교령과 당시 시기별 교육령의 문제점을 지적함. 특히 가치관 형성이 진행되기 시작하는 어린 아이 교육의 중요성을 맞추어 당시 전쟁에 동원되는 교육을 강요했던 교육을 비판하며 올바른 역사 인식이 올바른 교육을 이끈다는 귀한 교훈으로 발표를 마무리함.

국어 : 학급에서 가장 국어 학습 능력이 뛰어나며 이를 친구들에게 전달하기 위한 방안 개발을 위해 노력함. 사회적 상호 작용으로서의 읽기 과정은 학급 SNS에서 체험학습 장소를 선정했던 사례를 통해 설명하고, '가난한 사랑 노래'를 시대적 배경 분석을 토대로 수업을 진행하는 등 배경지식을 통해 핵심 개념의 이해를 도모하는 모습을 보임. 지필평가를 앞두고는 시조 문학을 골든벨 형식의 문제풀이를 통해 익힐 수 있게 도와줌. 본인이 직접 준비한 예상문제를 공유하여 큰 호응을 얻음. 정보전달 말하기 활동에서는 여러나라의 교육을 소재로 발표함. 독일의 민트프로젝트, 미국의 토론수업, 싱가포르의 능력 중심 교육시스템 등을 설명함. 또한, 첫 발령을 받은 교사의 설렘을 재치 있게

사설시조로 표현하는 등 주체적으로 문학을 향유하는 모습을 보임. '북 라이트하우스'라는 그림이 책이 등대처럼 자신의 길을 밝혀준다고 설명하는 모습은 독서를 통한 성장을 기대하게 함.

영어 : 영어 독해력과 어휘 실력이 매우 탁월하며 학급에서 가장 영어의사소통능력이 뛰어남. 영어원서 등 다양한 매체의 영어자료를 접하며 자기주도적으로 실력향상을 위해 노력하는 학생임. 단어 학습용 앱을 사용하여 1년 동안 꾸준히 어휘력 향상을 위해 자발적으로 교과서의 모든 어휘를 학습함. 수업 중 모둠 활동에서 조장으로서 단원별 학습지의 과제 해결 중 주변 친구들을 친절하게 가르쳐 주며 활동지를 완성할 수 있도록 배려하는 모습이 돋보임. '나의 롤모델'에 대한 말하기 과제에서 존경하는 초등교사에 관해 유창하면서도 뛰어난 문장구사능력이 돋보이는 발표를 함. 적절한 제스쳐의 사용과 시선처리, 자신감 있는 태도 등 자신의 의견을 전달하는데 있어 탁월함을 보임. 'Frindle(Andrew Clements)'을 읽고 등장인물들이 느끼는 감정에 공감하고 이야기를 통해 배운 교사로서 가져야할 태도까지 잘 정리한 분석문을 작성함.

통합사회 : 수업에 대한 몰입도가 최상인 학생으로 학습지 정리, 학업 성취 수준, 인성 모두 훌륭함. 모둠 활동 시에 모둠의 의견을 취합하고 정리하여 최종 결과물을 작성하는 데 도움을 줌. 기본적인 사회 배경지식이 풍부하여 새로운 내용이 제시되었을 때 이해 속도가 빠름. 교과·진로 융합 수업 활동에서 '미래에 교사는 사라질까요?'를 제목으로, 정보화로 인해 교육 환경은 변화할 수 있으나 인공지능이 교사를 대체할 수 없고, 교사의 감정 코칭의 역할이 강조될 것 임을 발표함. 발표 준비 전에는 인공지능이 인간을 대체할 것이라는 점에서 부정적으로 생각했으나, 조사 과정을 통해 인간의 섬세한 감정이 중요하다는 것을 깨닫고 인식의 변화를 일으켰음. 또한 자신이 중요한 진로를 준비하고 있다는 점에서 자부심을 느끼는 계기가 됨. 사회 불평등 수업에서 학교 내 안전을 소재로 도농 간의 보건교사 배치, 공간 격차를 조사하고, 시도교육청의 재정 격차의 원인을 밝혔으며, 개인적·사회적 해결방안을 제시하는 카드뉴스를 제작함.

통합과학 : 과학 전 영역에서 학업성취도가 매우 우수함. 화학변화의 원리를 명확히 파악하여 중화반응에서 수용액의 이온 수 변화를 그래프와 이온모형으로 나타냄. 미시적 개념을 잘 파악하고 및 과학적 용어로 바꾸어 유창하게 표현함. 조암 광물 학습 내용을 자신만의 독특한 방법으로 개발하여 친구들에게 소개하는 등 개념의 이해력이 뛰어나고 창의적으로 조직하는 능력이 우수함. 물리영역에서 충격량을 줄이기 위한 달걀 보호 장치를 탐구 및 설계하여 3층 높이에서 낙하해도 파손되지 않는 결과물을 만들어 뛰어난 탐구 수행 능력과 과학적 사고력을 보여줌. 생물 대멸종 가설 중 운석 충돌설에 대한 자료의 수집과 분석 및 조직 능력이 우수하여 모둠원들로부터 투표에 의해 대표 발표 내용으로 선택되었음. 토의과정에서 본인이 조사를 맡은 부분을 자세히 설명하고 모둠원들을 설득하여 의견 조정을 하는 등 뛰어난 지도력을 발휘함. 또한 창의적으로 다양한 영역을 접목하여 과학 개념을 표현하고 전달하는 능력이 뛰어나 SNS 개인 프로필 소개하는 양식을 활용하여 입욕제에 들어있는 효소의 원리를 창의적으로 잘 나타냄. 과학부장으로서 책임감이 뛰어나고 노트정리 결과물을 만드는 등 자기주도성이 매우 훌륭함.

기술·가정 : '부모됨의 준비' 수행 활동에서 부모 됨의 의미를 인식하고, 부모의 양육태도에 대한 이해를 통해 부모역할의 중요성 및 부모님의 소중함과 고마움을 생각해 보는 기회를 가졌으며, 책임 있는 부모가 되는 데 필요한 역량을 탐색하는 계기가 됨. 지식나눔활동에서 영아기의 발달 특징과 부모역할에 대한 안내 자료를 비주얼씽킹으로 제작하여, 부스를 방문한 급우들에게 친절하고 자세하게 설명함. 다른 모둠의 각 시기별 자녀 발달 특징과 돌보기 방법에 대한 설명을 경청하며 지식을 넓혀감으로써, 자녀의 발달단계에 따라 부모역할이 달라짐을 이해함. '나의 생애사 책만들기' 활동에서 창의적인 내용과 형식으로 생애사를 표현함. 자신이 살아온 삶을 성찰하고 미래의 삶을 구체적으로 계획하여 자신의 생애를 서술함. 성장배경과 학생시절의 이야기를 진솔하게 담아내며, 초등학교 교사로서의 진로탐색 과정, 자신의 결혼관 및 자녀교육관, 가족을 사랑하는 마음 등이 잘 드러나도록 작성하였으며 마지막에 '마지막 조언'을 덧붙임으로써 독창적이며 완성도 높은 작품을 만들어냄.

1학년 때 배우는 과목은 필수 과목으로 대부분의 학생이 수강하는 과목이다. 필수 과목이다 보니 학생의 선택권이 없다. 하지만 그 속에서도 해당 학생은 모든 과목에서 열심히 한다는 것을 특기사항을 통해 알 수 있다.

특히 초등교사는 교직에서 학생의 전 과목을 교육하기 때문에 **모든 교과에서 우수성**을 드러내는 것이 좋다. 한국사 시간에 학습 의지가 높다는 특기사항, 국어 시간에 국어 학습 능력이 가장 뛰어나다는 특기사항, 영어의사소통능력이 학급에서 가장 뛰어나다는 특기사항, 통합사회 및 통합과학에서 학업 성취 수준이 높다는 특기사항 등 대부분의 특기사항에서 학생의 학업 우수성을 알리고 있다.

각 교과별 인상 깊은 특기사항으로 한국사 특기사항에서 '임오군란을 어린이들에게 설명하기 활동', '일제강점기 초등교육 발표'는 초등교사를 꿈꾸는 학생이 한국사 시간에서 할 수 있는 좋은 활동이다.

국어시간에서는 '정보전달하기 활동'에서 세계 여러 나라의 수업을 찾아보고 친구들에게 알리는 활동을 통해 추후 교사가 되어 자신의 수업을 설계할 때 참고할 수 있는 공부를 했음을 알 수 있다.

영어시간에는 '나의 롤모델', 통합사회에서는 '교과진로융합 수업 활동과 사회 불평등 수업', 기술·가정에서 '나의 생애서 책 만들기' 수업 특기사항을 통해 초등교사를 준비하는 학생임을 잘 알 수 있는 좋은 내용으로 구성되어 있다.

2학년 🌑 **언어와 매체** : 수업 시간에 집중력이 뛰어나고 교사의 질문에 적극적인 자세로 대답하며, 자신이 공부한 내용을 주변 친구에게 알기 쉽게 설명하는 등 나눔을 실천하는 학생으로 학급에서 친구들이 어려워하는 문제도 모두 설명해줄 만큼 실력이 우수함. 문법에 관심이 많고 관련 배경지식도 많아 이해도가 높지만 어렵고 새로운 개념을 배울 때면 어려움을 느껴 고민하고 찾아보고 질문하는 등 큰 노력을 기울임. 그 과정에서 새로운 것을 알아가는 재미를 느꼈다고 발표함. 특히 관형사와 관형어의 차이, 품사의 통용 중 동사와 형용사 부분은 가장 어려움을 겪어서 더 찾아보고 고민함으로써 성장하고 있음을 확인함. 수업 시간 개념을 설명한 후 적절한 예시를 언어생활에서 스스로 찾아보게 하거나 어려운 부분은 반복학습을 통해 이해시키는 교사의 수업방식을 미래 교단에서 학생들을 지도하는 자신이 배워서 적용하고 싶다는 다짐을 수업일기에 작성함. 교과와 진로의 연관성을 발표하는 활동에서 '교실수업에서의 바람직한 언어적 상호작용' 대해 발표함. 학생들에게 긍정적인 영향을 줄 수 있는 올바른 언어 습관이 중요함을 인식하고 미래 교사가 된 자신의 모습을 그리며 교과 공부에 집중하였다고 발표함.

문학 : 매시간 성실하고 적극적인 태도로 수업에 참여함. '소설가 구보 씨의 일일'을 학습한 후, 목표 없이 방황하는 구보 씨와 달리 자신은 뚜렷한 목표를 위해 흔들림 없이 노력하겠다는 다짐을 담은 독후감을 작성함. 창작활동으로 '님의 침묵'을 '나의 극복'이라는 제목으로 패러디하였는데, 변화를 두려워하는 자신이 코로나19로 인해 변화를 긍정적으로 수용하여 자신의 단점을 극복해낸 모습을 창의적으로 표현함. 대면 멘토링봉사가 어려워 초등학생 학습지를 직접 제작해본 경험과 대면 동아리활동 대신 온라인학습방을 운영한 경험을 통해 변화에 적응한 것을 시로 표현하였으며 '코로나가 왔지만, 나의 꿈을 미리 경험해볼 기회도 함께 왔습니다.'라고 표현한 것이 돋보임. 말더듬이 선생님(시게마츠 기요시)을 읽고, 구성하기 단계를 거쳐 '이런 선생님은 어떨까?'라는 제목으로 서평을 흐름이 자연스럽게 완성하였음. 글을 구성하는 단계에서 핵심 문제를 자신의 경험이나 사회 현실과 연관지어 생각해봄으로써 이야기의 틀을 자연스럽게 짜는 모습을 보임. 또한 이 책을 통해 교사를 꿈꾸는 자로서 어떤 교사가 되어야 하는지에 대해 깊이 생각해보는 기회를 얻을 수 있다는 점에서 매우 가치 있는 책이라고 평가함.

영어 I : '교과서 영화 감상하기'에서 'Coach Carter'를 감상한 후 영화를 보면서 느낀 점, 인상 깊었던 점, 그리고 자신의 장래희망인 교사와 영화의 내용을 연결지어 잘 씌여진 감상문을 제출. 자신이 좋아하는 팝송을 선정하여 영어로 발표하는 'Today's DJ' 시간에 디즈니 애니메이션 'Tangled'의 OST, 'I See the Light'를 선택하여 발표 내용을 파워포인트로 구성하고 노래의 내용과 좋아하는 이유, 인상적인 영어문장 등을 유창한 영어와 성의 있는 태도로 소개하여 인상 깊은 발표를 함. 꾸준하게 어휘를 공부하여 1학기 실시된 모든 단어

시험에서 좋은 성적을 보여줌. 주어진 과제물을 성실하게 하여 학습과정 포트폴리오를 완벽하게 완성시킴. 좋아하는 물건을 한가지 선택하여 급우들에게 보여주고 그 물건에 대해 설명하는 'Show&Tell' 영어말하기 발표에서 '죽은 시인의 사회'라는 영화를 발표주제로 선택하여 파워포인트로 구성하고 단순히 영화의 줄거리를 소개하기보다는 좋아하는 이유와 자신의 꿈인 교사와 연결하여 영화를 소개하고 인상적인 대사를 정리하는 등 적절한 단어와 구문을 사용하여 세련된 태도로 모범적인 발표를 함.

영어II : 영어과목에 관심과 흥미를 가지고 매시간 긍정적인 자세로 참여하여 교과의 면학분위기 조성에 크게 기여함. 픽처북 속의 그림으로 이야기를 재구성하는 학습에서 그룹장의 역할을 맡아 팀원들이 활동에 적극적으로 참여할 수 있도록 독려하고 팀원들의 아이디어를 수렴, 정리하여 서기에게 전달하는 역할을 수행함. 수업 시간에 배부된 학습지를 잘 작성하여 포트폴리오를 완벽하게 완성하고 단어공부를 성실하게 하여 정기적으로 치르는 단어시험에서 모두 좋은 성적을 거둠. 장래희망을 주제로 에세이를 작성하는 영어쓰기 시간에 교육학을 전공하고 싶다고 밝히고 장래희망인 교사가 되기 위해 해야할 일, 목표 등을 논리적이고 일관성 있는 문장으로 완성함.

생활과 윤리 : 매사에 차분하고 성실한 학생으로 수업에 대한 집중력과 학업의지가 돋보임. 바람직한 가치 및 도덕원리에 대한 탐구능력을 바탕으로 올바른 인간상 및 이상적인 사회의 모습을 제시할 줄 앎. 다양한 사상가들의 교훈을 통해 타인과 소통하는 법, 좋은 인간관계를 형성하는 법 등을 체득해 나감. 자연을 바라보는 동서양의 관점을 비교 설명할 수 있으며 생태중심주의 입장에서 오늘날 환경문제의 해결방안을 윤리적 관점에서 논리적으로 제시함. '문화 다양성과 존중' 단원을 미리 탐구하고 학습하여 친구들을 대상으로 윤리수업을 진행함. 수업 중간중간 적절한 동영상, 그림, 도표 자료들을 제시하며 친구들의 관심도와 집중도를 끌어 올렸으며, 안정적이고 매끄러운 수업 진행을 통해 학생들의 완전한 학습을 만들어 낸 완성도 높은 수업을 보여줌. 다문화를 바라보는 태도와 관련한 윤리적 쟁점을 체계적으로 분석하고 정리해 소개하는 등 오랫동안 고민하고 노력한 흔적이 보였던 수업임. 현대 사회에 등

장하는 다양한 영역의 윤리적 쟁점들을 사회, 문화, 역사적 배경에 대한 깊이 있는 이해를 바탕으로 접근하고 해결하고자 노력하는 학생임.

생명과학 I : 생명과학 부장으로 수업 전 수업 준비물을 챙기고 학급 구성원의 학습지 및 과제를 챙기는 등, 맡은 일을 한결같이 성실하게 하여 학급 구성원들에게 큰 도움을 줌. 반짝이는 눈빛으로 수업을 열심히 듣고 이해하는 속도가 남다르며 꼼꼼하게 공부하는 습관이 잘 형성되어 있음. 뛰어난 이해력과 사고력을 가지고 있어 열심히 공부한 만큼 성취도 탁월하며 교과에 대한 통찰력을 가지고 교사가 놓치는 부분까지 예리하게 질문하여 가르치는 재미를 더함. 수업 시간에 하는 사소한 활동조차도 야무지게 하는 모범 학생임. 생명과학의 특성과 탐구 방법 단원에서 생명과학 탐구 방법을 이해하고, 당 함량에 따른 기체 발생량을 빵 반죽이 부푸는 정도를 비교하는 실험을 참신하게 설계함. 다양한 질병의 원인과 우리 몸의 특이적 방어 작용과 비특이적 방어 작용을 이해함. 중추 신경계와 말초 신경계의 구조와 기능을 이해하고, 신경계와 관련된 질환 관련 질환을 자율신경계 이상으로 나타나는 기립성 저혈압과 중추신경계 이상으로 뇌전증에 대해 각각의 증상과 치료 방법에 대해 상세하게 조사하고 자신의 이야기를 곁들여 잘 정리함. 또한 친구들과 함께 '감정과 뇌의 호르몬 연관성'을 주제로 탐구 활동을 하여 활동지를 작성함.

중국어 I : 중국의 교육을 안내한 신문 기사를 선정하여 읽고 주제 관련 핵심 용어와 어휘를 잘 정리하였으며, 신문 기사의 내용을 정확히 이해하고 분석하였음. 중국 베이징대에서 도입하여 진행하고 있는 학교 추천 없이 학생 스스로 추천할 수 있게 선발범위를 확대한 '박아 인재양성 프로젝트'를 소개하며 중국의 미래 인재상을 알아보고 이를 선발하기 위한 방법을 살펴보면서 우리나라의 대입 학생부종합전형 제도에 좋은 참고가 될 수 있다는 의견을 작성하였음. 과거의 중국은 인재 선발을 중심으로 한 능력주의 교육을 지향하여 강압적인 지도 방법이 많았는데 점차 인식의 전환이 이루어져 현재는 평가보다 이해와 소통을 중시하게 된 상황을 소개하며 교육자로서 갖추어야 할 덕목에 대한 자신의 생각을 정리하는 글을 작성하였음. 중국어 반장으로서 노트 걷기, 수행평가 준비하기 등 매 시간 중국어수업을 위해 봉사하였으며, 단어본문 읽기, 쓰기, 회화 연습 등 수업 활동에 빠짐없이 적극적으로 참여하는 모습이 인상적임.

심리학 : 심리학 시간을 통해 미래의 자신이 타인의 마음을 좀 더 이해하고 공감하고 위로해 줄 수 있는 사람이 되길 바라며 자기 발표뿐만 아니라 친구들의 표현에도 귀 기울이는 모습이 일관되게 나타남. 역할극 시간에 스트레스 받았던 자신의 경험을 공유하고 이상적인 대처 방법을 찾아내어 연극으로 발표함. 그룹 심리 활동에서 응원의 말을 듣고, 자신 또한 위로해줄 수 있는 사람이 되는 사회적 지지와 이타성 향상 효과를 몸소 경험하여 찾아낼 수 있었음. 동기부여의 종류에 대해 배우고 자신의 학업 성과에서 자신에게 내제적이고 지지적이고 통제적인 방법을 적용함을 알게 됨. 프로이트의 무의식, 꿈의 개념에 대하여 흥미로워했으며 예시를 통해 무의식으로 인해 나타나는 행동 양상들을 찾아볼 수 있었음. 이상심리에서 강박증에 관심을 가지고 조사하였으며 앞으로 살아가면서 만나게 될 많은 사람의 한 유형이라 생각하며 어떻게 대하는 게 좋은지의 관점으로 접근하는 점이 인상 깊었음. 자신이 선생님이 된다면 자신이 발표한 로젠탈 효과처럼 학생들을 이해하고 변화할 수 있다고 믿고 기다려주면서 학생들의 가능성을 끌어내겠다는 다짐을 보임.

　　1학년 특기사항과 같이 2학년 특기사항에서도 **모든 과목에서 우수하다는 것**을 확인할 수 있다. 또한 각 교과에서 초등교사 또는 교육과 연계되어있는 특기사항이 많다.

　　언어와 매체에서 '친구들이 ~ 우수함.'이라는 특기사항을 통해 국어에 대해 매우 우수한 학생임을 증명하고 있다. 또한 수업일기와 교과와 진로의 연관성 발표하는 활동을 통해 미래 교사를 희망하는 학생이 교과 활동에 착실히 임했다는 것을 확인할 수 있다.

　　문학 특기사항에서는 **동아리(초등티쳐벨2)에서 있었던 경험과 이어서** 문학작품 서평쓰기와 연결하여 학생의 진로를 드러낼 수 있는 활동으로 만든 특기사항을 작성하였다.

　　영어 Ⅰ, Ⅱ에서는 '~좋은 성적을 보여줌.'과 같은 평소 수행 평가 내용을 언급하면서 배움의 정도가 높은 학생임을 드러내고 있다. 또한, 영화 감상, 팝송 소개, 말하기 발표, 에세이 작성 등의 영어 수업에서 **모두 학생이 초등교사와 관련 있는 결과물**과 발표 경험을 통해 장래 희망에 큰 확신이 있음을 강조하였다.

　　이처럼 언어 관련 수업에서는 해당 학생의 진로와 관련된 수업을 다양하게 계획할 수 있으니 제시된 특기사항을 참고하여 수업에 활용하길 바란다.

　　생활과 윤리 특기사항에서는 전반적으로 수업에 대한 이해도가 높다는 것은 확인할 수 있다. 또한 '문화 다양성과 존중' 단원을 공부한 뒤에 다문화에 관심이 생겼다는 특기사항을 근거로 **3학년 동아리와 봉사활동 내용이 연계**되어 학생만의 이야기가 있는 생활기록부가 완성되었다.

　　생명과학Ⅰ 특기사항 중 '생명과학 부장으로~모범 학생임.'까지의 문장은 **학생을 극찬**하는 특기사항이다. 수업에서 완벽한 모습을 본 교사가 학생의 모습을 잘 표현하기 위해 쓴 내용이지만 모든 교과 특기사항이 해당 방식으로 작성되는 것은 권장하지 않는다. 진실한 생활기록부가 아닐 수도 있다는 평가를 받을 수도 있기 때문이다.

　　중국어Ⅰ의 특기사항도 중국의 신문기사 만들기 활동을 통해 중국어의 실력도 확인할 수 있고, 학생의 관심 분야 특기사항도 작성할 수 있으니 수업에 참고하길 바란다. 또한 학생이 교과 반장으로서 수업에 봉사하고 있음도 긍정적 평가를 받을 수 있다.

　　심리학 특기사항에서는 학생이 바라는 점과 학생이 수업에 임하는 모습을 잘 드러내었다. 심리학은 다른 계열에서도 중요하지만 교육계열은 대학에서 교육심리학과 연결되기 때문에 중요하다. 그 이유는 아동 또는 학생의 심리상태 파악이 교육활동에서 매우 중요한 활동이기 때문이다. 이를 고등학교에서 **심리학 수업을 통해 경험해보고** 미래 **교사로서 상대방이 어떤 상태인지 파악**하는 수업 참여는 매우 긍정적으로 평가된다.

3학년 ● **독서** : 폭넓은 해석력을 가지고 교과 내용을 이해하고 해당 내용을 자신이 가르친다면 어떤 방법으로 가르쳐야 할지 고민하며 교직의 길을 성찰하는 태도가 체질화된 학생임. 현직 초등교사와 교육학자 7명이 펜데믹 상황 속에서의 한국 교육의 현재를 진단하고 앞으로 나아가야 할 방향을 모색하는 활동지 '학교의 미래'를 읽고, 자신의 진로인 초등교사가 되면 학생들에게 '어떠한' 교육을 할 것인지 성찰하고 온라인 수업의 소통에 대한 방법을 잘 배워 학생에게 더 의미 있는 학습을 가능하게 하는 교육관을 형성할 수 있도록 정진하겠다는 다짐을 표현한 소감문을 발표함. 수필 '새 출발점에 선 당신에게'를 읽고 힘든 대입 수험 생활의 어려움에 위안을 받았으며, 작품 마지막 구절에서 작가가 하고자 하는 말은 세상에 나아갔을 때 중요한 것은 실력이나 성적보다 타인과의 소통임을 이해하고, 교사가 된다면 학생들이 행복하게 인생을 살아가는 힘을 길러주는 것이 중요함을 확신했다는 소감을 발표함.

확률과 통계 : 호기심을 가지고 문제 상황을 추측하고 논리적으로 분석하는 능력이 뛰어나며 성실한 태도로 수업에 참여함. 성실하고 꼼꼼한 학생으로 수업에 대한 집중력이 높고, 자기주도적 학습태도가 돋보임. 자신의 문제 풀이 과정과 결과를 다른 사람에게 표현하는 능력뿐만 아니라 타인의 풀이에 적절한 피드백을 주는 능력이 뛰어남. 주제탐구활동지 작성에서 사람의 마음을 읽는 확률과 통계를 주제로 발표함. 글이 나타내는 감정 상태를 긍정과 부정으로 나눈 뒤 두 단어가 하나의 글에서 얼마나 자주 쓰이는지를 계산하는 방식인 PMI(Point-wise Mutual Information) 모델을 조사하여 정리함. 초등교사를 희망하는 학생으로 단어 감정 분석에 활용되는 SO-PMI모델 조사를 통해 알게 된 수학과 심리의 연관성에 대해 논리적으로 서술함. 교사가 되었을 때 학생이 작성한 글을 분석하고, 심리를 파악한 다음 긍정적 방향으로 나갈 수 있도록 조력하고 싶다는 자신의 꿈을 작성함.

영어 독해와 작문 : 어휘 능력을 바탕으로 다양한 주제에 관한 길고 복잡한 글의 세부 정보 및 내용의 논리적 관계, 필자의 의도를 정확하게 파악하는 능력이 있음. 시각화 활동 시간에 선택한 글의 중요한 단어와 주제 및 요지를 꼼꼼히 정리하고 사실 정보와 맥락 정보를 활용하여 필요한 세부 정보를 정확하게 파악하여 색 펜과 말풍선 등을 활용하여 글의 내용이 명확하게 드러나는 그림

으로 표현하는 뛰어난 비주얼리터러시 능력을 보여줌. 읽기 시간에 발표를 자청함. 정확한 구분 분석과 해설로 학생들의 지문에 대한 이해도 향상에 도움을 주고 또렷하고 자신감 있는 목소리가 특히 인상적임. 멘토링활동 시 약한 유대관계도 사회집단 간 다리로서 가치가 있다는 지문을 선택하여 중요한 문장을 색 펜을 이용하여 분석하고 요지와 주제를 정리한 후 다양한 연계 문제 및 핵심 단어의 유의어와 반의어를 정리하는 등 멘토로서 역할 수행을 위해 열정적으로 준비하는 모습을 보임. 성실하게 본인을 존중하는 자세로 활동에 임한 친구들이 고마웠고 희망 진로를 생각하며 자신감 있게 본인이 알고 있는 지식을 공유하며 한 걸음 성장한 느낌을 받아 좋았다는 자평을 함. 질문에 친절하게 차근차근 설명해 주어 좋았다는 멘티들의 평가를 받음.

사회·문화 : '사회 불평등의 이해' 단원과 자신의 진로를 연계하여 '코로나19와 교육 격차'에 대한 글쓰기를 함. 코로나19로 의도하지 않은 미래 교육이 교실로 들어왔 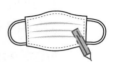 지만, 학교 기자재 수준이나 학생의 정보 활용 능력의 차이에서 오는 정보 격차에 의해 정보 불평등이 발생할 수밖에 없음을 지적함. 비대면 수업으로 인한 학급 내 피상적 인간관계 증가를 해결하기 위해 끊임없는 상호작용과 소통을 강조하는 글에서 미래 교사로서 자질을 엿보임. '일탈 현상 분석하기' 활동에서 '청소년 범죄'를 주제로 카드 뉴스 제작에 적극적으로 참여함. 차별교제 이론을 바탕으로 소년원에서 범행 수법을 배우거나 공범을 만나 강도 높은 범죄를 저지르는 청소년의 사례를 분석하고 해결방안을 명료하게 제시한 점이 인상깊음. 수업 내용에 대한 이해력이 높으며 성실한 태도로 수업에 참여함.

윤리와 사상 : 배움 자체를 즐기는 학생으로 수업의 집중도는 물론 수업 내용에 대한 이해력이 높음. 하나의 질문에 머무르지 않고 그 다음 단계까지 생각하고 질문하는 열의를 보이며 철학적으로 사고하는 능력이 탁월한 학생임. 주제탐구프로젝트 수업에서 '아리스토텔레스'를 탐구 주제로 선정하고 프레젠테이션을 함. 아리스토텔레스의 주요 사상인 현실주의, 행복론, 덕론에 대해 명료하게 파악하여 발표함. 특히 지성적 덕과 품성적 덕의 주요 특징 및 중용의 의미에 대해 학생들에게 알기 쉽게 설명해 줌. 또한 덕론을 설명한 부분에

서 자신의 희망 진로와 연계하여 발표하는 시간을 가지면서 훗날 초등교사가 되었을 때 학생들에게 유덕한 덕을 형성시켜 주는 데 도움을 줄 수 있는 교사가 되겠다고 다짐함. '동양 철학 인물 탐구' 수업에서 '주자'를 탐구 주제로 선정하고 이기론, 심성론, 수양론에 대해 명료하게 파악하여 잘 서술함. 특히 심성론에서 기질의 변화를 강조한 주자의 입장을 자신의 교육철학과 접목시켜 설명한 부분이 매우 인상적이었음. 또한 도덕적 앎과 도덕적 실천의 일치를 주장한 주자의 사상이 현대 교육계에 시사하는 바가 크다는 점을 지적하며 자기 생각을 글로 잘 표현함.

정리!

독서 특기사항에서 '폭넓은 ~ 학생임.'의 한 문장으로 독서 능력이 높으며, 교직을 생각하는 학생임을 잘 드러냈다. 이후 작성된 특기사항은 학생이 자기평가서를 작성했다는 것을 전제로 썼다. 같은 활동을 하였지만 각기 다른 느낀 점을 가진 학생들을 위한 **맞춤 특기사항은 자기평가서를 통해 작성이 가능**하다. 이를 꼭 참고하길 바란다.

확률과 통계는 수학 능력이 뛰어나다는 것을 잘 표현하였다. 또한, 확률과 통계가 사회에서 활동되는 분야 중 한 분야를 선정하였고, 이를 **심화하여 SO-PMI까지 한 학생의 활동**을 주목하길 바란다. 다양한 주제를 학생이 스스로 선택하여 공부해나갈 수 있도록 좋은 수업으로 이어진 특기사항이다. 해당 글을 읽는 교사 또는 학생이 실제 시도해보길 바란다.

영어 독해와 작문은 영어 능력이 뛰어남과 미래 교사로서 멘토링 활동에 인상 깊었다는 느낀 점이 기록된 특기사항이다.

사회·문화는 사회 현상을 고민하고 어떤 방향으로 나갈지를 고민해볼 수 있는 좋은 과목이다. 교육계열을 희망하는 학생이라면 교육 격차와 청소년 범죄를 주제로 자신의 꿈을 키워나갔음을 확인할 수 있는 매우 가치 있는 특기사항이다.

윤리와 사상 특기사항에서 '배움 자체를 ~ 탁월한 학생임.'까지의 문장을 보면 수업 이해도가 높다는 것을 확인할 수 있다. 또한, **주제탐구프로젝트**에서 아리스토텔레스의 사상을 시작으로 학생이 초등교사 되었을 때 초등학생의 유덕함을 기르는 데 이바지하겠다는 내용으로 마무리되는 문장은 학생의 도덕 관념이 높다는 것과 동시에 진로까지 잘 연결한 특기사항이다.

7) 독서 활동 ✧

독서 활동 상황은 2024 대입부터는 상급학교 진학 자료에 반영되지 않는다. 이에 따라 독서가 중요하지 않다고 생각할 수 있지만, 독서 활동이 교과나 학교 활동으로 들어 올 수 있다. 독서를 통해 학생이 배우는 것이 많으므로 독서는 지속적으로 하길 추천한다.

1학년 ◉ 역사저널 그날4(KBS 역사저널 그날 제작팀), 죽은 시인의 사회(클라인바움), 갈매기의 꿈(리처드 바크), 미안해, 스이카(히야시 미키), 수포자는 어떻게 만들어 지는가?(폴 록하트), 박사가 사랑한 수식(오가와 요코), 수학비타민 플러스(박경미), 대한민국 빈부 리포트(김상연 외), 왜 세계의 절반은 굶주리는가(장 지글러), 인권 연대의 청소년 인권 특강(김형수외), 십 대를 위한 영화 속 과학 인문학 여행(최원석), 십대를 위한 미래과학 콘서트(정재승 외), 교사의 탄생(이경원), 인성이 실력이다(조벽), 교사는 아이들과 함께 성장한다(정선아), 4차 산업혁명 멘토링(권순이, 김형철, 박상일), 심리학 열입곱 살을 부탁해(이정현)

2학년 ◉ 문화어 수업(한성우 외), 국민을 위한 선거는 없다(다비트 판 레이브라우크), 아니야, 우리가 미안하다(천종호), 논어, 사람의 길을 열다(배병삼), 호모 저스티스(김만권), 다른 게 나쁜 건 아니잖아요(SBS스페셜 제작팀), 처음 만나는 뇌과학 이야기(양은우), 중국이 싫어하는 말(정숙영), 무기력의 비밀(김현수), 아무도 의심하지 않는 일곱가지 교육 미신(데이지 크리스 토둘루), 나는 87년생 초등교사입니다(송은주), 프레임(최인철)

3학년 ◉ 코로나 이후 학교의 미래(김재현 외), 그리스인 조르바(니코스 카잔차키스), 수레바퀴 아래서(헤르만 헤세), x의 즐거움(스티븐 스트로가츠), 수학이 필요한 순간(김민형), 1984(조지 오웰), 모두를 위한 아리스토텔레스(모티머 J. 애들러), 에밀(장 자크 루소), 가르칠 수 있는 용기(파커 J. 파머), 교실이 없는 시대가 온다(존 카우치, 제이슨 타운), 미움 받을 용기(기시미 이치로, 고가 후미타케), 그 아이만의 단 한 사람(권영애)

기본적으로 교육 관련 독서가 주를 이루며, 나머지는 다양한 분야의 독서 활동을 넓어보았다. 앞선 창의적 체험활동과 교과 활동 등의 사례처럼 위에 제시한 책을 읽어 **자신의 지적 능력 향상**시켜 나가길 바란다. **교사는 독서 수업을 잘 설계**하여 의미 있는 시간이 진행하도록 해야 할 것이다.

8) 행동특성 및 종합의견 ✧

행동특성 및 종합의견으로 **담임교사의 추천서**이다.

이전 입시에서는 담임교사, 교과 교사 등이 해당 학생의 전반적인 학업 역량, 자질 등을 높게 평가하여 원서를 넣는 대학교에 추천서를 같이 접수하였다. 그러나 대부분의 대학에서 추천서가 사라졌기 때문에 학생을 전체적으로 평가할 수 있는 서류가 사라진 것이다. 이를 대체하는 것이 행동특성 및 종합의견이다.

1학년 ◉ 밝고 긍정적인 성품으로 친구 사이에 인기가 많고 친절한 태도로 도움을 많이 주어 신망이 두터움. 자기 관리가 완벽하고 이해력이 뛰어나 효율적으로 학습하는 능력을 갖춤. 꼼꼼하고 정해진 원칙과 계획에 따라 자료를 체계적으로 정리하고 조직하는 일을 잘함. 전 과목에 걸쳐 매우 우수한 학업 성취를 보임. 자진하여 3학년 교실 수능장 청소 활동에 참여하여 다른 대가 없이 봉사함. 학급 내에서 1년간 게시물 관리를 맡아 각종 평가와 행사 일정을 공지하였는데 정보를 제공하는데 착오가 없도록 해야겠다는 책임감을 느끼고 친구들이 본인이 공지한 정보를 활용하여 학교생활에 도움을 얻었다고 할 때 큰 보람을 느낌. 학급 특색활동으로 시행한 '미덕 롤링 페이퍼'에서 친구들의 질문에 하나하나 답해주는 친절한 리더라는 평을 받음. 미래 인공지능 시대에 교사의 역할에 대해 고민하고 '감정코칭' 담당자로서의 교사를 그려보는 통찰력을 보여줌. 다방면에서 더 큰 성장이 기대되는 장래가 촉망되는 학생임.

2학년 ◈ 1학기 학급자치회장으로 자신이 맡은 일에 대해 책임을 다할 뿐만 아니라 급우들이 맡은 일을 책임 있게 완수할 수 있도록 꼼꼼하게 챙겨주며, 학교생활에 적응하지 못하는 급우들을 세심하게 챙기려 노력하는 모습을 보여줌. 예의가 바른 학생으로 인사를 잘하며 흐트러짐 없이 부지런하게 생활하는 최고의 모범생임.

어떤 일에도 대충 끝내지 않고 최대한 집중해서 스스로에게 흡족할 성과를 내려 노력하기에 최상의 학업성취도를 보이고 있음. 자신만의 공부가 아닌 친구들과의 또래멘토링 활동을 1년간 진행하면서 자신의 공부 방법이나 노트 정리를 모두 공유하여 멘티 친구들의 성적 향상에도 도움을 줌. 본인의 취약과목과 그 이유를 고민, 분석하고 이를 보완하려는 구체적인 계획을 세우고 실천하는 모습에서 철저한 자기관리를 볼 수 있었음.

독서릴레이에 참여하여 교육 분야에 대한 독서 활동을 통해 아이들과 진정한 소통을 나눌 수 있는 교사는 어떤 모습일지 고민하고 노력하는 모습을 보여줌. 바른 인성과 뚜렷한 소신으로 진로와 자신만의 신념을 이루기 위하여 끊임없이 탐색하고 학습하는 모습을 보여 앞으로의 성장이 기대되는 학생임.

정리!

행동특성 및 종합의견에서는 학생의 **교우관계, 학급 및 학교에서의 참여도, 학습법** 등을 작성할 수 있다.

친구들 사이에서 인기가 많으며, 잘 어울리지 못하는 학생도 같이 챙기는 따뜻한 마음씨를 가진 학생이다. 학교에서 필요로 하는 일에도 자진으로 나서 하였으며, 학급 내에 친구들이 학업을 돕기 위해 학급 게시물 관리와 필기 노트 공유를 하였음을 토대로 작성하였다. 혼자만이 아닌 모두 잘 되길 바라는 따뜻한 마음에 활동을 이어나갔음을 확인할 수 있는 특기사항이다.

위 내용을 통해서 1, 2학년의 표창장을 받았던 이유를 충분히 이해할 수 있다.

또한 전 과목에서 우수하다는 사실을 한 번 더 특기사항에서 강조하였으며, 독서릴레이 참여 기록을 작성하면서 철저한 자기 관리 및 계발로 밑바탕을 잘 다졌기 때문에 우수한 학생임을 나타낸 결과를 기반으로 작성하였다.

초등교육과
자기소개서

1. 재학 기간 중 지원한 분야와 관련하여 어떤 노력을 해왔는지 본인에게 의미가 있는 학습경험과 교내활동 등을 중심으로 기술해 주시기 바랍니다.

초등학교 교사를 꿈꾸면서 초등교육은 '보편성'과 '다양성'을 추구해야 한다고 생각합니다. 현대 대부분 국가에서 초등교육은 의무교육이자 국민의 기본권리입니다. 아이가 완전한 인격체로서 성장하기 위해 필요한 최소한의 교육이 초등교육이라고 생각했습니다. 이를 위해서 교육 평등이 실현되어야 한다고 생각했습니다. 고3 사회 문화 시간에 '사회 불평등의 이해' 단원에서 '코로나19와 교육 격차'에 대한 글쓰기를 통하여 학교 기자재 수준, 학생의 정보 활용 능력 및 학부모의 여건 차 등에 의해 교육 격차가 심해지고 있음을 지적했습니다. 이러한 상황이 지속된다면 교육 격차는 더 커질 것이며 결국 초등교육이 추구하는 '보편성'에 문제가 생길 것이라는 주장과 이를 해결하기 위한 교사, 학교, 사회의 노력이 필요함을 주장하였고 그 방안으로 학생과 교사가 자주 소통하는 방안을 제시하고 특히 교사의 더 큰 노력이 필요함을 주장했습니다. 아울러 생활과 윤리 시간에 다문화를 바라보는 태도와 관련한 윤리적 쟁점에 관심을 가졌고 이를 3학년 동아리 활동에서 탐구보고서로 제출하는 등 구체화했습니다. 이 과정에서 현재는 줄어들고 있는 '가부장 문화'가 다문화 가정에서는 강요되고 있고 또한 결혼 이주 여성에 대해 '시부모님을 반드시 보셔야 한다'는 등 기존 한국인에게도 강요하지 않는 내용을 강요하는 등 '대중매체 속 다문화 차별 문제와 해결방안'이라는 주제로 보고서를 작성했습니다. 이를 통하여 현대 한국 사회에서의 보편적 윤리 문제를 생각하게 되었고 이는 초등교육에도 반영되어야 한다고 생각했습니다.

초등교육에서 보편성이 중요하지만, 이것만 강조하다 보면 문제가 생긴다고 생각했습니다. 학생마다 가정 여건, 학습 능력, 신체 능력, 꿈 등이 모두 다릅니다. 특히 학습 능력의 경우 아이마다 모두 다르기 때문에 학습 능력이 부족한 학생과 우수한 학생을 같은 잣대로 교육하기는 어렵다는 생각으로 심리학 시간에 동기부여에 대해 배운 내용을 바탕으로 의견을 발표하였습니다. 이 과정에서 누군가에게 긍정적인 기대와 관심을 표현하면 그 사람이 더 좋은 능력을 발휘하게 되는 현상인 '로젠탈 효과'에 대해 알게 되었고 장래 교사가 되었을 때 학생마다 그들을 이해하고 변화할 수 있게 기다려주면 학생들의 가능성은 더 향상될 것이라고 다짐했습니다. 교사의 언어, 몸짓, 표정 등이 모두 학생들에게 영향을 미치며 이를 긍정적으로 표현해야 한다고 했습니다. 이러한 교사의 노력은 국가적, 사회적으로 도움을 받았을 때 더 큰 효과가 나오고 그 내용으로 과밀학급 해소가 시급함을 주장했습니다.

초등교사가 되기 위해 보편성과 다양성 입장에서 여러 생각을 하였고 이를 통하여 어린이가 배워야 할 기초 교육의 중요성을 깨우치면서 공부하고 있습니다. '보편성'과 '다양성'이라는 모순돼 보이는 생각을 어떻게 조화시킬지 계속 고민하였고 이 고민은 앞으로 대학에 진학하고 교육 현장에서도 깊이 생각할 화두입니다.

2. 고등학교 재학 기간 중 타인과 공동체를 위해 노력한 경험과 이를 통해 배운 점을 기술하시오.

지역 아동센터에서 초등학생을 가르쳐본 경험은 교사의 생각과 행동이 어떻게 어린 학생들을 변화시키는지 체험하는 계기가 되었습니다. '초등티처벨'이라는 교육 동아리 활동으로 처음 봉사를 갔습니다. 저학년 반에 배정되어 수학을 가르쳤는데 문제를 맞출 때마다 큰소리로 잘했다고 칭찬을 했더니 아이들이 더 열심히 공부하는 모습이 보였습니다. 하지만 한 아이는 문제를 계속 잘 풀지 못해서 대답도 거의 하지 않아 신경이 쓰였습니다. 어떻게 할까 고민하다가 그 아이 옆에서 힌트를 주기로 했습니다. 다행히 힌트를 이용하여 문제를 곧잘 풀었고 그때마다 역시 큰소리로 잘했다고 칭찬을 했습니다. 이렇게 1년을 활동하면서 아이들과 정도 들었고 공부시키는 보람도 생겼습니다. 그런데 2학년이 되어 코로나19로 더이상 센터에서 아이들을 가르칠 수가 없었습니다. 이 문제를 해결하기 위해 동아리에서 토의했고 그 결과 학습지를 만들어 주기적으로 보내기로 했습니다. 직접 아이들을 볼 수 없으니 학습지에는 응원 메모 남기기와 자신의 공부 경험담 남기기를 했습니다. 이렇게 직접 만나지 못하는 봉사였지만 우리들의 정성과 노력을 알았는지 아이들에게서 가끔 연락이 오고 코로나 끝나면 다시 와달라는 얘기도 하였습니다. 이렇게 한 번도 겪어보지 못한 어려움에 함께 처해 있지만 희망을 가지고 정성과 아이디어를 모은다면 이겨낼 수 있다는 자신감이 생겼고 앞으로 교사라는 목표를 더 다지는 계기가 되었습니다. 어려운 시기를 잘 극복하는 것이 실력이고 힘들고 어려운 학생을 잘 가르치는 교사가 좋은 교사라는 생각을 했습니다.

　　제시된 자소서는 초등교육과 지원을 고려해 작성해 본 것인데 '1~3학년 교과 세부능력 및 특기사항'과 '3학년 동아리 활동'을 소재로 1번 문항을 기술했고, '1, 2학년 봉사활동'과 '1, 2학년 동아리 활동' 소재로 2번 문항을 기술했다. 학생부에 기재된 내용 중 희망 진로를 고려한 활동들을 기반으로 자소서를 기술해나가고 있는데 잘된 점과 아쉬운 점을 중심으로 자소서 예시문을 평가해 보려고 한다. 교육 계열을 희망하는 학생들의 경우 자신의 전공 역량과 예비교사로서의 소양을 보여주기 위해 이 학생처럼 다양한 교과의 세부능력 및 특기사항에 기재된 내용이나 교육 관련 봉사활동, 동아리 활동 등을 자소서의 소재로 활용하는 경향을 보이기도 한다. 초등교육과를 지원하는 학생들은 물론 중등 교육 계열의 다른 학과 진학을 희망하고 있는 학생들이라면 소재 선정과 내용을 구성하는 데 있어서 이런 점을 고려해 본 후에 자신의 능력을 잘 보여줄 수 있는 방향으로 글을 작성해 보면 좋을 것 같다.

　　또한 이 학생의 학생부 기재 내용과 자소서를 꼼꼼하게 비교해 가면서 읽어보고, 본인의 자소서 작성 방향과 소재 선정 등에 대해 고민해 본 다음 초안을 작성해 보기 바란다.

1. 고등학교 재학 기간 중 자신의 진로와 관련하여 어떤 노력을 해왔는지 본인에게 의미가 있는 학습 경험과 교내 활동을 중심으로 기술해 주시기 바랍니다.
(띄어쓰기 포함 1,500자 이내 *검정고시 출신자는 중학교 졸업 후 고등학교 재학 기간에 준하는 기간의 경험 기술)

① 초등학교 교사를 꿈꾸면서 초등교육은 '보편성'과 '다양성'을 추구해야 한다고 생각합니다. 현대 대부분 국가에서 **초등교육은 의무교육이자 국민의 기본권리입니다. 아이가 완전한 인격체로서 성장하기 위해 필요한 최소한의 교육**이 초등교육이라고 생각했습니다. 이를 위해서 교육 평등이 실현되어야 한다고 생각했습니다.

② 고3 사회 문화 시간에 '사회 불평등의 이해' 단원에서 '코로나19와 교육 격차'에 대한 글쓰기를 통하여 학교 기자재 수준, 학생의 정보 활용 능력 및 학부모의 여건 차 등에 의해 **교육 격차가 심해지고 있음을 지적**했습니다. 이러한 상황이 지속된다면 교육 격차는 더 커질 것이며 ③ **결국 초등교육이 추구하는 '보편성'에 문제가 생길 것이라는 주장과 이를 해결하기 위한 교사, 학교, 사회의 노력이 필요함을 주장**하였고 그 방안으로 ④ **학생과 교사가 자주 소통하는 방안을 제시하고 특히 교사의 더 큰 노력이 필요함을 주장**했습니다. 아울러 ⑤ **생활과 윤리 시간에 다문화를 바라보는 태도와 관련한 윤리적 쟁점에 관심을 가졌고 이를 3학년 동아리 활동에서 탐구보고서로 제출하는 등 구체화**했습니다. 이 과정에서 현재는 줄어들고 있는 '가부장 문화'가 다문화 가정에서는 강요되고 있고 또한 결혼 이주 여성에 대해 '시부모님을 반드시 보셔야 한다'는 등 기존 한국인에게도 강요하지 않는 내용을 강요하는 등 **'대중매체 속 다문화 차별 문제와 해결방안'이라는 주제로 보고서를 작성**했습니다. 이를 통하여 현대 한국 사회에서의 보편적 윤리 문제를 생각하게 되었고 이는 초등교육에도 반영되어야 한다고 생각했습니다.

①에서 학생이 생각하고 있는 초등교육의 핵심적인 가치를 두 가지 제시하고 있는데 이는 1번 문항 전체 내용을 아우르는 기능을 하는 문장에 해당한다. 그중에서 ②를 보면 '코로나 19와 교육 격차'에 대한 글쓰기 경험을 소개하고 있는데 이를 통해 초등교육이 지향하는 '보편성'에 문제가 생길 수 있다는 점을 지적한 후 ③과 ④를 통해 해결 방안을 제시하는 형태로 자신의 주장을 이어나가고 있다. 한 걸음 더 나아가서 ⑤에서는 '다문화'를 소재로 보편적 윤리 문제에 대한 자신의 경험을 소개하면서 이런 부분들이 교육에서 실현될 때 초등교육이 보편성을 추구할 수 있다는 주장까지 무난하게 정리했다.

1번 문항 첫 번째 사례 기반이 된 생기부 기재 내용

▲ 3학년 사회문화 교과 세부능력 및 특기사항

'사회 불평등의 이해' 단원과 자신의 진로를 연계하여 '코로나19와 교육 격차'에 대한 글쓰기를 함. 코로나19로 의도하지 않은 미래 교육이 교실로 들어왔지만, 학교 기자재 수준이나 학생의 정보 활용 능력의 차이에서 오는 정보 격차에 의해 정보 불평등이 발생할 수밖에 없음을 지적함. 비대면 수업으로 인한 학급 내 피상적 인간관계 증가를 해결하기 위해 끊임없는 상호작용과 소통을 강조하는 글에서 미래 교사로서 자질을 엿보임.

▲ 2학년 생활과 윤리 교과 세부능력 및 특기사항

'문화 다양성과 존중' 단원을 미리 탐구하고 학습하여 친구들을 대상으로 윤리 수업을 진행함. 수업 중간중간 적절한 동영상, 그림, 도표 자료들을 제시하며 친구들의 관심도와 집중도를 끌어 올렸으며, 안정적이고 매끄러운 수업 진행을 통해 학생들의 완전한 학습을 만들어 낸 완성도 높은 수업을 보여줌. 다문화를 바라보는 태도와 관련한 윤리적 쟁점을 체계적으로 분석하고 정리해 소개하는 등 오랫동안 고민하고 노력한 흔적이 보였던 수업임. 현대 사회에 등장하는 다양한 영역의 윤리적 쟁점들을 사회, 문화, 역사적 배경에 대한 깊이 있는 이해를 바탕으로 접근하고 해결하고자 노력하는 학생임.

(초등티처벨3) 탐구보고서 쓰기 활동에서 '다문화 사회 속 교사의 역할'을 주제로 설정하고 다문화 사회의 의사소통을 바탕으로 하여 상담, 학습지도, 생활지도의 측면에서 교사의 역할과 구체적인 지도방안을 제시한 보고서를 작성한 후 발표함. 다문화사회에서 교사는 다문화교육 프로그램 개발자, 학생생활 상담사로 교육 속에 다양한 문화와 생각을 반영하여 학생들과 함께 다문화 감수성을 키울 수 있도록 해야한다는 자신의 진술한 생각을 전달하며 발표를 마무리한 점이 인상 깊었음. 주제 융합 발표에서 '대중매체 속 다문화 차별문제와 해결방안'을 융합 주제로 설정하고 연극, 영화, 티브이 프로그램에서 정작 우리나라 사람은 지키지 않는 규범을 외국인과 다문화 가정에 강요하여 차별을 조장하는 경우를 예로 들며 우리나라 사람들의 세심한 주의가 더욱 필요하다는 점을 제시함. 또한 적절한 다문화 교육과 상담을 통해 인식의 변화를 도와야 한다는 점을 언급함.

⑥ **초등교육에서 보편성이 중요하지만, 이것만 강조하다 보면 문제가 생긴다고 생각**했습니다. 학생마다 가정 여건, 학습 능력, 신체 능력, 꿈 등이 모두 다릅니다. 특히 ⑦ **학습 능력의 경우 아이마다 모두 다르기 때문에 학습 능력이 부족한 학생과 우수한 학생을 같은 잣대로 교육하기는 어렵다는 생각으로 심리학 시간에 동기부여에 대해 배운 내용을 바탕으로 의견을 발표**하였습니다. 이 과정에서 누군가에게 긍정적인 기대와 관심을 표현하면 그 사람이 더 좋은 능력을 발휘하게 되는 현상인 ⑧ **'로젠탈 효과'에 대해 알게 되었고 장래 교사가 되었을 때 학생마다 그들을 이해하고 변화할 수 있게 기다려주면 학생들의 가능성은 더 향상될 것이라고 다짐**했습니다. 교사의 언어, 몸짓, 표정 등이 모두 학생들에게 영향을 미치며 이를 긍정적으로 표현해야 한다고 했습니다. 이러한 교사의 노력은 국가적, 사회적으로 도움을 받았을 때 더 큰 효과가 나오고 그 내용으로 ⑨ **과밀학급 해소가 시급함을 주장**했습니다.

초등교사가 되기 위해 보편성과 다양성 입장에서 여러 생각을 하였고 이를 통하여 어린이가 배워야 할 기초 교육의 중요성을 깨우치면서 공부하고 있습니다. '보편성'과 '다양성'이라는 모순돼 보이는 생각을 어떻게 조화시킬지 계속 고민하였고 이 고민은 앞으로 대학에 진학하고 교육 현장에서도 깊이 생각할 화두입니다.

⑥과 ⑦은 학생이 주장하는 초등교육의 두 번째 핵심적 가치인 '다양성'에 대해 언급하고 있는데 학습 능력이 각기 다른 아이들을 지도할 수 있는 방향성을 중심으로 자신의 생각을 정리해나가고 있다. '보편성'만을 지나치게 강조했을 때 발생할 수 있는 문제점을 근거로 들어 자신의 주장을 정당화하고 있는 점이 인상적인데 ①~⑤를 기술했을 때 핵심적인 키워드를 활용했던 것처럼 두 번째 활동을 기술하는 경우에도 '다양성'이라는 직접적인 표현을 써서 강조해 보는 것이 명확성을 살리는 데 더 효과적이지 않았을까 하는 생각이 든다. 특히 ⑧과 ⑨는 학생들의 '다양성'을 키워주기 위한 해결책을 제시한 것으로 보이는데 학생이 주장하고자 하는 바가 '다양성'에 맞춰져 있는지가 다소 불분명해 보인다. 핵심 키워드를 직접적으로 활용할 경우 이런 부분들을 해소할 수 있을 것이다.

1번 문항 두 번째 사례 기반이 된 생기부 기재 내용

▲ 3학년 심리학 교과 세부능력 및 특기사항
동기부여의 종류에 대해 배우고 자신의 학업 성과에서 자신에게 내제적이고 지지적이고 통제적인 방법을 적용함을 알게 됨. 프로이트의 무의식, 꿈의 개념에 대하여 흥미로워했으며 예시를 통해 무의식으로 인해 나타나는 행동 양상들을 찾아볼 수 있었음. 이상심리에서 강박증에 관심을 가지고 조사하였으며 앞으로 살아가면서 만나게 될 많은 사람의 한 유형이라 생각하며 어떻게 대하는 게 좋은지의 관점으로 접근하는 점이 인상 깊었음. 자신이 선생님이 된다면 자신이 발표한 로젠탈 효과처럼 학생들을 이해하고 변화할 수 있다고 믿고 기다려주면서 학생들의 가능성을 끌어내겠다는 다짐을 보임.

▲ 3학년 독서 교과 세부능력 및 특기사항
'공리'라는 개념을 보다 섬세하게 이해하기 위해 '중학교 기하에서의 공리와 증명의 취급'이라는 글을 스스로 선택해 읽고 내용을 요약하고 깨달은 점, 이 분야에 대한 학문적 열의와 지적 호기심을 논리 정연하게 글로 작성함.

▲ **3학년 독서 교과 세부능력 및 특기사항**

(중등티쳐벨3) 관심 있는 교과목 책 읽기 활동에서 '수학의 확실성(모리스 클라인 저)'을 선정해 읽은 후 2학년 수학Ⅱ 교과 시간에 배운 페아노 공리계의 정리를 좀더 깊이 있게 공부할 수 있었다는 내용으로 자기 평가서를 작성함. 확률과 통계에서 이항분포를 정규분포로 근사하는 것에 흥미를 가졌고, 관련 주제에서 의문이 생기는 부분을 정리하여 자기주도적인 탐구 계획을 세워봄.

총평

1번 문항에서 '진로와 관련하여'라는 의미는 지원자가 작성한 학습경험이나 교내활동 등이 자신의 진로와 연관성이 있는지를 묻고자 함이다. 지원동기나 향후 진로 계획에 초점을 맞추라는 것은 아니기 때문에 글을 작성하기 전이나 초고 작성 후에 이런 부분을 점검해보아야 한다. 이런 점을 고려할 때 지원학과와의 연관성이 잘 드러나 있고, 자신의 주장을 잘 드러낼 수 있는 핵심 키워드를 사용해 무난하게 정리했는데 추가적으로 잘된 점과 아쉬운 점을 요약해보면 다음과 같다.

잘된 점 초등교육과 진학을 고려해 다양한 교과의 세부능력 및 특기사항의 내용과 교육 관련 동아리 활동을 중심으로 자신의 학습경험을 정리한 점이 인상적이다. 특히 글쓰기 활동이나 발표 활동을 통해 초등교육을 진행하는 과정에서 필요한 핵심적인 가치를 근거를 들어 무난하게 정리했는데 일상에서 쉽게 보고 배울 수 있는 사례를 활용해 자신의 주장을 펼쳐나가고 있는 점이 돋보인다.

2. 고등학교 재학 기간 중 타인과 공동체를 위해 노력한 경험과 이를 통해 배운 점을 기술해 주시기 바랍니다.

(띄어쓰기 포함 800자 이내 *검정고시 출신자는 중학교 졸업 후 고등학교 재학 기간에 준하는 기간의 경험 기술)

① 지역 아동센터에서 초등학생을 가르쳐본 경험은 교사의 생각과 행동이 어떻게 어린 학생들을 변화시키는지 체험하는 계기가 되었습니다. **'초등티처벨'이라는 교육 동아리 활동**으로 처음 봉사를 갔습니다. 저학년 반에 배정되어 수학을 가르쳤는데 문제를 맞출 때마다 큰소리로 잘했다고 칭찬을 했더니 아이들이 더 열심히 공부하는 모습이 보였습니다. 하지만 ② **한 아이는 문제를 계속 잘 풀지 못해서 대답도 거의 하지 않아 신경이 쓰였습니다.** 어떻게 할까 고민하다가 **그 아이 옆에서 힌트를 주기로 했습니다.** 다행히 힌트를 이용하여 문제를 곧잘 풀었고 그때마다 역시 큰소리로 잘했다고 칭찬을 했습니다. 이렇게 1년을 활동하면서 아이들과 정도 들었고 공부시키는 보람도 생겼습니다.

③ **그런데 2학년이 되어 코로나19로 더이상 센터에서 아이들을 가르칠 수가 없었습니다.** ④ **이 문제를 해결하기 위해 동아리에서 토의했고 그 결과 학습지를 만들어 주기적으로 보내기로 했습니다.** 직접 아이들을 볼 수 없으니 **학습지에는 응원 메모 남기기와 자신의 공부 경험담 남기기를 했습니다.** 이렇게 직접 만나지 못하는 봉사였지만 우

리들의 정성과 노력을 알았는지 아이들에게서 가끔 연락이 오고 코로나 끝나면 다시 와달라는 얘기도 하였습니다.

이렇게 한 번도 겪어보지 못한 어려움에 함께 처해 있지만 희망을 가지고 정성과 아이디어를 모은다면 이겨낼 수 있다는 자신감이 생겼고 앞으로 교사라는 목표를 더 다지는 계기가 되었습니다. 어려운 시기를 잘 극복하는 것이 실력이고 힘들고 어려운 학생을 잘 가르치는 교사가 좋은 교사라는 생각을 했습니다.

①에서 교육봉사 활동 경험을 통해 예비교사로서 자신이 갖게 된 인식의 변화를 소개하고 있는데 이를 뒷받침하는 근거로 ②의 사례를 제시하고 있다. 구체적인 경험의 활용과 이를 통해 배운 점까지 무난하게 정리했다. ③에서는 동일한 봉사활동을 수행하는 과정에서 '코로나 19'라는 변수로 인해 어려움이 생긴 사실을 소개하고 있는데 학생 스스로가 해결책을 모색하기 위해 노력한 결과가 ④를 통해 구체화되고 있음을 볼 수 있다. 이런 경험을 통해 '교사'의 역할과 교육의 가치에 대한 깨달음으로 글을 마무리하고 있는데 전체적으로 2번 문항이 의도하는 바대로 충실하게 기술한 글이다.

2번 문항 기반이 된 생기부 기재 내용

▲ 1~2학년 봉사활동
초등학생 1:1 학습 멘토링 진행

▶ 1학년 동아리활동
(초등티쳐벨1)초등학생을 교육할 때, 순수한 마음으로 의지하고 따르며 어려워하는 문제에 대해 살짝 힌트만 주어도 스스로 해결하며 성장해가는 어린 학생들을 대견해하고 어여삐 여기는 등 미래 초등교사로서 기본 품성과 자질이 다분함.

▲ 2학년 동아리활동
(초등티쳐벨2) 동아리 반장으로서 전염병으로 인해 기존 방식의 활동이 불가능한 상황에서 주도적으로 계획을 변경하고 동아리 부원들의 의견을 최대한 수용하며 모든 활동이 순조롭게 진행되도록 기획하는 등 멋진 리더십을

발휘함. 특히 초등학생 대상의 봉사활동을 할 수 없던 상황에서 학습지 봉사라는 새로운 방식을 찾아냄으로써 교육봉사를 가능하게 함. 본인의 봉사활동을 위해서는 퀴즈마다 응원 메모 남기기, 자신의 경험담 기록 등의 참신한 방법을 동원함.

총평

2번 문항은 말 그대로 '타인'과 '공동체'를 위해 노력한 경험이라는 의미에 부합하는 내용을 기술하면 되는데 이 학생이 쓴 '교육봉사 활동' 경험들은 질문의 의도에 충실하게 잘 정리된 글이라고 할 수 있을 것 같다. 교육봉사 활동의 경우 '자신의 방식으로 학습에 도움을 준 사실, 활동 중에 생긴 문제점을 해결'해 나가는 형태로 기술하는 경우가 많은데 이를 고려해 2번 문항의 잘된 점과 아쉬운 점을 요약해보면 다음과 같다.

잘된 점 초등교육과를 희망하는 학생임을 고려했을 때 소재 선정이나 내용 정리를 무난하게 한 것 같다. 교육봉사 활동을 하다 보면 학습 활동을 진행하는 과정에서 문제점이나 어려움이 생기는데 이를 해결하기 위한 자신만의 방식이 글에 드러나는 경우가 많다. 이 학생의 경우엔 '질문에 대한 힌트 활용', '칭찬', '학습지 제작' 등의 방식을 소개했는데 멘티들의 변화를 위해 노력하는 모습은 물론 미래 교사로서의 역할이나 교육의 가치에 대해 생각해 볼 수 있다는 점에서 잘 정리된 글이라고 할 수 있을 것 같다.

아쉬운 점 전체적으로 무난하게 정리했는데 내용에서 언급한 '힌트'를 활용해 문제를 해결하게 된 아이가 학생의 칭찬을 받은 후 어떻게 변했는지는 궁금해질 수 있는 부분일 것 같다. 면접 질문으로도 얼마든지 나올 수 있기 때문에 내용을 재구성할 경우 자신의 교사관이나 태도를 고려해 피교육자의 변화 여부에 대해서도 정리해 보면 좋을 것 같다.

단원을 마치며 ✦

  학교생활기록부에서 학생의 개인 기록이 많이 있는 것이 세부능력 및 특기사항이다. 학교생활기록부는 오로지 한 학생만의 특기사항이 담겨있는 기록물이다. 학생은 저마다의 수업과 활동을 통해 새로운 것을 배우고 자신의 것을 만들기 위해 생각하고 고민한다. 교사는 이런 학생을 면밀히 관찰하고 기록한 결과를 학교생활기록부에 작성한다.

  하지만 학생마다 다른 특기사항을 작성하기는 쉽지 않다. 빡빡한 학교 일정과 행정 업무 등으로 교사는 학생을 일일이 꼼꼼히 볼 시간이 없다. 더불어 학교생활기록부 지침에는 모든 학생에게 특기사항을 작성하도록 요구하고 있다.

  패닉상태에 교사는 지쳐있다. 어떤 방향성으로 나가야 할지, 어떻게 기록해야 할지 교사는 어려워한다. 학생은 **내가 어떤 활동을 해야 하며, 어떤 기록이 도움**이 될지 고민되고 궁금해한다.

  해당 단원을 통해 교사와 학생, 학부모 등에게 유의미하며 가치 있는 생활기록부는 어떤 것인지 제시해보았다. 이제는 움직여야 한다.

교사는 학생의 자기평가서와 동료평가서, 수행평가 결과물을 적극적으로 활용하길 바란다. 그리고 각 교과 활동 및 창의적 체험활동에서 독서를 장려하며, 주제 및 진로 보고서 활동을 할 수 있도록 수업을 설계하길 바란다. 또한 수업 성취 수준을 이용한 교과 세부능력 및 특기사항 작성도 좋은 방법이다. 본문에 제시된 세부능력 및 특기사항을 통해 활동의 힌트와 방향을 찾고, 특기사항을 작성할 때 도움이 되길 바란다.

학생은 자신의 활동 기록을 자세히 작성하고, 교사에게 지속된 피드백을 받아야 한다. 모든 것을 교사가 알 것이라는 점은 착각이다. 수업과 활동에서 계속해서 교사에게 보여주어야 한다. 그리고 교사가 제시한 과제를 충실히 하며 해당 결과물을 모아야 한다. 본문에서 제시된 세부능력 및 특기사항을 통해 스스로 어떤 활동을 해야 할지 설계하길 바란다.

이제 생활기록부 기록까지 함께 알아보고 공부하였다. 이어서 공부할 것은 면접이다. 대학입시에서는 면접제도가 있다. 학교생활기록부는 제삼자인 교사의 시각에서 학생을 객관적으로 평가하여 만들어진 서류이다. **면접은 1인칭 시점인 학생에게 질문을 통하여** 학교생활기록부에 있는 내용을 질문하고 해당 역량이 있는지 판단한다.

다양한 면접방식이 있지만, 가장 일반적인 것은 학교생활기록부를 기반으로 하는 면접이다. 학생이 활동하고 이를 토대로 교사가 기록한 것이기 때문이다. 면접 문항의 답을 물어보는 사람이 있다. 당혹스러운 질문이다.

면접 문항에 대한 답은 학생 본인만이 알고 있다.

6단원에서는 5단원에 있는 학교생활기록부 및 자기소개서(서류)를 이용하여 면접 문항을 추출하였다. 어떠한 이유로 면접 문항이 만들어졌는지 확인하고 자신의 서류에서 면접 문항을 스스로 추출해보기 바란다.

합격 면접

합격 면접

가. 대입 면접의 기초

1) 면접의 중요성

학생부종합전형(학종)은 학생부, 자기소개서를 통하여 고등학교 생활의 전반을 파악하고 이를 통하여 대학에서 수학 가능한지 학업역량, 진로역량, 공동체역량 등 여러 가지 요소를 종합적으로 파악한다. 고등학교에서 활동한 모든 내용이 학교생활기록부에 기록되고 이를 바탕으로 학종의 서류 전형이 진행되고 있다. 학생을 선발하려는 대학에서는 이렇게 기록된 정보를 바탕으로 학생의 능력을 평가하지만 이를 정확히 확인할 필요성도 느낀다. 이때 면접이 중요한 판단 요소로 작용한다. 면접을 통하여 기록의 사실성을 확인할 수 있다. 실제 그 활동을 기록된 것처럼 열정적, 주도적으로 하였는지 면접 질문을 통하여 확인하고 이를 바탕으로 학생의 열정과 의지를 정확히 확인하기 위하여 면접이 진행된다. 아울러 학생부종합전형의 핵심축이던 자기소개서가 2023학년도 대입 이후 전면 폐지되는 상황에서 면접은 더 중요하다. 자기소개서를 통하여 학생의 활동과 생각을 읽었는데 이제는 면접이 그 역할까지 담당해야 해서 그 역할이 더 커졌다.

2) 면접의 평가 요소

대학에서 면접으로 평가하고자 하는 요소는 각 대학교의 입학 요강 및 학생부 종합전형 안내문에 제시되어 있다. 전공 적합성, 인성, 발전 가능성, 의사 소통 능력 등 공통적인 평가 요소를 제시하고 있다. 하지만 대학에 따라 평가하고자 하는 요소 및 중요도가 다를 수 있기 때문에 자신이 희망하는 대학의 요강과 여러 자료를 면밀히 분석하여 면접에 대비하여야 한다. 다음은 일부 대학에서의 면접 평가항목이다.

경희대

평가요소(비율)	평가항목	특징
인성(50%)	창학이념 적합도	창학이념 추가
	인성	
전공적합성(50%)	전공 기초소양	
	논리적 사고력	

건국대

평가요소(비율)	평가항목	특징
전공적합성(30%)	전공에 대한 관심과 이해 전공 관련 활동과 경험	발전가능성에 많은 비중
인성(20%)	소통능력	
발전가능성(50%)	창의적 문제해결력	

충남대

평가요소(비율)	평가항목	특징
의사소통능력(30%)	종합적사고력	면접 평가 기준이 다양한 요소로 세분
	논리적사고력	
전공적합성(30%)	전공에 대한 관심과 활동 경험	
발전가능성(20%)	자기주도성	
	경험의 다양성	
인성(20%)	협업능력	
	나눔과 배려	

출처: 2022학년도 각 대학교 수시 모집 요강

3) 면접 방법

(1) 제시문 기반 면접

서울대 일반전형(지역균형선발 제외), 연세대, 고려대 등은 계열별로 제시문을 주고 이를 바탕으로 문제를 풀어 답변하는 등 사실상 구술시험 형태이기 때문에 이 책에서는 제외한다.

(2) 서류 기반 면접

이 책에서 주로 다룰 내용으로 면접을 시행하는 대부분 대학에서 활용하는 면접 방식이다. 앞에서 언급한 각 대학별 평가 요소를 면밀히 분석하여 자신이 지원하는 학교와 계열에 맞는 면접 준비가 필요하다. 대부분은 면접 문항을 공개하지 않고 면접 당일 즉석에서 문답을 통하여 면접이 진행된다.

(3) 면접 문항 제시형

일부 대학에서는 미리 면접 문항을 제시하는 경우도 있다. 복수의 면접 문항을 미리 제시하고 당일 그중 한두 개 문항을 물어보는 경우와 처음부터 하나의 문항만을 주어 면접 당일 물어보는 경우가 있다. 어떤 경우든 미리 문항을 분석하고 자신에게 맞는 적절한 답변을 준비하고 연습하여 면접에 임하도록 한다.

(4) 동영상 촬영 후 업로드하는 경우

코로나19의 영향으로 일부 대학에서는 대면 면접을 하지 않고 미리 문항을 제시하여 이를 각자 동영상으로 촬영하고 업로드하는 방식의 면접을 진행하는 경우도 있다. 이 경우는 면접 문항 제시형과 유사하고 미리 준비하고 촬영하기 때문에 준비하기 수월하다. 대학교에서 제시한 주의사항만 잘 지키면 큰 문제 없이 면접을 진행할 수 있다.

학교별 면접 평가 요소와 기준이 다름을 앞에서 보았다. 이에 따라 자신의 학교 생활기록부와 자기소개서를 바탕으로 면접을 준비한다.

(1) 지원 대학 면접 요소 및 기준 파악

지원 대학 입학처 홈페이지에서 수시 요강 및 학생부종합전형 안내문을 반드시 확인하여 면접 요소와 평가 기준을 확인하여야 한다.

(2) 예상 문항 작성

학생이 하고 싶은 얘기도 중요하지만 면접관 입장에서 학생에 대해 더 알고 싶은 내용을 생각하면서 예상 문항을 작성한다. 특히 학교생활기록부에서 그 활동을 왜 했는지(취지), 어떤 내용으로 했는지(활동), 그 활동을 통해 배운 점, 느낀 점은 무엇인지(생각), 활동에 어떤 자료를 사용하였는지(참고자료), 추후 더 하고 싶은 활동(향후 계획), 활동에서 어려웠던 점과 극복 과정 및 노력은 무엇인지(고난 극복) 등을 확인하면서 예상 문항을 작성한다. 특히 학교생활기록부에 기록은 되어 있으나 기억이 나지 않는 내용이 있는지 파악하고 있다면 미리 관련 자료를 확인하여 실제 면접에서 답변이 가능하도록 준비해야 한다.

(3) 예상 문항 답변 준비

각 문항에 맞는 답변 내용을 준비한다. 가급적 '두괄식'으로 결론을 먼저 답변하고 이어서 이유, 근거 등을 구체적으로 답변한다. 답변 문항을 미리 작성하는 것은 좋지만 이를 단순히 암기하여 답변하는 것은 곤란하다. 실제 면접 현장에서 암기했던 내용이 기억나지 않는 경우 다음 답변으로 이어지지 않는 '침묵 상태'가 발생할 수 있기 때문에 답변은 키워드를 중심으로 자연스럽게 이야기가 전개되도록 준비한다. 다시 강조하지만 면접에서의 답변은 '구체성'이 가장 중요하다. 구체적으로 답변했을 때 '사실성'이 인정되기 때문이다.

(4) 면접 연습

가족, 친구, 선생님 등 도움을 받을 수 있는 분과 함께 면접 연습을 하면 좋다. 특히 답변에 대한 피드백을 들을 수 있으면 좋고 아니어도 스스로 피드백 하여야 한다. 답변 과정을 동영상으로 촬영하여 자신의 답변 모습을 스스로 보고 문제점을 파악하여야 하고 이를 바탕으로 여러 번 연습하여 면접 당일 잘 답변할 수 있게 노력한다.

(5) 면접 당일

각 대학교 입학처 홈페이지에 제시된 주의사항을 다시 확인하여 면접 시간, 장소를 꼼꼼히 확인한다. 전날 미리 확인해 보는 것도 좋다. 여기서 가장 중요한 것은 시간이다. 면접 시간에 늦지 않도록 충분히 준비해야 한다. 면접에서 지각은 용서되지 않는다. 실제 면접에서는 긴장하지 않도록 노력해야 하고 질문을 잘 듣지 못했을 때 다시 물어보고, 답변이 바로 생각나지 않을 때 잠깐 생각할 시간을 요청할 수도 있지만 자주 사용하지 않도록 미리 준비하는 것이 좋다. 마지막으로 면접실에 들어갈 때와 나올 때 면접관에게 공손하게 인사하는 것은 기본이다.

(6) 면접을 위한 당부 사항

면접의 내용은 지원하는 학생이 결정한다고 생각한다. 면접관은 학교생활기록부에 기록된 내용을 바탕으로 질문하기 때문에 평소 학생부 관리가 매우 중요하다. 당연히 의미 있는 교내 활동을 하여야 하고 이를 항상 기록해 두어야 한다. 면접은 고교 생활의 마지막 시기에 진행되기 때문에 과거의 내용이 다 기억나지 않아 제대로 준비하지 못하는 경우가 생긴다. 이를 막고 더 좋은 답변을 위해서는 고등학교에서 이루어진 여러 학습 및 활동에 대한 자신만의 기록을 남겨야 한다. "기록은 기억을 지배한다."는 말이 있다. 활동 당시 느꼈던 생각 등을 활동 내용과 함께 기록하고 이를 잘 보관해두면 면접 준비 과정에서 요긴하게 활용된다. 다시 한번 기록의 중요성을 강조한다.

(7) 계열과 상관없이 자주 묻는 문항

① 우리 대학교에 지원한 이유를 말해 보세요.

출제 이유

여기서 주의할 점은 '우리 대학교'의 지원이유다. 보통 '전공'을 지원한 이유와 혼합해서 답변하는 경우가 많은데 구분해서 답변해야 한다. 지원 대학의 인재상 또는 창학 이념 등을 잘 인지하고 있는지를 물어 정말로 지원 대학에 입학하고 싶은지를 확인하고자 한다. 학교 홈페이지와 학생부종합 안내서 등을 참고하여 지원하고자 하는 이유를 정리하여야 한다.

② 전공을 지원한 동기를 말해 보세요.

출제 이유 및 답변 준비

지원 동기를 통해 진로역량을 확인하고자 한다. 학생부의 진로활동과 연계시키면 좋고 장래 희망, 자신만의 경험 및 학과 수업 내용 등을 연계해서 답변하면 좋지만 학생 또는 학부모, 고등학교 등을 특정할 만한 내용은 답변하지 않아야 한다. 자기소개서가 없거나, 자기소개서 3번 문항(전공 지원 동기)이 없는 경우 자주 출제되는 문항이다.

③ 전공을 지원하기 위해 가장 의미 있게 준비한 내용을 말해 보세요.

출제 이유 및 답변 준비

진로역량과 학업역량을 확인하기 위한 질문이다. 지원 전공을 제대로 이해하고 있는지, 전공을 공부하기 위해 필요한 능력은 무엇이며 그에 따른 어떤 노력을 하였는지 확인하고자 한다. 자율활동, 진로활동, 동아리활동, 세특 등에 기록되어 있는 내용 중 가장 중요하다고 생각하는 내용으로 답변한다. 노력 과정에서 어려웠던 점과 극복 과정을 함께 답변하면 좋다. 이 문항도 자기소개서가 없거나, 자기소개서 3번 문항(전공 지원을 위한 준비 과정)이 없는 경우 자주 출제되는 문항이다.

⑭ 대학 입학 후 학업 계획을 말해 보세요.

출제 이유 및 답변 준비

지원 대학 전공에 대해 충분히 이해하고 있고 이를 바탕으로 어떤 분야를 집중적으로 공부하고 싶은지 확인하고자 한다. 평소 진로와 전공에 대한 이해가 있어야 하며 지원 대학 학과 홈페이지 등을 참고하여 수업 내용 등을 확인하고 특히 대학 졸업 후 자신의 진로와 연계하여 중점적으로 학습하고 싶은 내용으로 답변한다. 홈페이지에 있는 학과 커리큘럼을 단순히 나열하는 답변은 지양해야 한다. 더불어 학과 홈페이지에 나와 있는 교수님들의 연구 성과와 연구실 등을 확인하여 관심 있는 분야를 미리 확인하고 관련 자료를 준비하는 것도 필요하다. 이 문항도 자기소개서가 없거나, 자기소개서 3번 문항(대학 입학 후 학업 계획)이 없는 경우 자주 출제되는 문항이다.

⑮ 대학 졸업 후 진로 계획을 말해 보세요.

출제 이유

이 문항은 지원자의 장래 희망과 관련된 질문이다. 기본적으로 대학원에 진학하여 연구를 더 수행할지 전공 관련으로 취업할지로 답하면 되고 대학 입학 후 학업 계획과 연계시켜 답변하면 좋다. 이 문항도 자기소개서가 없거나, 자기소개서 3번 문항(대학 졸업 후 진로)이 없는 경우 자주 출제되는 문항이다.

⑯ 가장 의미 있게 읽은 책과 그 책을 읽고 자신에게 바뀐 부분이 있으면 말해 보세요.

출제 이유

깊이 있는 독서를 통하여 학업역량, 진로역량, 공동체역량 등을 향상시킨 경험이 있는지 확인하는 질문이다. 자신의 삶에서 가장 중요한 책, 자신의 진로를 결정하는데 가장 중요한 책 등으로 나눌 수 있고 각각 구체적으로 나누어서 질문할 수도 있다. 학생부에 기록된 독서 목록을 세세히 확인하는 '시험'은 아니기 때문에 그동안 읽었던 모든 책을 다시 확인할 필요는 없지만, 자신의 인생과 전공을 정하는데 가장 중요한 책은 다시 확인할 필요가 있다.

⑦ 자신의 장점과 단점을 말해 보세요.

출제 이유

공동체역량을 확인하고자 한다. 장점이 있다면 구체적으로 어떤 내용인지 답변하고 그 장점을 앞으로도 어떻게 계속 유지할지를 답변하면 좋다. 단점은 지나치게 문제 될 내용은 답변하지 않도록 한다. 보통은 단점이면서도 장점이 될 수 있는 내용 등으로 가볍게 답변하고 단점을 극복하기 위해 노력했던 점을 강조하면 좋다.

⑧ 마지막으로 더 하고 싶은 얘기가 있으면 말해 보세요.

출제 이유

면접 마지막에 이 질문을 하는 이유는 여러 가지가 있다. 학생 입장에서는 앞 질문에 답변을 제대로 하지 못한 경우 추가로 더 답변해도 좋고, 자신이 준비했던 내용을 물어보지 않는 경우 준비한 내용을 얘기해도 좋고, 이 대학에 꼭 입학해야 하는 이유 등 어떤 답변이어도 좋다. 이 질문도 문항이기 때문에 '없다'고 하지 말고 성실히 답변해야 한다.

(8) 마지막 당부 사항

① 면접도 시험이다

잠깐 준비해서 될 시험이 아니다. 각 대학 및 학과에 맞게 철저히 준비해야 하고 면접 결과에 따라 당락이 바뀔 수 있다는 사실을 명심해야 한다.

② 인사와 예절은 기본이다

"안녕하십니까?", "자리에 앉아도 되겠습니까", "다시 한번 더 말씀해 주시겠습니까?", "안녕히 계십시오" 등 예절을 갖추고 정중하게 인사해서 손해 볼 일은 없다.

③ 밝은 표정과 또렷한 목소리

표정은 가급적 밝게 하면 좋고, 목소리는 또렷하고 면접관이 잘 들을 수 있는 성량으로 하고 너무 빠르거나 느리지 않게 답변한다. 특히 문장의 마지막까지 정확히 답변해야 한다. 본인이 면접관이면 어떤 학생을 뽑고 싶은지 생각하면 된다. 동영상 촬영 등을 통하여 자신의 모습을 객관적으로 들여다보면서 연습하기 바란다.

나. 교육계열 면접 특징 및 준비 방법

"최근 디지털 전환, 저출산 고령화 등 교육환경의 대전환기를 맞아 새로운 교육 패러다임이 절실하게 요구되고 있습니다. 과거의 지식 전달형 교육으로는 미래 세대가 갖춰야 할 문제해결력이나 창의력, 융합력과 같은 고차원적 사고 역량, 의사소통능력이나 협업능력과 같은 사회적 역량, 그리고 주체적이고 능동적인 삶의 바탕이 되는 신체적 역량을 길러줄 수 없습니다. 서울대학교 사범대학은 미래사회에 필요한 교육의 개념을 새롭게 정립하고, 한국 교육의 중심 역할을 이어갈 수 있도록 교육 분야의 인재양성과 지식창출의 지속적인 혁신을 추구할 것입니다." (출처 서울대학교 사범대학 홈페이지)

"우리 대학은 초등학교 교사를 양성하는 대학으로서 교육자적 자질을 갖추고 교직 전문성을 지닌 전인적 인격을 구비한 교육자를 확보하기 위한 교육을 실시하는 대학이다. 그러므로 우리 대학은 제2세 국민을 교육할 수 있는 인격과 능력을 갖추어 국민의 사표로서 한국 교육 발전을 위하여 일생을 바쳐 봉사할 수 있는 교육자를 양성하는 사명을 지니고 있다." (출처 서울교육대학교 홈페이지)

이같이 교육계열의 두 축인 사범대학(중고등학교 교사 양성)과 교육대학(초등학교 교사 양성)에서는 교직 전문성과 아울러 교사로서의 인성을 매우 중요하게 생각한다. 이를 바탕으로 면접을 통하여 교육 전문가와 건전한 인격체로서의 자질을 판단하고자 한다. 특히 다른 계열과 비슷한 일반 면접뿐만 아니라 교직 적성 및 인성 면접을 통하여 예비 교육자로의 자격을 평가하는 두 가지 면접 형태가 존재하므로 이에 대비해야 한다. 다음은 교육계열 면접을 위해 준비할 내용이다.

<table>
<tr>
<td>**1**
학업역량</td>
<td>대학에서 전공을 이수할 수 있는지를 판단한다. 사범대학은 전공 관련 과목, 교육대학은 전 과목을 중심으로 각 과목에서의 학업 능력뿐만 아니라 이를 바탕으로 한 탐구, 토론, 독서, 수행 평가 등 모든 활동에서 학습 능력을 평가하고자 한다. 깊이 있는 학습 경험을 토대로 면접 준비가 필요하다. 한편, 교육 및 각 전공과 관련된 여러 학습 경험 및 문제 해결 과정에서 자신만의 창의적인 생각과 활동을 대학 진학 후 어떻게 연계시킬지를 확인하고자 한다. 이를 위해서 깊이 있는 학습 및 활동에서 남들과 다른 생각이 있다면 기록해 두고 이를 앞으로 어떻게 발전시킬지에 대한 계획을 세워두면 좋다.</td>
</tr>
<tr>
<td>**2**
진로역량</td>
<td>진로활동, 동아리활동, 자율활동 및 각 과목별 학생부 세특을 확인하고 이를 통하여 지원 전공과의 적합성을 확인하고자 한다. 특히 교육학적 문제와 관련된 여러 주제 및 세부 전공과 관련한 탐구 활동의 경우 전공 적합성을 드러내기 좋은 활동이기 때문에 이에 관한 질문이 자주 출제되고 있다. 여러 활동에 대한 기록을 남기고 그때 가졌던 생각을 활동하는 동안 직접 기록해 두었다가 추후 면접 자료로 활용하면 좋다.</td>
</tr>
<tr>
<td>**3**
공동체역량</td>
<td>여러 가지 윤리적 쟁점, 시민의식, 역사관, 교육관, 소통 능력 등 교사로서의 자질을 판단할 여러 문제가 출제되며 보통 교직 적성 및 인성 면접과 겹치는 부분이 많다. 평소 이와 관련된 내용에 대한 독서 및 생각, 토론 등을 잘 기록해 두면 실제 면접시 도움을 받을 수 있다.</td>
</tr>
<tr>
<td>**4**
교직 적성 및 인성 면접</td>
<td>이와 관련하여 교육계열은 다른 계열과 달리 별도의 면접을 실시하는 경우가 많다. 학교생활을 통해 여러 선생님의 교육관을 살펴보고 자신의 의견을 기록하자. 한편 지원자 스스로가 자신의 학교 및 우리나라 교육 정책의 문제점 등에 대해 관심을 기울여 자신의 생각을 기록하고 언론 기사, 독서, 여러 논문 및 보고서 등을 통하여 교육 문제에 대한 다양한 관점을 확인하고 자신의 생각을 기록해 두면 면접에 도움이 된다.</td>
</tr>
</table>

이상에서 교육계열 전공의 일반적 소개 및 이를 지원하기 위한 면접 특징과 준비 방법에 대하여 살펴보았다. 학생부종합전형이 추구하는 다양하고 깊이 있는 활동을 통하여 평소 면접에 대비할 수 있고 이를 위해 깊이 있는 생각을 잘 기록하기 바란다.

다. 수학교육과 면접 문항

1) 수학교육과 면접 특징 및 준비

"수학교육과는 4차 산업혁명과 인공지능 시대를 이끌어 갈 우수한 중등 수학교사, 수학교육의 이론과 실제의 개선 방안을 학문적으로 탐색하는 수학교육 연구자, 그리고 수학교육 정책을 개발하는 수학교육 전문가 양성을 목적으로 합니다. 이를 위하여 수학교육과에서는 심층적인 수학 지식과 수학교육 실천 역량을 기르는 교육과정을 운영하고 있습니다. 학생들은 중등학교 수학의 상위관점으로서 대수학, 해석학, 기하학, 통계학 관련 전문적인 지식과 수학 논리와 수학교육 논술, 수학교육 이론, 수학 교육과정과 평가, 공학적 도구의 활용, 교직 실무 관련 역량을 갖출 수 있습니다. 또한, 타 학문 분야와의 융합, 수학교육 관련 적성과 인성 함양, 수학적 의사소통 능력 향상, 공동체 의식과 리더십 함양을 위한 다양한 기회도 얻게 됩니다." (출처 서울대학교 수학교육과 홈페이지) 이와 같은 수학교육과의 목표에 따라 학생부 기반 면접에서는 수학적 학업 능력 및 다른 과목과의 연계성을 통한 융합적 능력까지 평가하고, 교직 적성 및 인성 면접을 통하여 지원자의 교육에 대한 이해와 교육관을 평가하고자 한다. 이를 준비하기 위하여 수학을 중심으로 깊은 학업 경험, 다양한 탐구활동 및 비교과활동에 대한 기록을 바탕으로 면접에 대비해야 한다. 앞으로 제시될 예상 문제와 출제 이유를 참고하여 면접 준비를 한다.

(1) 수상실적

> **1학년** : 수리도서탐구대회 (최우수상)/ 표창장(모범상)
> **2학년** : 과학토론대회(최우수상) / 수학주제탐구대회(최우수상)
> **3학년** : 표창장(봉사상)

예상 문항 학업역량

수학주제탐구대회를 준비한 내용을 말해 보세요.

출제 이유

수상실적에 기록된 내용은 구체적이지 않기 때문에 구체적 사실을 확인하고자 출제하였다. 대회를 준비하는 과정 및 내용, 배우고 느낀 점, 어려웠던 점 및 극복 과정을 구체적으로 답변하여야 한다.

(2) 자율활동

> 학급자치회장으로서 책임감이 뛰어남. 학급 프로젝트에 참여하여 '미래 교육과
> 나의 모습'이라는 주제 하에 기획안을 작성함. 코로나 시기에 원격수업을 경험하
> 며 느낀 점과 원격수업 관련 기사 및 인터뷰 형식을 통해 원격수업의 문제점 및
> 개선점을 찾아보는 학급활동을 기획하며 본인의 진로를 심도 있게 고민해 봄.

예상 문항 진로역량

코로나 시기에 원격수업을 경험하며 원격수업의 문제점과 개선점을 말해 보세요.

출제 이유

코로나19라는 초유의 시대에 교육 역시 많은 어려움을 겪고 있다. 앞으로 교사를 희망하는 지원자는 이 상황에 대해 어떻게 생각하고 있는지 판단하여 진로역량을 평가하고자 한다. 생활기록부 내용에 대한 구체적 기록이 필요하다.

(3) 동아리활동

진로역량

교육 관련 동아리활동을 3년 동안 하였는데 이 과정에서 배우고 느낀 점을 말해 보세요.

출제 이유

진로와 관련하여 같은 동아리활동을 3년 동안 지속하면서 실제로 무엇을 배우고 느꼈는지 확인하여 진로역량을 평가하고자 한다. 3년 동안 발전하는 모습을 보여줄 필요가 있고 그 과정에서 자신의 역할과 활동에서 배운 점을 구체적으로 답변한다.

(4) 진로활동

> 진로 독서활동 시간에 '교사와 학생사이(하임G.기너트)'를 읽고 독서 일지를 작성함. 수학교사의 꿈을 가진 학생으로 책을 통해 학생과의 적절한 의사소통, 교사가 가져야 할 올바른 태도에 대해 생각해보는 계기가 됨. 책에 등장하는 한 교사의 모습을 통해 자신이 생각하는 이상적인 교사의 모습을 그려보고 롤 모델로 삼고자 함을 작성함.

예상 문항 공동체역량

수학 교사는 학생과 책을 통해 어떻게 의사 소통이 가능한지 말해 보세요.

출제 이유

수학 교사를 진로로 하는 지원자의 활동을 통하여 실제로 그 활동을 하였고 그 과정에서 어떤 생각을 하였는지 구체적으로 파악하여 생활기록부의 진위를 확인하고자 한다. 기록에 대한 구체적 근거를 제시하기 위하여 활동 과정에서 기록을 해야 하고 그 내용을 구체적으로 답변해야 한다.

(5) 세부 능력 및 특기 사항

① 국어

정보전달 말하기 활동에서 희망 진로인 수학 선생님을 소재로 자진하여 발표함. 진로를 정한 이유, 꿈을 위해 해야 할 일 등을 설명하고 목차를 먼저 언급하여 발표의 체계성을 높임. 청중이 궁금해 하는 교사와 강사의 차이점을 언급하며 청중을 사로잡는 탁월한 발표능력을 보임.

예상 문항 · 진로역량

국어 시간에 발표하였던 교사와 강사의 차이점을 말해 보세요.

출제 이유

생활기록부의 기록은 구체적이지 않은 경우가 많다. 기록 중 핵심 내용에 해당하는 문장에 대한 구체적 확인을 통하여 진로역량을 확인하고자 한다. 중요하다고 생각하는 기록에 대한 추가적인 사례와 내용을 준비하여 면접에 대비한다.

② 수학

함수라는 주제로 자신의 풀이를 친구들에게 소개하고 또 창의적 사고와 문제해결 능력이 뛰어나며 적극적으로 수업에 참여함.

예상 문항 · 학업역량

함수에 대하여 고등학교 1학년 학생이 이해할 수 있도록 간단히 설명해 보세요.

출제 이유

자신의 아는 내용을 상대방에게 효과적으로 전달하는 능력은 우선 그 내용에 대한 정확한 이해를 바탕으로 상대방이 이해하기 쉽도록 표현할 수 있는 능력이 필요하다. 이를 확인하기 위해 출제하였다.

③ 영어 영어어휘 테스트에서 매우 탁월한 어휘력을 보여주었고 평소 꾸준하게 영어단어 습득을 위해 노력해온 학생임.

예상 문항 학업역량

평소 영어 어휘력을 높이는 자신만의 방법을 말해 보세요.

출제 이유

학습에 대한 자신만의 경험과 좋은 방법이 있다면 이를 학생들에게 소개해 주는 것은 좋은 교육 방법이다. 생기부에 기록된 내용에 대한 구체적 방법을 제시하여 학업역량을 평가할 수 있다.

④ 통합 사회 독일과 핀란드의 교육제도를 한국 교육의 현실과 비교하고 바람직한 교육의 방향을 다루는 등 수준 높은 PPT를 작성함. 유창하게 발표하여 급우들로부터 호평을 얻음. 사회 불평등에 대한 카드 뉴스 만들기 프로젝트에서 우리나라의 교육 불평등에 대해 연도별 강남 8학군의 전국 대비 대학 입학 비율, 소득 구간별 명문대 진학 비율 등의 신문기사 자료를 통해 소득 수준에 따라 교육 격차가 나타나고, 교육 격차에 따라 임금 격차가 나타나는 악순환이 반복됨을 밝힘.

예상 문항 진로역량

외국과 우리나라 사례를 통해 우리나라 교육의 문제점과 개선 방안을 말해 보세요.

출제 이유

우리나라 교육은 정말 문제가 있는지 있다면 어떤 문제가 있고 이를 개선할 방안이 있는지를 평가하여 진로역량을 확인하고자 한다. 지원자는 우리나라 교육의 문제와 해결방안을 항상 생각하고 구체적 근거와 대안 마련의 노력도 기울여야 한다.

그래프 해석 능력이 탁월하고, 각 단원별 내용을 유기적으로 잘 연결하는
편이며, 보통의 학생들이 어려워하는 부분을 재미있게 생각하는 등 뛰어난
발전 가능성을 보임.

예상 문항 학업역량

통합과학에서 각 단원별로 내용을 유기적으로 연결한 사례를 말해 보세요.

출제 이유

생활기록부 기록 내용을 구체적으로 확인하여 다른 내용을 융합시킬 수 있는 능력을 확
인하고자 한다. 기록에 대한 구체적 사례와 근거를 마련하여 면접에 대비한다.

서평쓰기 활동 시 '나는 거꾸로 교실, 거꾸로 교사(류광모 외)'를 읽고 '뒤집
힌 학교, 뒤집힌 교실'이라는 글을 작성함. '뒤집힌 수업, 뒤집힌 현재, 나는
선생님'이라는 소제목 아래, 거꾸로 수업 방법에 대해 깊이 있게 이해한 결
과를 글에 담아냄.

예상 문항 학업역량

'거꾸로 수업'의 내용은 무엇이고 장점과 단점에 대해 말해 보세요.

출제 이유

'거꾸로 수업'과 같은 교육 방법의 장단점을 잘 파악하고 있는지 확인하여 학업역량을 확
인하고자 한다. 기록에 대한 구체적 내용과 지원자의 의견을 미리 준비하여 면접에 대비
한다.

⑦ 수학Ⅱ 수학주제탐구 활동지 활동으로 부정적분과 정적분의 역사와 유래에 대해 조사하였으며 적분의 실생활의 예로 유토 곡선을 설명함.

예상 문항 진로역량

적분이 실생활에서 사용되는 예를 말해 보세요.

출제 이유

수업에서 배운 내용을 실생활에서 활용하는 구체적 사례를 확인하여 진로역량을 확인하고자 한다. 생기부 기록에 대한 구체적 근거와 사례를 준비하여 면접에 대비한다.

 ⑧ 기하 두 사람이 무거운 짐을 같이 들 때 힘을 벡터로 표현하면 두 힘의 합이 위를 향해 짐을 들 수 있음을 발견하고 생활 속에서 벡터를 찾아내는 활동이 즐거웠다는 기하일기를 작성함.

예상 문항 학업역량

기하일기에서 가장 의미 있다고 생각하는 내용을 소개해 보세요.

출제 이유

진로와 가장 밀접한 과목인 수학을 꾸준히 공부하고 특히 일기로 쓸 정도로 학업에 열중하는 내용을 구체적으로 확인하여 학업역량을 평가하고자 한다. 생기부 내용에 대한 구체적 근거와 사례, 특히 가장 중요하다고 생각하는 내용에 대해 자세하게 답변할 준비를 해야 한다.

⑨ 정보

코딩에 대한 배경지식이 없음에도 불구하고 프로그래밍 언어 문법에 대한 습득력이 매우 우수함. 연산자, 자료형, 변수, 제어문에 대한 개념을 명확하게 인지하여 무결점에 가까운 문제해결력을 발휘하였으며 주변에 어려운 고비를 만난 친구들에게 문제를 해결할 수 있는 실마리를 제공하여 스스로 프로그램을 완성할 수 있도록 유도하는 안내자의 역할을 완벽하게 수행함.

예상 문항 학업역량

정보 시간에 프로그래밍 언어를 배우는 과정에서 어려운 고비를 만난 친구들에게 문제를 해결할 수 있는 실마리를 제공했다고 했는데 그 내용을 말해 보세요.

출제 이유

프로그래밍 언어를 공부한 내용을 확인하고 이를 통해 친구들을 도와줄 정도로 실력을 쌓았는데 그 내용을 확인하여 학업역량을 평가하고자 한다. 구체적 내용을 기록해 두어 면접에 대비하여야 한다.

⑩ 독서

교육의 본질이 입시 준비가 아니라는 저자의 말에 깊이 공감을 표하며 교사가 되어 동료 교사들과 이 부분을 지속적으로 함께 고민해 나가길 희망함.

예상 문항 진로역량

독서 시간에 교육의 본질은 입시 준비가 아니라는 저자의 말에 깊이 공감했다고 했는데 그렇다면 교육의 본질은 무엇이라고 생각하는가?

출제 이유

지원자의 진로와 관련하여 교육의 본질에 대한 생각을 확인하고자 한다. 이를 통하여 진로역량을 확인하고 미래의 교육자로서 발전 가능성을 평가하고자 한다. 평소 교육의 본질에 대한 자신의 생각과 근거를 미리 정리해 두어 면접에 대비한다.

⑪
미적분

또한 고난이도의 문제 풀이에 도전하는 수업 활동에서 친구들과 함께 토론하며 이해를 확장하고 발전시켜 나가는 과정을 즐거함. 도형에서 삼각함수의 덧셈정리를 활용하는 논술형 문제, 치환적분법을 활용하여 입체의 부피를 구하는 논술형 문제 등을 완벽하게 해결하고 풀이 과정을 논리적으로 서술함.

예상 문항 학업역량

수학 시간에 고난이도 문제 풀이에 도전하는 수업 활동에서 친구들과 함께 토론하며 이해를 확장하고 발전시켰다고 했는데 구체적 사례를 말해 보세요.

출제 이유

수업 시간 깊이 있는 학습경험에 대한 구체적 내용을 확인하여 지원자의 학업역량을 확인하고자 한다. 학습경험에 관한 구체적 기록을 통하여 면접에 대비한다. 평소 학습에서 느낀 내용을 기록하는 습관을 기르도록 한다.

⑫
확률과
통계

이항분포의 확률을 정규분포를 이용하여 근삿값으로 구하지만, 이것이 과연 옳은 것인지에 의구심을 가짐. 왜 그런지 의문점을 해결하기 위해 조사한 결과 이산확률변수에서 연속확률변수로 근사시킬 때는 연속성 수정이 있어야 정확한 확률값이 나온다는 것을 조사함. 자신의 의구심이 합리적이었으며 정확한 확률을 위해서 보정되는 식이 존재함을 발견하고 매우 기뻐하였음.

예상 문항 학업역량

이항분포의 확률을 정규분포를 이용하여 근삿값으로 구하는 내용에 대한 의구심을 해결한 과정을 말해 보세요.

출제 이유

수업 내용에 대한 호기심과 의구심을 스스로 해결한 경험을 구체적으로 확인하여 학업역량을 확인하고자 한다. 학습경험, 특히 내용에 대해 의구심을 가지고 해결한 과정을 기록해 두어 면접에 활용하도록 한다.

⑬
물리학
II
몽키 헌팅 문제를 수학과 물리학을 접목하여 증명할 수 있음. 수학 교사를 희망하여 관련 물리 개념으로 미적분, 기하를 이용한 운동의 분석, 좌표계, 물리학에서의 다양한 그래프 이용을 조사하고 진로와 연관 지어 설명함.

예상 문항   진로역량

수학을 활용하여 물리학 개념을 더 잘 이해할 수 있는 방법을 말해 보세요.

출제 이유

물리학을 이해하는 도구로서 수학은 매우 중요하다. 이를 구체적으로 활용한 방안을 확인하여 학업역량 및 진로역량을 평가하고자 한다. 수학이 수학 과목에만 머무르지 않고 다른 과목을 이해하는데 중요한 도구가 됨을 설명하여 수학의 융합성을 표현하면 좋다.

(6) 독서활동

예상 문항   학업역량

수학 공부에 도움이 되었던 책을 소개해 보세요.

출제 이유

독서가 학업역량 향상에 도움이 되었던 사례를 구체적으로 확인하고자 한다. 책을 통하여 수업에서 해결하지 못한 내용을 이해하고 이를 더 확장한 사례를 통해 발전 가능성도 평가하고자 한다.

(7) 행동 특성 및 종합 의견

1학기 학급 자치회장으로 반 친구들이 새로 바뀐 수업 방식에 낙오되지 않도록 전체 수업 진행을 도와줌. 코로나19 상황에서 학급을 위해 할 수 있는 일을 고민하면서 학급의 단합을 시도함. 아쉽게 코로나19 상황으로 진행하지는 못하였지만, 학생의 평소 활동하는 것을 보면, 학급 학생과 잘 어울려서 학급의 단합 활동을 이루어 냈을 것이라고 판단됨.

예상 문항 **공동체역량**

학급 자치회장으로 코로나19 상황에서도 학급의 단합을 시도한 사례를 말해 보세요.

출제 이유

리더는 어려운 상황에서도 문제를 해결하는 능력을 가진 사람이다. 구체적 사례를 통하여 리더십을 평가하고자 한다. 지원자는 학급을 위해 노력했던 일을 구체적으로 기록해 두어 면접에 대비한다.

(8) 자기소개서

① 1번 문항 — 2학년 기하 시간에 '공리'라는 새로운 단어를 발견해 공리에 대해 관련 자료를 검색하고, 선생님들께 질문했습니다. 공리에 관해 공부하면서 개념이 추상적이라고 느껴 개념을 쉽게 이해할 수 있는 직관적인 설명에 대해 고민했습니다.

예상 문항 **학업역량**

공리에 관해 공부하면서 개념이 추상적이라고 느껴 개념을 쉽게 이해할 수 있는 직관적인 설명에 대해 고민했다고 했는데 그 내용을 말해 보세요.

수업 시간에 배운 내용에 대한 의구심을 어떻게 해결했는지 구체적 사실을 확인하여 학업역량을 평가하고자 한다. 해결 과정에 대한 구체적 내용을 기록해 두고 어떤 과정을 겪으면서 해결하였는지 그 과정에서 배우고 느낀 점은 무엇인지 기록해 면접에 대비한다.

> ①
> 2번
> 문항
>
> 중학생들을 상대로 교육봉사의 기회를 얻었습니다. 제겐 처음 모르는 사람을 가르치는 경험이라 설렘 반, 걱정 반으로 교육봉사를 시작했습니다.

예상 문항 진로역량

중학생을 상대로 교육봉사를 하면서 어려웠던 점과 이를 극복한 과정을 말해 보세요.

출제 이유

남을 가르친다는 일은 매우 어려운 일이다. 실제 가르친 경험을 바탕으로 어려웠던 점에 대해 구체적으로 확인하고 이를 극복한 과정을 통해 진로역량을 확인하고자 한다. 활동에서 겪었던 다양한 사례 및 노력한 과정을 구체적으로 기록하여 면접에 대비한다.

(9) 교직 적성 및 인성 면접 예상 문제

> ① 이른바 '수포자' 문제를 해결하기 위한 지원자의 의견을 말해 보세요.

출제 이유

수학교육과를 지원하는 학생이 수학을 잘하는 것은 당연하다. 그래서 '수포자'라 불리는 수학을 매우 어려워하여 포기하는 학생들의 심정을 잘 알지 못할 수도 있다. 멘토-멘티 활동, 교육봉사 활동 등의 경험을 바탕으로 '수포자'의 생각을 이해하여 이를 해결할 방안을 고민해 보아야 한다.

② 자연과학 계열을 지원하는 학생들은 대부분 수학의 필요성을 인정합니다. 하지만 인문사회, 예체능 계열의 학생들은 수학 공부의 필요성을 알지 못하는 경우가 매우 많습니다. 이런 학생들에게 수학 공부가 필요한 이유를 어떻게 설명할지 말해 보세요.

출제 이유

수학교육에 대한 본질적 물음이다. 왜 수학이 필요한지에 대한 당위성을 설득해야 하지만 자연과학 계열 학생들을 제외하고는 설득하기가 어렵다. 자연과학을 제외한 다른 분야에서도 수학이 어떻게 쓰이는지 그 사례를 확인할 필요가 있고 수학을 공부하면 지원 전공과 관련하여 어떤 도움을 받을 수 있는지 구체적 사례를 통해 답변을 준비한다.

③ 만약에, 지원자가 담당하는 담임반에 '다문화 가정' 학생이 다니는데 다른 친구들과 잘 어울리지 못하고 있다고 가정합시다. 이 경우 '다문화 가정' 학생에게 어떤 도움을 줄 수 있는지 말해 보세요.

출제 이유

최근 '다문화 가정' 학생들이 증가하고 있다. 그 외 여러 여건상 '어려운' 학생들도 한 학급에서 함께 공부하면서 여러 가지 갈등과 문제가 생길 수 있다. 공교육을 대표하는 학교 교육에서 교사는 이 문제를 어떻게 생각하고 해결할 방안이 있는지 늘 고민해야 한다. 지원자는 자신이 생각하는 내용을 구체적 사례를 이용하여 답변할 준비를 한다.

④ 현재 많은 학생들이 사교육에 의존하고 있어 여러 문제가 생기고 있습니다. 교사의 입장에서 이 문제를 어떻게 생각하고 있으며 해결방안에 대해 말해 보세요.

출제이유

학교 교육이라는 공교육에서 추구해야할 가장 중요한 가치는 무엇인지? 현재 학교 및 교사는 그 가치를 잘 추구하고 있는지에 대한 생각이 있어야 한다. 교사 1명이 이 문제를 모두 해결하기는 어렵겠지만 교사로서 할 수 있는 방안을 생각하고 실천하면서 이 문제를 함께 풀어나가야 한다. 면접을 통하여 그 생각을 확인하고자 한다.

⑤ 지원자가 생각하는 바람직한 '교사상'은 무엇인지 말해 보세요.

출제이유

교사를 희망하는 지원자는 왜 교사를 희망하는지? 어떤 교사가 되고자 하는지에 대한 자신의 생각이 필요하다. 이 문제에 있어 당연히 정답은 없다. 하지만 자신이 생각하는 '교사상'과 '교육관'은 반드시 있어야 한다. 그리고 그렇게 생각한 이유, 그 생각을 발전시킬 노력 방안에 대해 고민하여 답변할 준비를 해야 한다.

라. 초등교육과 면접 문항

1) 초등교육과 면접 특징 및 준비

　초등교육과는 전문성과 인성을 갖춘 초등학교 교사를 양성하는데 목적이 있다. 이를 위해 면접에서는 다양한 지식과 올바른 교육관을 확인하고자 한다. 특히 학생부 기반 면접에서는 전 과목에 걸친 높은 학업역량과 다양한 비교과 활동 경험을 평가하고, 교직 적성 및 인성 면접에서는 초등교육에 대한 이해 및 지원자의 교육관을 통하여 장래 초등교사가 될 자질을 판단하고자 한다. 고등학교에서 공부하고 경험한 내용과 그 당시의 느낀 점 등을 수시로 기록하여 면접에 대비한다. 학생부 기반 면접과 교직 적성 및 인성 면접을 대비하기 위하여 지원자의 학생부, 자기소개서 등에 기록된 내용의 의미와 구체적 사례를 생각하고 자신이 면접관 입장이 되어 생각할 필요도 있다. 다음에 제시된 예상 문제와 출제 이유를 참고하여 자신에게 맞는 예상 문제를 만들어 보고 답하는 연습을 통하여 면접에 대비한다.

2) 초등교육과 면접 문항

(1) 수상실적

1학년 : 표창장(모범상) / 도서탐구대회(최우수상)
2학년 : 표창장(봉사상) / 외국어말하기대회(최우수상)
3학년 : 표창장(모범상)

예상 문항 진로역량

지원자의 진로와 관련하여 가장 의미 있는 수상 경력을 말해 보세요.

출제 이유

수상실적에 기록된 내용은 구체적이지 않기 때문에 구체적 사실을 확인하고자 출제하였다. 특히 진로와 관련하여 상을 받은 과정 및 내용, 배우고 느낀 점, 어려웠던 점 및 극복 과정을 구체적으로 답변하여야 한다.

(2) 자율활동

독서릴레이를 완주함. 1학년 때부터 꾸준하게 3년 동안 이 프로그램에 참여하여 인문 분야, 사회 분야, 교과 관련 분야 등 다양한 분야의 독서활동을 통해 본인의 지적 호기심을 충족시키기 위해 노력하는 모습을 보여줌. 특히 교육 분야에 대한 지속적인 관심을 바탕으로 관련 책을 읽으면서 어떤 교사가 될 것인가 진지하게 고민하면서 아이들에게 평생을 살아갈 수 있는 '마음의 힘'을 주는 교사가 되어야겠다는 다짐을 드러냄.

예상 문항 진로역량

꾸준한 독서 활동이 자신이 희망하는 초등교사에게 어떤 도움이 되는지 말해 보세요.

출제 이유

독서를 통하여 지원자는 어떤 교사가 될지, 교사에게 독서는 어떤 도움을 줄 수 있는지를 구체적으로 확인하여 진로역량을 확인하고자 한다. 독서가 진로에 어떤 영향을 미쳤는지 구체적으로 기록해 면접에 대비한다.

(3) 동아리활동

> 탐구보고서 쓰기 활동에서 '다문화 사회 속 교사의 역할'을 주제로 설정하고 다문화 사회의 의사소통을 바탕으로 하여 상담, 학습지도, 생활지도의 측면에서 교사의 역할과 구체적인 지도방안을 제시한 보고서를 작성한 후 발표함.

예상 문항   진로역량

다문화 사회 속 교사의 역할에 대해 말해 보세요.

출제 이유

동아리활동에서 진로와 연계하여 작성한 보고서의 내용을 구체적으로 확인하여 지원자의 진로역량 및 공동체역량을 평가하고자 한다. 진로와 연계된 내용을 구체적으로 답변하고 가장 의미 있다고 생각한 내용과 그 이유를 구체적으로 답변할 준비를 한다.

(4) 진로활동

> 지망하는 학과의 면접 기출문제를 연습하면서 '지원자의 장단점은?'에 대하여 "장점은 공감능력으로 타인의 사소한 심경 변화도 잘 알아채며 주변 사람들이 자신에게 고민을 털어놓기 편해한다. 단점은 완벽주의 성향이 지나치다."라고 분석함.

예상 문항   진로역량

지원자의 진로와 관련하여 자신의 장단점을 말해 보세요.

출제 이유

지원자의 성격은 진로와 관련이 크다. 진로와 관련하여 자신의 장점은 부각하고, 단점은 극복하는 노력 과정을 소개하여 초등교사가 되고자 하는 지원자의 노력을 평가하고자 한다. 평소 자신의 성격에 대해 생각하고 장단점을 파악하여 교사로서 자질을 더 높이고자 노력하는 모습을 보여야 한다.

(5) 세부 능력 및 특기 사항

① 한국사

매 시간 수업일기 작성에 최선을 다하였고 특히 영정법의 부가세를 피해가기 위한 방안을 강구했던 점은 가장 재치가 넘친 수업일기였음.

예상 문항 학업역량

한국사를 공부하면서 매 시간 수업일기를 작성했다고 했는데 가장 의미 있는 내용을 말해 보세요.

출제 이유

지원자 자신만의 특별한 학습 방법을 구체적으로 확인하여 학업역량을 평가하고자 한다. 학습법에 대한 구체적 내용을 소개하고 그 방법을 통하여 어떻게 학업역량을 높였는지 사례를 통해 답변하도록 한다.

② 국어

첫 발령을 받은 교사의 설렘을 재치 있게 사설시조로 표현하는 등 주체적으로 문학을 향유하는 모습을 보임.

예상 문항 학업역량

첫 발령 받은 교사의 설렘을 재치 있는 사설시조로 표현했다고 했는데 그 시조를 읊어보고 표현하고자 했던 의미를 말해 보세요.

출제 이유

생기부에 기록된 특별한 수업 내용을 확인하여 지원자의 학습 능력을 평가하고자 한다. 지원자는 답변할 구체적 내용을 미리 준비하여 면접에 대비한다.

수업 중 모둠 활동에서 조장으로서 단원별 학습지의 과제 해결 중 주변 친구들을 친절하게 가르쳐 주며 활동지를 완성할 수 있도록 배려하는 모습이 돋보임.

예상 문항 공동체역량

영어 수업 중 모둠 활동의 조장으로서 의미 있게 활동했던 내용을 말해 보세요.

출제 이유

수업 시간에 다른 학생들을 도와 함께 공부한 내용을 확인하여 공동체역량 및 학업역량을 평가하고자 한다. 그 활동에 대한 구체적 사례를 기록해 면접에 대비한다.

교과·진로 융합 수업 활동에서 '미래에 교사는 사라질까요?'를 제목으로, 정보화로 인해 교육 환경은 변화할 수 있으나 인공지능이 교사를 대체할 수 없고, 교사의 감정 코칭의 역할이 강조될 것임을 발표함.

예상 문항 진로역량

미래 교육에서 인공지능이 교사를 대체할 수 없는 이유를 말해 보세요.

출제 이유

수업 시간에 활동했던 내용을 구체적으로 확인하여 진로역량 및 학업역량을 평가하고자 한다. 이를 통하여 자신의 의견을 전달하는 능력과 논리력을 판단하고자 한다. 활동에 대한 구체적 의견과 근거를 기록하여 면접에 대비한다.

⑤
통합
과학

조암 광물 학습 내용을 자신만의 독특한 방법으로 개발하여 친구들에게 소개하는 등 개념의 이해력이 뛰어나고 창의적으로 조직하는 능력이 우수함.

예상 문항 학업역량

조암 광물 학습 내용을 자신만의 독특한 방법으로 개발하여 친구들에게 소개한 내용을 말해 보세요.

출제 이유

지원자의 특별한 학습경험을 확인하여 학업역량과 진로역량을 평가하고자 한다. 생기부에 구체적으로 기록되지 않은 내용을 물어보는 면접에 대비하여 지원자의 학습경험을 기록해 두자.

⑥
기술·
가정

'부모됨의 준비' 수행 활동에서 부모 됨의 의미를 인식하고, 부모의 양육 태도에 대한 이해를 통해 부모 역할의 중요성 및 부모님의 소중함과 고마움을 생각해 보는 기회를 가졌으며, 책임 있는 부모가 되는 데 필요한 역량을 탐색하는 계기가 됨.

예상 문항 진로역량

부모 역할의 중요성은 학교 교육과 어떤 관련이 있는지 말해 보세요.

출제 이유

지원자의 진로와 관련하여 부모와 학교 교육의 관계를 이해하고 있는지 확인하여 진로역량을 판단하고자 한다. 활동을 통해 배우고 느낀 점을 구체적으로 기록해 면접에 대비한다.

⑦ 문학

창작활동으로 '님의 침묵'을 '나의 극복'이라는 제목으로 패러디하였는데, 변화를 두려워하는 자신이 코로나19로 인해 변화를 긍정적으로 수용하여 자신의 단점을 극복해낸 모습을 창의적으로 표현함.

예상 문항 학업역량

창작활동으로 '님의 침묵'을 '나의 극복'이라는 제목으로 패러디한 내용을 말해 보세요.

출제 이유

수업 시간의 특별한 학습경험을 구체적으로 확인하여 학업역량을 평가하고자 한다. 학습 경험에 대한 구체적 기록을 통하여 면접에 대비한다.

⑧ 영어I

'교과서 영화 감상하기'에서 'Coach Carter'를 감상한 후 영화를 보면서 느 낀 점, 인상 깊었던 점, 그리고 자신의 장래 희망인 교사와 영화의 내용을 연결지어 잘 씌여진 감상문을 제출함.

예상 문항 진로역량

영화 'Coach Carter'의 내용과 장래 희망인 교사의 연관성을 말해 보세요.

출제 이유

생기부 기록에 대해 구체적으로 확인하여 진로역량을 확인하고자 한다. 특히 진로와 관 련하여 어떤 연관성이 있는지, 이를 통해 무엇을 배우고 깨닫게 되었는지 구체적으로 기 록해 면접에 대비 한다.

⑨ 생활과 윤리

'문화 다양성과 존중' 단원을 미리 탐구하고 학습하여 친구들을 대상으로 윤리 수업을 진행함. 수업 중간중간 적절한 동영상, 그림, 도표 자료들을 제시하며 친구들의 관심도와 집중도를 끌어 올렸으며, 안정적이고 매끄러운 수업 진행을 통해 학생들의 완전한 학습을 만들어 낸 완성도 높은 수업을 보여줌. 다문화를 바라보는 태도와 관련한 윤리적 쟁점을 체계적으로 분석하고 정리해 소개하는 등 오랫동안 고민하고 노력한 흔적이 보였던 수업임.

예상 문항 학업역량

다문화를 바라보는 태도와 관련한 윤리적 쟁점을 소개해 보세요.

출제 이유

수업 시간에 배운 내용을 정확히 분석하고 이해하는지를 확인하여 학업역량을 평가하고자 한다. 지원자는 수업에서 중요하다고 생각하는 내용을 구체적으로 기록하고 완전히 이해하여 면접에 대비한다.

⑩ 생명과학 I

생명과학의 특성과 탐구 방법 단원에서 생명과학 탐구 방법을 이해하고, 당 함량에 따른 기체 발생량을 빵 반죽이 부푸는 정도를 비교하는 실험을 참신하게 설계함.

예상 문항 진로역량

당 함량에 따른 기체 발생량을 초등학교 고학년 학생이 이해할 수 있게 설명해 보세요.

출제 이유

학습 내용에 대한 정확한 이해를 바탕으로 상대방에게 쉽게 설명할 수 있는지를 확인하여 진로역량을 판단하고자 한다. 지원자는 학습에서 이해한 내용을 더 쉽게 표현할 수 있게 준비하면 자신의 학업능력 향상은 물론 면접에도 대비할 수 있다.

⑪ 심리학

그룹 심리 활동에서 응원의 말을 듣고, 자신 또한 위로해줄 수 있는 사람이 되는 사회적 지지와 이타성 향상 효과를 몸소 경험하여 찾아낼 수 있었음. 동기부여의 종류에 대해 배우고 자신의 학업 성과에서 자신에게 내재적이고 지지적이며 통제적인 방법을 적용함을 알게 됨.

예상 문항 진로역량

지원자가 초등교사가 되었을 때, 학습이 부진한 초등학생에게 어떻게 동기부여를 할지 말해 보세요.. 학습이 부진한 초등학생에게 어떻게 동기부여를 할지 말해 보세요.

출제 이유

수업에서 공부한 내용을 자신의 진로와 연계시키는 능력을 확인하여 진로역량을 평가하고자 한다. 교육과 밀접한 관련이 있는 과목이므로 이를 자신의 진로와 연계시킬 구체적 방법을 생각하고 기록해 두어 면접에 대비한다.

⑫ 독서

현직 초등교사와 교육학자 7명이 팬데믹 상황 속에서의 한국 교육의 현재를 진단하고 앞으로 나아가야 할 방향을 모색하는 보고서 '학교의 미래'를 읽고, 자신의 진로인 초등교사가 되면 학생들에게 '어떠한' 교육을 할 것인지 성찰하고 온라인 수업의 소통에 대한 방법을 잘 배워 학생에게 더 의미 있는 학습을 가능하게 하는 교육관을 형성할 수 있도록 정진하겠다는 다짐을 표현한 소감문을 발표함.

예상 문항 진로역량

보고서 '한국 교육의 미래'를 읽고 지원자의 진로와 관련하여 배우고 느낀 점을 말해 보세요.

출제 이유

수업에서 지원자의 진로와 관련한 깊이 있는 학습경험을 확인하여 진로역량을 평가하고자 한다. 진로와 직접 연계되는 수업 내용은 면접 출제 가능성이 높으므로 구체적으로 기록해 면접에 대비한다.

⑬
확률과
통계

초등교사를 희망하는 학생으로 단어 감정 분석에 활용되는 SO-PMI모델 조사를 통해 알게 된 수학과 심리의 연관성에 대해 논리적으로 서술함.

예상 문항 진로역량

SO-PMI모델 조사를 통해 알게 된 수학과 심리의 연관성을 통해 교육에 어떻게 활용할 수 있는지 말해 보세요.

출제 이유

진로와 관련된 학습 경험 및 이를 심화시킨 탐구 내용을 확인하여 진로역량을 평가하고 자 한다. 진로와 관련된 탐구는 자주 출제되므로 구체적 기록을 통해 면접에 대비한다.

⑭
사회·
문화

'일탈 현상 분석하기' 활동에서 '청소년 범죄'를 주제로 카드 뉴스 제작에 적극적으로 참여함. 차별교제이론을 바탕으로 소년원에서 범행 수법을 배우거나 공범을 만나 강도 높은 범죄를 저지르는 청소년의 사례를 분석하고 해결방안을 명료하게 제시한 점이 인상깊음.

예상 문항 학업역량

'청소년 범죄'와 관련하여 차별교제이론에 대해 말해 보세요.

출제 이유

진로와 관련한 사회적 문제를 이해하고 해결방안을 제시하는 과정을 통해 학업역량을 평 가하고자 한다. 수업 내용을 기반으로 더 깊이 탐구한 내용은 면접에서 자주 출제되므로 탐구과정에서 철저히 기록해 면접에 대비한다.

⑮
윤리와
사상

특히 지성적 덕과 품성적 덕의 주요 특징 및 중용의 의미에 대해 학생들에게 알기 쉽게 설명해 줌. 또한 덕론을 설명한 부분에서 자신의 희망 진로와 연계하여 발표하는 시간을 가지면서 훗날 초등교사가 되었을 때 학생들에게 유덕한 덕을 형성시켜 주는 데 도움을 줄 수 있는 교사가 되겠다고 다짐함.

예상 문항 학업역량

학생들에게 유덕한 덕을 형성시켜 주는 방법을 말해 보세요.

출제 이유

수업 내용을 심화시켜 진로와 연계하는 활동에서 배운 내용을 구체적으로 적용하는 방법을 확인하여 학업역량 및 진로역량을 평가하고자 한다. '무엇을 배웠는지'도 중요하지만 이를 '어떻게 활용할지'도 중요하므로 자신이 배운 내용을 구체적으로 활용할 방안에 대해 생각하고 기록해 면접에 대비한다.

(6) 독서활동

예상 문항 학업역량

수업 중 궁금했던 내용을 독서로 해결한 사례가 있다면 말해 보세요.

출제 이유

독서가 학업역량 향상에 도움이 되었던 사례를 구체적으로 확인하고자 한다. 책을 통하여 수업에서 해결하지 못한 내용을 이해하고 이를 더 확장한 사례를 통해 발전 가능성도 평가하고자 한다.

(7) 행동 특성 및 종합 의견

> 1학기 학급자치회장으로 자신이 맡은 일에 대해 책임을 다할 뿐만 아니라 급우들이 맡은 일을 책임 있게 완수할 수 있도록 꼼꼼하게 챙겨주며, 학교생활에 적응하지 못하는 급우들을 세심하게 챙기려 노력하는 모습을 보여줌.

예상 문항 **공동체역량**

학급에서 책임감을 가지고 꾸준히 한 활동을 말해 보세요.

출제 이유

공동체를 위해 지원자가 노력한 내용을 구체적으로 확인하여 공동체역량을 평가하고자한다. 지원자는 자신이 노력한 내용 및 그 활동을 통하여 배우고 느낀 점을 구체적으로 답변할 준비를 한다.

(8) 자기소개서

> ① 1번 문항 초등학교 교사를 꿈꾸면서 초등교육은 '보편성'과 '다양성'을 추구해야 한다고 생각합니다.

예상 문항 **진로역량**

지원자가 자기소개서에서 강조했던 초등교육의 '보편성'과 '다양성'은 어떻게 추구해야 하는지 말해 보세요.

출제 이유

자기소개서에서 지원자가 강조한 핵심 주제에 대하여 구체적이고 타당하게 답변하는지 확인하여 진로역량을 평가하고자 한다. 주제에 관한 지원자의 주장과 근거를 명확히 표현하고 이를 이루기 위해 노력할 점에 대해서도 구체적으로 답변할 준비를 한다.

②
2번
문항
지역 아동센터에서 초등학생을 가르쳐본 경험은 교사의 생각과 행동이 어떻게 어린 학생들을 변화시키는지 체험하는 계기가 되었습니다.

예상 문항　공동체역량

지역 아동센터에서 초등학생을 가르쳐본 경험에서 어려웠던 점과 이를 극복하려는 노력 과정에 대해 말해 보세요.

출제 이유

초등교사를 진로로 하는 지원자의 교육 경험에서 무엇을 배우고 느꼈는지를 구체적으로 확인하여 공동체역량, 진로역량을 평가하고자 한다. 어떤 활동이든 그 활동에서 배운 점과 느낀 점을 기록해 두고 특히 어려웠던 점과 극복 과정을 자세히 기록해 면접에 대비한다.

(9) 교직 적성 및 인성 면접 예상 문제

① 초등학교 입학 전 한글 학습에 대한 지원자의 생각은 무엇인지 말해 보세요.

출제 이유

초등학교에 입학하기 전 많은 아이들이 한글을 떼고 오는 경우가 많다. 이 점이 과연 교육적으로 효과가 있고 의미가 있는지에 대한 지원자의 생각을 통하여 초등교육에 대한 지원자의 교육관을 평가하고자 한다. 지원자는 주변의 사례와 관련 연구 자료를 깊이 있게 공부하여 자신의 생각과 근거를 논리적으로 표현하는 연습이 필요하다.

② 지원자가 초등학교 교사가 되었을 때 업무 시간 이외에 학부모 상담 요청이 생기는 경우 어떻게 할 것인지 말해 보세요.

출제 이유

일하는 학부모의 경우 교사와 상담할 시간이 많지 않기 때문에 보통 교사의 업무 시간 외 상담을 요청하는 경우가 있다. 이런 딜레마 상황에 대해 지원자는 어떤 생각을 하고 있는지 확인하고자 한다.

③ 만약 지원자가 교사가 되어 담당하는 학급에 학습이 부진한 학생이 있을 때 어떻게 도울 수 있는지 그 방법을 말해 보세요.

출제 이유

한 학급에 학습 격차가 다른 학생이 당연히 존재한다. 특히 다른 학생에 비해 학습 능력이 부진한 학생도 존재하는데 이 학생을 어떻게 교육시킬지, 어디까지 챙겨줘야 하는지에 대한 지원자의 생각을 확인하고자 한다.

④ 현재 형사적 범죄를 지어도 형사적으로 처벌받지 않는 '촉법소년' 나이는 만 14세 미만입니다. 이 나이를 낮추는 문제에 대한 지원자의 생각을 말해 보세요.

출제 이유

'촉법소년'의 나이 문제가 사회적 이슈이다. 현행 14세 미만으로 했을 때의 문제점과 이를 낮추었을 때의 문제점 등 쟁점이 있는 문제이다. 지원자의 촉법소년에 관한 이해와 문제점 등을 이해하고 있는지 자진의 생각과 근거는 무엇인지 확인하고자 한다.

⑤ 현재 출산률 감소, 도시 집중화 등의 이유로 학생수가 감소하여 학교를 합치거나 심지어 폐교하는 경우가 많이 발생하고 있습니다. 이에 대한 지원자의 생각을 말해 보세요.

출제 이유

많은 지역에서 학생 감소로 폐교하는 사례가 많아지고 있다. 그 원인 및 개선 방안에 대해 지원자는 어떤 생각을 갖고 있는지 확인하고자 출제하였다.

맺음말

대입 선발 방법은 다양하다. 하지만 결국 학생부 위주(교과, 학생부종합전형)와 수능 위주로 크게 나눌 수 있다. 학생부 위주의 학생부종합전형은 단순 내신 성적만이 아닌 고교 3년간 이루어진 모든 학습 및 활동 경험을 '종합적'으로 평가한다. 여기서 '종합적'으로 평가한다는 말이 사실 와닿지 않는다. 도대체 무엇을 어떻게 평가한다는 말인지 막연하고, 실제 '가보지 않은 길'에 대한 두려움이 있어 막상 무엇을 할 것인지 막막한 것이 현실이다.

 중학생 및 고등학교 1학년의 경우 경험이 없어서 학생부종합전형 대비가 어렵다. 이 점은 이해가 가는 부분이다. 하지만 고등학교 2, 3학년의 경우에도 막상 자신이 제대로 준비하였는지, 앞으로 무엇을 어떻게 할지 어려운 것은 똑같다. 이때 '학생부종합전형은 무엇이며, 이렇게 준비해야 한다.'는 코치를 누군가 해준다면 준비하는 학생에게는 좋은 일이지만, 현실적으로 개별적 지도받기가 쉽지 않다.

사람은 어떤 문제를 해결하기 어려울 때, '선례', '사례', '판례', '경험담' 등으로 표현되는 구체적 경험을 참고(벤치 마킹)한다. 그래서 '모방은 창조의 어머니'라는 말도 있다.

머리말에서 말하였듯이, 이 책은 학생부종합전형을 준비하는 학생들에게 다양하고 구체적인 정보를 제공하기 위해 기획되었다. 계열 선택, 학생부 로드맵, 교과 선택, 과제 탐구, 세특 대비 및 자소서, 면접 준비까지 학생부종합전형에서 필요한 모든 요소를 계열에 맞게 한꺼번에 기록하였다. 특히 구체적인 사례를 통하여 독자에게 단계별 필요한 내용을 속 시원하게 알려주고자 하였다.

학생부종합전형 준비에 정답은 없다. 책에서 제시한 방법과 사례도 정답이라고 할 수 없다. 원래 정답이 존재하지 않기 때문이다. 하지만 '막연함'을 넘는 실마리를 얻을 수 있다. 이를 바탕으로 계획을 세우고 실천할 수 있는 계기를 만들 수 있다. 또한, 학생부종합전형 준비에 자신감을 가진 학생도 이 책을 통하여 자신의 준비 과정을 점검할 수 있다.

맺음말까지 읽은 독자는 학생부종합전형을 위해 무엇을 준비해야 하고, 실천할지 구체적으로 생각해야 한다. 그동안 자신의 준비 과정과 비교해 보면서 더 관심 있는 부분 및 미흡했던 부분이 있다면, 다시 보기를 추천한다. 그곳에서 더 얻을 수 있고 더 발전시킬 수 있는 내용은 무엇인지 생각하고, 실천하며, 기록하기를 바란다. 그러한 활동 모두가 '학생부종합전형 준비' 과정이다.

마지막으로 책을 읽으며 자신의 목표를 향해 걸어가고 있을 독자 여러분에게 큰 도움 되길 바라며, 응원한다.

저자 일동

선생님을 돕는 에듀테크 '꿈구두 교육'
진로, 진학, 미래, 학습 분야 베스트셀러 추천도서

합격한 학생들의 학생부 엿보기

합격생들이 가장 많이한 활동
합격생들의 창체기록과 교과
세특 합격생들의 교과선택과
기록 워크북

선생님, 컨설턴트분들의 비밀 지도서

진로(직업), 진학(입시) 기반
활동 매뉴얼
공부실력 높이는 지도 전략
진학의 기초와 합격하는 입시
지도전략

고등학교 1, 2, 3학년 공부의 모든것

공부가 안된 이유 10가지 학년별
공부 끝내기
과목별, 점수대별 성적 올리기
내신, 모의고사 공부의 모든
전략

학생부와 성장의 꽃! 과제탐구

과제 탐구는 누구나, 어디서든
가능한 방법 제시
나만의 과제탐구 주제잡기
수행평가, 발표활동에서 뽐내기
전략과 차별화 세특작성

이제는 합격 수기다! 자소서 끝판왕

종합 전형의 합격 수기!
자소서로 종합전형 로드맵을
구성하라 따라만하면 나만의
자소서 완성! 모든계열의 활동
연결과 기록비법

면접끝 기본

면접 준비의 정석을 알려주는
기본편 이것 하나면 면접준비
혼자서도 할 수 있다!

면접끝 심화

특수대, 교대, 의대 MMI, 제시
문기반면접 제대로 준비할 수
있는 심화면접 준비서.
계열별 전문가의 예시답변 수록

중학 생활의 모든것!

중1 자유학기제 진로성장 전략
중2 평가가 시작! 성적올림 전략
중3 고입, 대입의 시작! 나의
입시 전략을 세우는 시간
고교 학점제 완벽 대비

영어 내신과 최저 전략서

영어에서 자주 틀리는 원인과
해법 헷갈리는 구문, 어휘,
어법 깨기
수행 평가, 수능 듣기, 독해의
약점 극복과 1등급 준비서

국어 내신과 최저 전략서

오답 빈도가 높은 국어 문제
분석과 솔루션으로 오답이 강
점으로 탈바꿈!
수행평가, 수능 국어의 핵심
개념 학습

수학 내신과 최저 전략서

수포자눈물닦아주기프로젝트
왜 수학을 포기 하는 지 알고
극복! 수포자 유형별, 극복
전략, 점수 업로드!

교육학 수업의 바이블

교육학 교양과목을 즐겁게!
교육학과 실제교육의 연결스
토리 논술, 면접문항으로 활동
극대화 학생과 함께 토론하고
참여하는 수업 교재

소프트웨어 수업의 종합지침서

초, 중, 고를 잇는 SW, IT, AI
수업과 활동이 이 한 권으로
완성! 자기 주도로 준비 하는
솔루션 전략으로 특기자 전
형, 종합 전형 합격

인문, 사회, 자연, 공학, 의생명, 교육 편

A~Z 각 계열의 최고 바이블
계열 선택에서 과제연구, 세특
자소서, 최종 면접까지
학교생활의 끝판왕
계열합격 끝판왕

20대를 시작하는 너에게

새내기대학생 상황별 생활가
이드 20대는 처음이지? 21세
기 사회 생활트렌드 분석한 나
만의 자기계발서

교육너머 교육을 기획하는 사람들!

어떻게 살 것인가 : 성장 하지
않는 다면 결코 만족할 수 없을
것이다!
역량 성장과 도전을 위한 실전
가이드

AI 기반의 온라인 학생 컨설팅상담 프로그램
My Best 진로, 진학, 미래, 학습

 **실력**

고등 My Best 1.
계열성향검사

계열성향 검사로 나에게
맞는 계열 파악 나의 계열에
따른 직업, 학과 나의 계열에
따른 활동 전략

 **실력**

고등 My Best 2.
학생부 로드맵

나의 학생부 준비 점수 분석
점수별 학생부 보완 활동
전략 나의 계열별 학교 활동
솔루션

 실력

고등 My Best 3.
합격 공부

학년별, 점수대별 나만을
위한 공부코치 국영수, 사과
내신준비의 모든것 국영수,
사과 수능준비의 모든것

 **실력**

고등 My Best 4.
3색줄 독서 솔루션

나의 독서 능력분석과 향상
전략 진로 독서와 노벨상
수상자의 딥다이브 독서법
3색줄 독서전략으로 심층독서

 **실력**

고등 My Best 5.
합격 과제탐구

과제탐구 준비도를 파악하라!
마베대로 따라하면, 과제탐
구 끝 워크시트를 채우며 작
성하는 코칭

 입시

고등 My Best 6.
합격 대학&전형

현재 내신&모의고사 기반 입시
컨설팅 고 1, 2학년의 대학과
전형 다지기 컨설팅 고3의
마지막 전략 완성 컨설팅

 **입시**

고등 My Best 7.
합격 교과선택

고교학점제 기반의 학과별
필수 선택 학과3개의 교과
선택과 교과정보 우리학교
교육과정에 없는 교과 해결법

 입시

고등 My Best 8.
합격 학생부

합격생들이 가장 많이한 활동
합격생들의 창체기록과 교과
세특 합격생들의 교과선택과
기록 워크북

 **입시**

고등 My Best 9.
합격 자소서

종합전형의 합격 수기!
자소서로 종합전형 로드맵을
구성하라 챕터별로 따라 하면
나만의 자소서 완성

 **입시**

고등 My Best 10.
합격 교과선택

꼭 준비해야하는 반출20개
질문 학과별 기출 빅데이터
자료 답변 예시와 개인화하는
방법

 **중학**

중학 My Best 11, 12
중학계열성향검사
공부 끝판왕

고교학점제 준비는 계열파악이
먼저! 계열별 학교활동 로드맵
과목별 공부접근법, 방법 알기
플래너로 시간을 내가 관리

 **중학**

중학 My Best 13.
고입 & 대입가이드

고교 선택전략! 일반고 vs
특목고 나의 자존감, 회복
탄력성을 읽어라 각 학교의
특징과 준비 방법 익히기

 **역량**

역량 My Best 14, 15
미래역량 창의성 솔루션
미래역량 리더십 솔루션

나의 리더십과 창의성 역량
지수를 파악 실행할수 있는
리더십 역량 계발 창체활동
역량을 키우는 방법

 **역량**

역량 My Best 16, 17
미래역량 문제해결 솔루션
미래역량 소통 솔루션

나의 문제 해결과 소통 역량
지수를 파악한다 세특의 핵심
문제해결력 키우기 소통역량
을 높이는 방법을 계발

 **역량**

역량 My Best 18, 19
미래역량 프로젝트 솔루션
미래역량 전략적사고 솔루션

나의 프로젝트와 전략적사고
역량지수를 파악한다
프로젝트 역량을 올리는 방법
전략적사고 역량을 키우는 방법

AI 기반의 온라인 학생 컨설팅상담 프로그램
고등학교 3개년 성장 플랜(연간 커리큘럼)

1학년

1학기

3월	4월	5월
1주 학기별 지도계획 안내 3주 계열검사 (마베1)	1주 계열검사 직업·학과구성(마베1) 3주 학생부가이드 (마베2)	1주 학교알리미 학교운영 계획서 기반·학생부 로드맵(마베2) 3주 합격공부법 (마베3)
6월	7월	8월
1주 학교교육과정 기반교과선택(마베7) 3주 학습플래너 (입시네비)	1주 독서 (마베4) 3주 독서발표 (마베4)	1주 과제탐구 (마베5) 3주 과제탐구 주제 잡기·레퍼런스 정하기(마베5)

2학기

9월	10월	11월
1주 대학 및 전형 (1학년 1학기 기준) (마베6) 3주 모의고사 약점 분석 (입시네비)	1주 합격 학생부 (마베8) 3주 교과선택 (마베7)	1주 합격 공부법 (마베3) 3주 학습플래너 (입시네비)
12월	1월	2월
1주 자소서(합격수기) (마베9) 3주 자소서 써보기 (마베9)	1주 과제탐구 2학년 준비(마베5) 3주 진로 독서 (마베4)	1주 대학 및 전형 (1학년 2학기 기준) (마베6) 3주 모의고사 약점 분석(입시네비)

2학년

1학기

3월	4월	5월
1주 역량검사 (전략적사고)(마베19) 3주 역량검사 (프로젝트)(마베18)	1주 대학 및 전형 - 1학년 2학기 기준 (마베6) 3주 공부법 (마베3)	1주 학생부가이드 (마베2) 3주 학습플래너 (입시네비)
6월	7월	8월
1주 교과선택 (마베7) 3주 독서 (마베4)	1주 과제탐구 <키워드탐구하기> (마베5) 3주 학습플래너 (입시네비)	1주 역량검사 (소통) (마베17) 3주 역량검사 (문제해결)(마베16)

2학기

9월	10월	11월
1주 대학 및 전형 - 2학년 1학기 기준 (마베6) 3주 모의고사 약점 분석(입시네비)	1주 교과선택 (마베7) 3주 수시판단 (입시네비)	1주 공부법 (마베3) 3주 합격 학생부 (마베8)
12월	1월	2월
1주 자소서(합격수기) (마베9) 3주 자소서써보기, 학생부연계 (마베9)	1주 면접 경험 (마베10) 3주 학습플래너 (입시네비)	1주 수시판단 (입시네비) 3주 모의고사 약점 분석(입시네비)

3학년

1학기

3월	4월	5월
1주 역량검사 (창의성)(마베15) 3주 역량검사 (리더십)(마베14)	1주 대학 및 전형 - 2학년 (2학기 기준) (마베6) 3주 수시판단 (입시네비)	1주 학생부가이드 (마베2) 3주 합격 학생부 (마베8)
6월	7월	8월
1주 과제탐구 <키워드추가, 탐구추가> (마베5) 3주 과제탐구마무리 (마베5)	1주 자소서마무리 (마베9) 3주 면접 이해 (마베10)	1주 자소서 (마베9) 3주 수시판단 (입시네비)

2학기

9월	10월	11월
1주 모의고사 약점 분석(입시네비) 3주 면접실습 (마베10)	1주 공부법 (마베3) 3주 정시판단 (입시네비)	1주 면접 최종 (마베10) 3주 정시판단 (입시네비)
12월		
1주 정시판단 (입시네비) 3주 정시판단 (입시네비)		

* 학교와 학생의 요구에 따라, 제공되는 프로그램은 조정이 가능합니다.

계열 합격 끝판왕
교육계열

초 판 1쇄 발행 2022년 8월 15일

기 획	정동완
지은이	박상철 백광일 김형준 이범석 최희원 김홍겸 김재형 장희재
펴낸이	꿈구두
펴낸곳	꿈구두
디자인	안혜숙 Moi N-Design

출판등록	2019년 5월 16일, 제 2019-000010호
블로그	https://blog.naver.com/edu-atoz
이메일	edu-atoz@naver.com
ISBN	979-11-91607-24-6
	979-11-91607-29-1(세트)

책값은 표지 뒤쪽에 있습니다.
파본은 구입하신 서점에서 교환해드립니다.